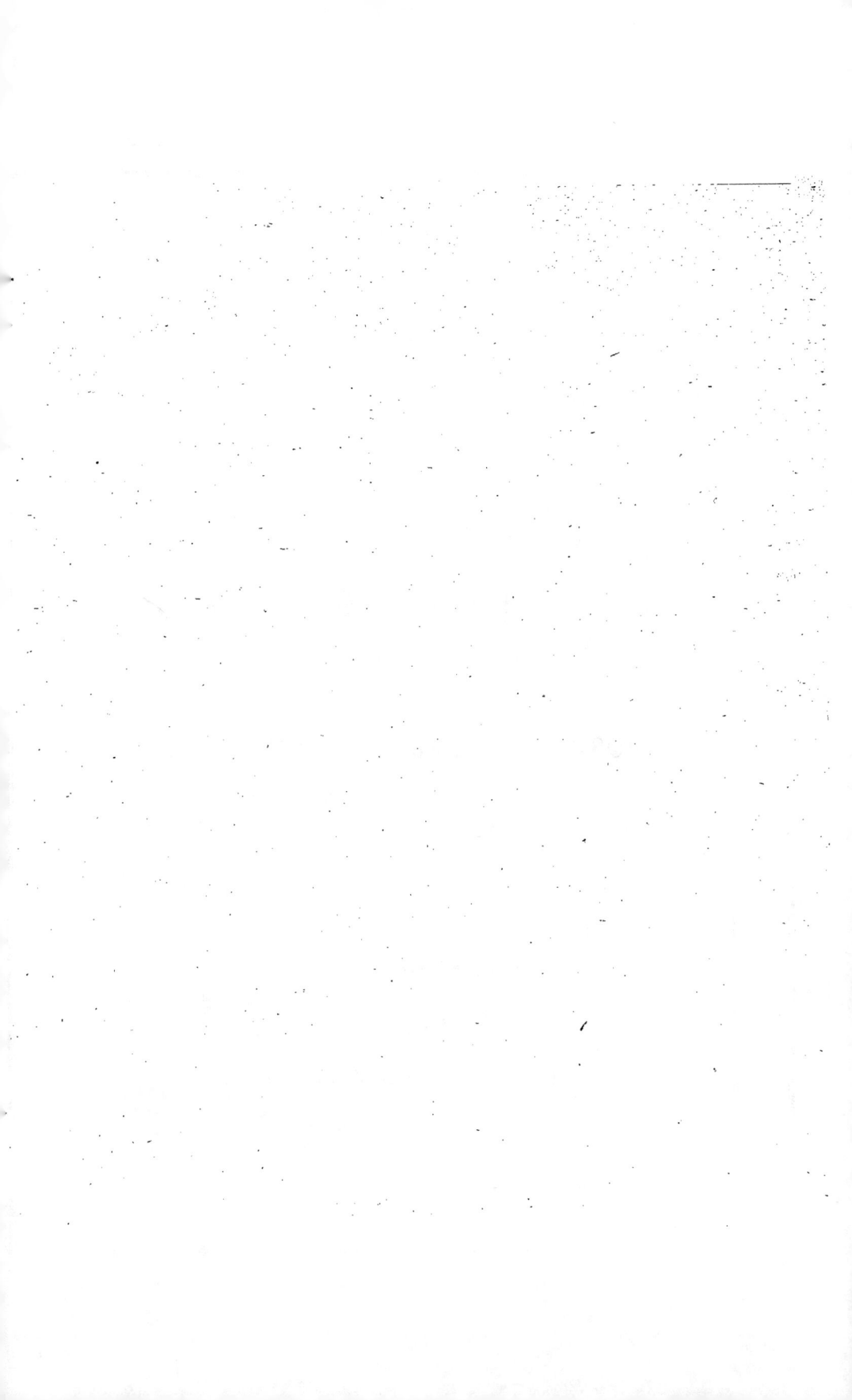

Elim.

COUR DES PAIRS.

ATTENTAT DES 12 ET 13 MAI 1839.

RÉQUISITOIRE DE M. FRANCK CARRÉ,

PROCUREUR GÉNÉRAL,

AVEC

L'EXPOSÉ DES CHARGES INDIVIDUELLES,

PAR MM. BOUCLY ET NOUGUIER,

AVOCATS GÉNÉRAUX.

IIe SÉRIE.

PARIS.

IMPRIMERIE ROYALE.

AVRIL 1840.

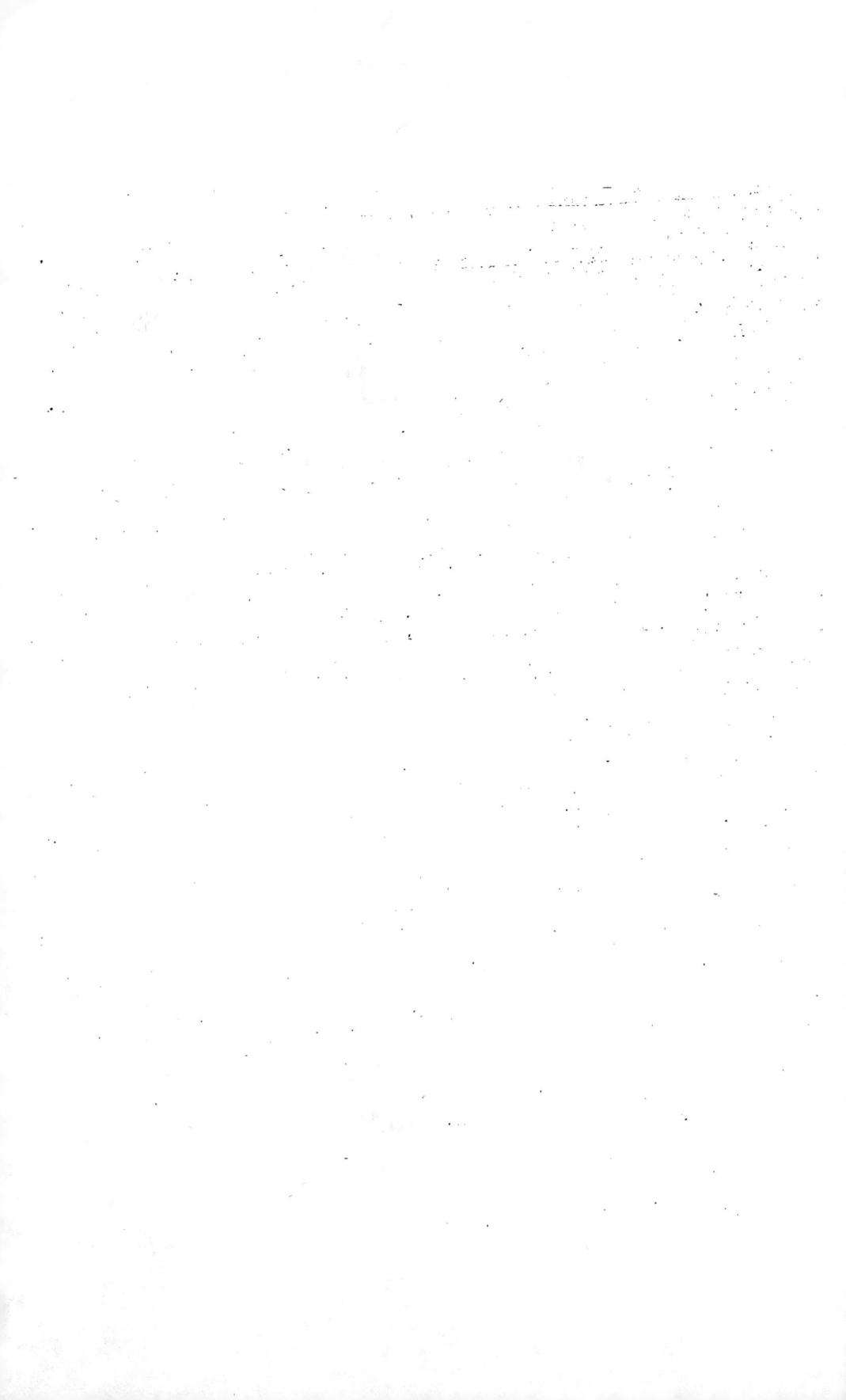

COUR DES PAIRS.

ATTENTAT DES 12 ET 13 MAI 1839.

RÉQUISITOIRE DE M. FRANCK CARRÉ,

PROCUREUR GÉNÉRAL,

AVEC

L'EXPOSÉ DES CHARGES INDIVIDUELLES,

PAR MM. BOUCLY ET NOUGUIER,

AVOCATS GÉNÉRAUX.

PARIS.

IMPRIMERIE ROYALE.

1840.

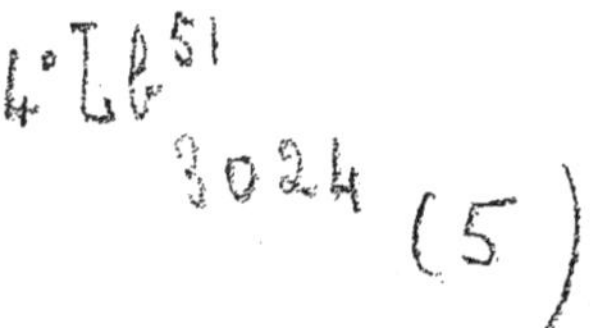

COUR DES PAIRS.

ATTENTAT DES 12 ET 13 MAI 1839.

RÉQUISITOIRE

DE M. FRANCK CARRÉ,

PROCUREUR GÉNÉRAL DU ROI,

RELATIVEMENT AUX ACCUSÉS

BLANQUI, QUIGNOT, QUARRÉ, CHARLES ET MOULINES.

Messieurs les Pairs,

Les premiers débats qui ont eu lieu devant vous, l'arrêt solennel qui les a terminés, ont fait connaître à tous le véritable caractère de l'attentat du 12 mai. Nous n'avons pas aujourd'hui la tâche de reprendre cette œuvre terminée, de dérouler, devant vous, un ensemble de faits que vous connaissez, de montrer le renversement de nos institutions politiques et sociales comme but des conspirateurs, le pillage et l'assassinat comme moyens pour arriver à ce but : tout a été dit, tout a été compris sur ce grave sujet; chacun sait que le crime du 12 mai, dans sa pensée comme dans son exécution, fut le plus odieux attentat à force ouverte qu'ait encore osé commettre le parti des anarchistes. Trois fois on l'a vu prendre les armes. Aux 5 et 6 juin 1832, à cette époque d'émeutes en quelque sorte permanentes, lorsque l'agitation générale des esprits cédait avec peine à l'autorité de nos institutions nouvelles et à l'expérience de leur vigueur et de leurs bienfaits, les ambitions inquiètes, les sombres mécontentements, les inimitiés ardentes pouvaient croire qu'ils ébranleraient une partie des masses, et que les fermentations populaires, mal apaisées encore, leur viendraient en aide. Un cortége funèbre réunit la foule autour d'un cercueil : aussitôt les fauteurs de désordres s'y mêlent pour l'agiter; ils font naître la fausse apparence d'un conflit; on court aux armes, sans savoir encore ni par quel motif, ni dans quel but; et, lorsque quelques hommes arborent, sur les barricades, le drapeau de la république, l'opinion se prononce, et ils se trouvent en face de la population tout entière, qui s'est levée pour les réprimer.

Aux 13 et 14 avril, la faction républicaine avait une existence avouée, et sa propagande bruyante n'avait pas été comprimée par les lois récentes qu'elle avait rendues nécessaires. La société des Droits de l'Homme, qui étendait au loin ses ramifications, s'était mise à la tête de ce parti; elle avait ses chefs déclarés et sa constitution toute prête. Quand la loi contre les associations fut annoncée, cette société proclamait hautement sa volonté de résistance, et, s'appuyant sur les nombreuses associations d'ouvriers que des intérêts divers avaient formées, elle promettait la guerre aux pouvoirs publics qui la menaçaient. Dans ces deux circonstances, le crime de ceux qui se rendirent coupables de ces brutales et sanglantes agressions fut sans excuse; mais il trouvait du moins une explication dans les circonstances dont il était accompagné: on pouvait comprendre les témérités et même les illusions de l'insurrection.

Aux 12 et 13 mai, le crime prend un tout autre caractère; ce n'est plus une de ces émotions soudaines de la foule qui se traduisent en attentat; ce n'est pas davantage le résultat d'une conspiration faite en quelque sorte au grand jour et qui éclate pour ne pas avorter: c'est un guet-apens organisé dans d'obscurs conciliabules et qui se manifeste tout à coup, au milieu d'une population calme, par des assassinats aussi odieusement exécutés qu'ils ont été froidement conçus; c'est une bande disciplinée au meurtre, qui marche passivement où ses chefs la conduisent; c'est une suite de crimes où l'atrocité se mêle à l'infamie, et qui s'exécutent, par la surprise, sous les yeux et par les ordres de ces chefs.

De tels forfaits, Messieurs, ne peuvent plus s'expliquer par les circonstances au milieu desquelles ils se sont produits. Leur but même, but avoué devant la justice, ne fait comprendre ni la résolution insensée qui les a précédés, ni leur odieuse exécution; ici, Messieurs, l'explication du crime est tout entière dans ses auteurs.

C'est qu'en dehors de toutes les relations sociales et de tous les partis politiques, il y a quelques hommes qui forment, au milieu de nous, une secte à part, qui jamais n'a rien su, ou qui du moins a tout oublié de ce qui est en dehors d'elle; notre histoire, notre situation présente, nos lois morales et nos lois écrites, elle ignore tout. Vivant seuls avec eux-mêmes, sous l'influence exclusive de l'idée commune qui les rattache les uns aux autres, ces hommes prennent le rêve de leur folle ambition pour une réalité qu'ils vont saisir: irrités d'une situation personnelle qu'ils doivent à l'ignorance, à la paresse, à l'excentricité même de leurs habitudes et de leur vie, ils s'attaquent à une société où ils n'ont pas de place, parce qu'ils ont été inhabiles à s'en faire une.

Telle est l'explication d'un crime dont l'intérêt et le but sont si odieusement absurdes, qu'il semble, au premier aperçu, se renfermer tout entier dans ses moyens d'exécution. On vous l'a dit, Messieurs, et vous ne l'avez pas oublié, cette subite et furieuse agression, ces vols audacieusement commis à l'aide d'escalade et d'effraction, ces lâches assassinats qui ont coûté la vie à tant de généreux citoyens et de braves soldats, tout cela est l'œuvre de quelques imaginations en délire qui rêvent aujourd'hui ce que rêvait *Babœuf* il y a plus de quarante ans, et qui, pour réaliser ces détestables utopies, font appel à tout ce qu'il y a de plus impur, de plus désordonné, de plus inepte dans la lie de notre civilisation moderne; puis tout à coup, au jour et à l'heure qu'ils ont fixés, déchaînent ces bandes armées contre la société au milieu de laquelle ils vivent, et qui les protége.

Tel est, Messieurs, le caractère que les débats ont assigné à cette cause; et la première conséquence qui en résulte, et dont nous avons le droit et le devoir de nous emparer, c'est que la responsabilité des crimes dont nous demandons la répression n'est pas la même à l'égard de tous les accusés. Aux uns, nous ne pouvons imputer que leur participation matérielle, que leurs actes personnels; aux autres, à ceux qui avaient commandement et autorité, à ceux qui ont tout organisé, tout préparé, nous devons imposer la responsabilité complète de l'ensemble des crimes commis les 12 et 13 mai.

C'est à vous, Messieurs, c'est à votre haute sagesse qu'il appartiendra de distinguer entre les coupables, et la discussion à laquelle nous allons nous livrer devant vous a pour but de vous faciliter ce travail.

Messieurs, il y a un nom qui domine toute cette affaire, un nom qui était dans toutes les bouches au moment même de l'attentat; qui, depuis, se présente encore comme résumant en lui seul toute la pensée, toute l'organisation de ce crime : ce nom, c'est celui d'Auguste *Blanqui!* Voyons, en constatant ce premier fait, quelle est la situation judiciaire de cet accusé.

Ce fut en 1832 que *Blanqui* parut, pour la première fois, comme accusé, devant la justice. Il s'agissait d'un procès intenté à une société politique qui s'était donné le nom de *Société des amis du peuple* et dont *Blanqui* était l'un des chefs les plus ardents. Un verdict d'acquittement rendit tous les accusés à la liberté; mais la violence de *Blanqui* avait passé toutes les bornes, elle s'était répandue en outrages à l'audience, et il fut condamné par la cour à une année d'emprisonnement. A sa sortie de prison, *Blanqui* continua à se faire connaître par l'exagération de ses opinions radicales, et par l'obstination de sa haine contre le Gouvernement. Bientôt, au mois de février 1836, le condamné *Pépin,* complice de *Fieschi,* donna, sur l'existence et les menées d'une société secrète, formée des débris de la société des Droits de l'Homme, des détails circonstanciés qui venaient jeter un grand jour sur une instruction déjà commencée par la justice. *Pépin* convenait avoir été lui-même initié à cette association ténébreuse, dans laquelle on jurait haine à la royauté, et qui devait avoir pour but le renversement du Gouvernement. Il déclarait qu'on lui avait signalé Auguste *Blanqui* comme l'un des membres de cette société, et il ajoutait, Messieurs, un fait dont la gravité vous a déjà sans doute frappés : c'est qu'il avait, lui *Pépin,* confié à *Blanqui* l'horrible projet de *Fieschi.* Et ici, Messieurs, nous devons insister quelques instants, parce que c'est là que se trouve l'un des points de jonction qui rattachent le régicide aux conspirateurs que vous devez juger.

Pépin, au moment solennel où il va subir la peine

réservée à son crime, déclare à M. le Président de cette Cour que, le matin même du jour fixé pour l'exécution du crime de *Fieschi,* il en a confié le projet à *Blanqui.* Qu'arrive-t-il, Messieurs? *Blanqui* est intimement lié avec *Barbès;* ces deux hommes sont les chefs de cette société des Familles également signalée par *Pépin,* et dont nous parlerons tout à l'heure. Eh bien! on saisit, dans le domicile où *Barbès* a passé la journée du 28 juillet 1835, une pièce écrite de sa main, et qui est ainsi conçue :

« Citoyens, le tyran n'est plus : la foudre populaire « l'a frappé; exterminons maintenant la tyrannie. Citoyens, le grand jour est levé : le jour de la vengeance, « le jour de l'émancipation du peuple. Pour les réaliser, « nous n'avons qu'à vouloir : le courage nous manquerait-« il? Aux armes! aux armes! Que tout enfant de la patrie « sache qu'aujourd'hui il faut payer sa dette à son pays! »

Nous l'avons prouvé en nous adressant à *Barbès,* cette pièce a été écrite avant le crime, car toute la France savait, quelques heures après, que la Providence avait sauvé les jours du Roi.

Il est donc certain que *Blanqui,* prévenu par *Pépin,* avait averti *Barbès;* que tous deux avaient accepté la solidarité du crime, et que, dans la prévision de l'horrible succès qu'ils espéraient, ils s'adressaient aux sectaires sous leurs ordres pour les appeler à d'autres meurtres : *Citoyens, le grand jour est levé : le jour de la vengeance!*

Messieurs, ce qui complète, à cet égard, la certitude, c'est qu'une instruction faite à cette époque sur les déclarations de *Pépin* démontra tout à la fois que *Blanqui* et *Barbès* étaient chefs d'une société secrète qui prenait le nom de société des Familles, et qu'ils avaient organisé une fabrique clandestine de poudre, pour armer leurs sectionnaires au jour de l'attentat qu'ils méditaient. Tous deux furent condamnés, à raison de ces faits, le 23 octobre

1836, et l'ordonnance d'amnistie du 8 mai vint leur ouvrir, à tous deux, les portes de la prison.

Vous savez ce que ces deux hommes ont fait depuis, Messieurs, et comment ils ont usé de cette liberté qu'ils devaient à un grand acte de clémence et de pardon. *Barbès,* vous lui avez infligé la peine qu'il méritait; nous venons aujourd'hui, au nom de la justice, et soutenu par le sentiment de nos devoirs, vous demander, contre le commandant en chef de la révolte du 12 mai, la décision que vous avez prise contre l'un de ses lieutenants, qu'il avait appelé et entraîné dans le crime.

Faut-il résumer, Messieurs, les charges qui pèsent sur *Blanqui,* et discuter, devant vous, une culpabilité qui n'est pas contestée? Rappellerons-nous que cet accusé avait été l'organisateur de la société des Saisons, qu'il en était le chef suprême, qu'elle lui avait emprunté son nom : *Société des Blanquistes?* Répéterons-nous que *Barbès,* à votre audience, a confirmé tous les résultats de l'instruction, en proclamant que l'attentat du 12 mai était l'œuvre de cette société secrète, et que le crime avait été conçu et préparé par les chefs de cette société ?

Déjà, Messieurs, dans ces faits, qui ne sauraient être contestés, nous trouvons la condamnation tout entière de *Blanqui.* Il importe cependant de rappeler les diverses circonstances établies par les débats, d'où résulte la preuve de la participation du chef du complot à l'exécution matérielle de ce crime. Le fait principal, Messieurs, le fait décisif, c'est la proclamation des insurgés, lue par *Barbès* sur les marches de l'Hôtel-de-Ville et trouvée dans les magasins pillés des frères *Lepage.*

Voici, Messieurs, cette pièce dans son entier :

«Aux armes, citoyens!

«L'heure fatale a sonné pour les oppresseurs. Le lâche «tyran des Tuileries se rit de la faim qui déchire les

« entrailles du peuple ; mais la mesure de ses crimes est « comblée : ils vont enfin recevoir leur châtiment.

« La France trahie, le sang de nos frères égorgés, crient « vers vous et demandent vengeance : qu'elle soit terrible, « car elle a trop tardé. Périsse enfin l'exploitation, et que « l'égalité s'asseye triomphante sur les débris confondus « de la royauté et de l'aristocratie !

« Le gouvernement provisoire a choisi des chefs mili- « taires pour diriger le combat ; ces chefs sortent de vos « rangs : suivez-les, ils vous mèneront à la victoire.

« Sont nommés :

« Auguste *Blanqui,* commandant en chef ; *Barbès,* « Martin *Bernard, Quignot, Meillard, Nétré,* comman- « dants des divisions de l'armée républicaine.

« Peuple, lève-toi ! et tes ennemis disparaîtront comme « la poussière devant l'ouragan ; frappe, extermine sans « pitié les vils satellites complices volontaires de la ty- « rannie ; mais tends la main à ces soldats sortis de ton « sein, et qui ne tourneront point contre toi des armes « parricides !

« *En avant ! vive la République !*

« Les membres du gouvernement provisoire :

« *Barbès, Voyer-d'Argenson,* Auguste *Blanqui, Lamennais,* « Martin *Bernard, Dubosc, Laponneraye.* »

Une première réflexion se présente à la lecture de ce document, et à nos yeux sa gravité est immense.

Il y a deux sortes de désignations individuelles dans cette proclamation : on y nomme les commandants de la révolte, on y fait connaître les membres du gouvernement provisoire.

Nous soutenons, Messieurs, qu'on a dit vrai ; qu'on ne pouvait pas mentir en nommant les chefs de l'insurrection armée; tandis qu'au contraire il était de l'habileté des véritables chefs de ce mouvement sans portée, d'imposer davantage à leurs séïdes par le mensonge d'un gouvernement provisoire, et de leur donner plus de confiance dans le succès, en mêlant à leurs noms obscurs les noms de quelques personnages politiques.

Et en effet, Messieurs, quand on désignait les chefs militaires qui devaient diriger le combat, quand on recommandait aux sectionnaires de les suivre, promettant qu'ils mèneraient à la victoire; quand *Barbès,* sur les marches de l'Hôtel-de-Ville, faisait connaître ces nominations aux insurgés rassemblés, il fallait bien que ces chefs fussent présents et qu'ils eussent accepté, ou plutôt qu'ils se fussent à eux-mêmes donné cette mission. Pour nier cette conséquence, Messieurs, il faudrait nier et le caractère sérieux de la proclamation et l'attentat lui-même. Encore une fois, il était impossible que ceux qui voulaient l'attentat, désignassent, sur le lieu même du crime, aux insurgés réunis, des chefs militaires qui n'auraient pas été présents et consentants.

Aussi, Messieurs, relisons les noms : Auguste *Blanqui,* commandant en chef; *Barbès,* commandant de division : vous savez, Messieurs, quel a été le rôle de ce condamné; Martin *Bernard,* commandant de division : vous le savez encore; *Quignot :* vous allez le juger; *Meillard :* il a été blessé dans l'attentat; vous l'avez mis en accusation, il est en fuite; *Nétré :* vous avez également prononcé son accusation; comme *Meillard,* il est en fuite.

Qu'on ne nous objecte donc plus, Messieurs, les noms qui se trouvent placés au pied de cette proclamation, comme ceux des membres du gouvernement provisoire; qu'on ne cherche plus à établir une confusion impossible entre ces noms et ceux qui se trouvent indiqués, dans le corps même de la pièce, comme chefs militaires : ici, il y avait nécessité de désignation réelle; là, au contraire, l'intérêt de l'attentat exigeait le mensonge, et le mensonge a eu lieu.

Blanqui était donc le commandant en chef de la révolte, comme il avait été le principal auteur du complot, le chef suprême de la *Société des Saisons.*

Aussi, Messieurs, nous le voyons, vers la fin de février, écrire à *Barbès,* qui était alors à Carcassonne, et tout annonce qu'il l'a mandé à Paris.

Une perquisition faite, le 19 mai, au domicile de *Barbès,* à Fortoul, près Carcassonne, y a fait saisir un fragment d'enveloppe qui atteste que, le 28 février 1839, une lettre urgente et mystérieuse a été adressée par *Blanqui* à *Barbès;* la suscription est écrite d'une main inconnue; mais, dans l'intérieur de cette enveloppe, on lit ces mots: «Je prie M. *Carle* de faire tenir cette lettre à *Armand,* quel que soit le lieu où il se trouve; de la lui expédier à Montpellier, si, par hasard, il y était retourné. Je lui serais très-obligé de sa complaisance. Son dévoué. »

Suivent les initiales A. B.

Ce mot de la main de *Blanqui* est également remarquable par sa date, qui précède de deux jours l'époque de la première convocation des Chambres, et qui se place au moment où se manifestait un sentiment de malaise et d'inquiétude publics. Les fauteurs de révolte spéculaient déjà sur ces circonstances, et quelques jours plus tard on les voit s'efforcer, par une agitation factice, de développer ces fâcheux symptômes, et préluder, par des semblants d'émeute, à l'odieux attentat qu'ils méditaient.

Barbès, en effet, ne tarde pas à se rendre à Paris, et la proclamation des insurgés vous a fait voir qu'il était devenu le lieutenant de celui-là même dont il avait reçu la convocation. Douze ou quinze jours avant l'exécution du crime, le dénombrement des sectionnaires prêts à marcher est fait chez un marchand de vin par *Blanqui,*

Barbès et Martin *Bernard.* C'est le témoin *Pons* qui déclare, dans l'instruction, que l'accusé *Quarré,* présent à cette réunion en qualité de *Juillet,* lui a donné ces détails, en lui reprochant de n'y avoir point assisté; et cet accusé, forcé de convenir du fait de la réunion et du but indiqué par *Pons,* recule seulement lorsqu'il s'agit de signaler ses coaccusés, et, par une réticence que nous avons tous comprise, il prétend qu'il n'a point reconnu les chefs.

Le 10 mai, deux jours avant le crime, *Blanqui* quitte sa résidence de Pontoise, où il n'a pas reparu depuis, et se rend à Paris. Cherchons, Messieurs, si dans la révolte l'instruction retrouvera les actes matériels de celui qui l'avait préparée et qui s'était donné la mission de la commander en chef. Nous trouvons d'abord *Blanqui,* rue Bourg-l'Abbé, au début de l'insurrection. Sur ce premier point, Messieurs, aucun doute n'est possible; c'est *Quarré* d'abord qui, dans son interrogatoire du 19 juillet, déclare avoir vu *Blanqui* à ce point de départ de la révolte. On lui pose cette question : « Avez-vous vu *Barbès,* Martin *Bernard* et *Blanqui* sur le théâtre de l'insurrection ? » Il répond : « Je ne connais pas *Barbès,* je ne connais pas non plus *Blanqui,* mais on me l'a fait voir dans la rue Bourg-l'Abbé; quant à Martin *Bernard,* je ne l'ai vu nulle part. »

Quarré, nous le savons, a rétracté, à l'audience, cette partie de ses déclarations; mais il est facile de comprendre quel est le sentiment qui lui a dicté cette rétractation, et ce sentiment s'était déjà fait jour dans sa déclaration elle-même; car alors, s'il convenait avoir vu *Blanqui,* c'est que *Blanqui* était en fuite; mais il niait avoir vu *Barbès* et Martin *Bernard,* parce que ces deux hommes étaient alors détenus.

D'un autre côté, Messieurs, *Nouguès* a signalé *Blanqui*

d'une manière si positive et avec des détails si circonstanciés, que le doute n'est plus possible sur la présence de *Blanqui* aux diverses phases de la révolte. Permettez-nous, Messieurs, de rappeler à vos souvenirs cette partie si grave des déclarations de *Nouguès*.

Dans un interrogatoire du 7 juin, M. le Chancelier demande à *Nouguès* s'il n'était pas lié avec *Blanqui* et Martin *Bernard*, tous deux chefs principaux de la *Société des Saisons*.

Nouguès répond : « J'ai vu *Blanqui* une fois en 1836, sans le connaître, et une seconde fois dans ces affaires. Je l'ai vu rue Bourg-l'Abbé et sur différents autres points ; mais je n'ai pas eu occasion de lui adresser la parole. »

D. Blanqui était cependant l'un des chefs de l'insurrection ?

R. Oui, Monsieur, il paraissait être l'un des chefs les plus influents ; quant à Martin *Bernard*, je le connaissais personnellement.

D. Vous rappelez-vous dans quels endroits vous avez vu *Blanqui* particulièrement ?

R. Je l'ai vu rue Bourg-l'Abbé, à l'Hôtel-de-Ville et à une mairie, la sixième ou la septième ; je l'ai vu trois fois, autant que je m'en souviens ; je ne l'ai pas vu rue Grenétat : il est possible qu'il s'en soit allé avec un autre détachement.

D. Et Martin *Bernard*, où l'avez-vous vu ?

R. Je l'ai vu presque dans tout le courant de la marche, presque partout.

D. Il était chef ?

R. Oui, Monsieur.

D. Était-il rue Bourg-l'Abbé ?

R. Oui, Monsieur.

D. Était-il au marché Saint-Jean ?

R. Je ne me souviens pas de l'y avoir vu, mais je crois bien qu'il y était.

D. Est-ce lui qui a distribué des cartouches, rue Bourg-l'Abbé ?

R. Personne ne s'était chargé spécialement de cette mission-là : j'ai vu des caisses ouvertes sur la voie publique; chacun en prenait, personne n'en distribuait.

D. Vous avez vu *Barbès* aussi?

R. Oui, Monsieur; je le connaissais par ses précédents jugements, mais je ne le connaissais pas de vue : on me l'a fait voir.

D. Où l'avez-vous vu?

R. Partout; il était constamment à la tête du rassemblement dont je faisais partie.

D. Était-il au marché Saint-Jean?

R. Oui, Monsieur.

D. Vous n'avez pas pu ignorer que *Barbès, Blanqui* et Martin *Bernard* faisaient partie du comité exécutif de l'association ?

R. Je sais seulement que, rue Bourg-l'Abbé, plusieurs individus se sont approchés de Martin *Bernard* (*Blanqui* et *Barbès* n'étaient pas près de lui en ce moment), et ont demandé qu'on nommât le conseil dont il avait été question. Martin *Bernard* a répondu : «Il n'y a pas de conseil : le conseil c'est nous.»

Ainsi, la présence du chef des insurgés dans la révolte elle-même n'est pas douteuse, Messieurs, et, sur ce point, *Nouguès* se défendait en quelque sorte de la franchise et de la sincérité de ses déclarations, en disant qu'il ne pouvait se reprocher d'attester la présence de *Blanqui* dans l'insurrection, parce que cette présence était de notoriété publique. Il faut enfin, Messieurs, que nous rappelions ici la déposition du témoin *Drouot,* qui commandait, le 12 mai, le poste de l'Hôtel-de-Ville. Ce témoin déclare qu'on lui a dit, à l'Hôtel-de-Ville, que *Blanqui* était dans le groupe des assaillants; on le lui a montré, et il a vu un homme de petite taille, vêtu d'une redingote noire, qu'il a reconnu pour l'avoir vu souvent au cours de M. *Blanqui* aîné. Cet homme portait des lunettes et n'avait point de barbe.

Lorsque le 2 décembre 1839, sept mois après l'attentat, on a confronté *Blanqui* au témoin, le sieur *Drouot* a fait une réponse qu'il importe de rappeler ici, parce qu'elle porte peut-être avec elle l'explication de l'hésitation du témoin à reconnaître *Blanqui* qu'il avait nommé dans sa déposition du 25 mai :

«La personne que vous me représentez a bien la taille de l'individu qui paraissait commander le rassemblement qui, le matin, s'est précipité sur l'Hôtel-de-Ville, et qui, lorsqu'on voulait me fusiller, s'y est opposé et m'a préservé; mais cet individu n'avait point de barbe comme celui-ci; en outre, il avait des lunettes, ce qui change l'aspect de la figure, et enfin il était vêtu de noir, tandis que celui-ci a des vêtements en désordre et tout à fait différents de ceux que j'ai vus à la personne que j'ai signalée.»

Il résulte, Messieurs, de ces diverses déclarations, que *Blanqui* s'est montré aux insurgés, autant que l'importance du rôle qu'il s'était donné lui permettait de le faire; car, non-seulement il était le commandant de l'armée républicaine, mais il était, en réalité, le chef de ce comité central exécutif de la république, dont nous avons trouvé le sceau en sa possession, et qui devait recevoir l'autorité du triomphe de la révolte.

Toutefois, à ceux qui s'étonneraient que l'auteur principal du mouvement insurrectionnel, que celui qui se qualifiait de général en chef de l'armée républicaine, n'apparaisse pas plus souvent dans l'action, et n'ait pas donné, contre lui, les mêmes éléments matériels de conviction que nous avons trouvés contre *Barbès*, l'un de ses lieutenants, nous dirons d'abord que *Barbès* a été arrêté, blessé sur le lieu même de l'insurrection, et que *Blanqui*, dont la disparition et la retraite sont apparemment aussi des faits bien graves, n'a pu être arrêté que le 14 octobre, cinq mois après le crime, au moment où il montait en diligence pour quitter la France, laissant à ses soldats le soin de régler leurs comptes avec la justice.

Voilà ce qui explique, en premier lieu, comment les souvenirs des témoins ont dû être moins précis, comment avaient nécessairement disparu toutes les traces matérielles qui forment d'ordinaire la base des accusations de cette nature. Et puis, Messieurs, il faut bien dire ici toute notre pensée : nous avons mûrement étudié cette longue instruction ; nous en avons approfondi tous les éléments; nous savons tout, Messieurs, sur ces détestables événements et sur les hommes qui les ont préparés et accomplis. C'est là ce qui nous autorise à dire que, dans la révolte du 12 mai, *Barbès* et *Blanqui* ont été tous deux fidèles à leur nature propre. L'un est un fanatique exalté qui ne prend conseil que de son audace et de son énergie. Il a été convoqué pour le combat; il ne trouvait peut-être pas que le moment fût opportun pour le livrer. Il l'accepte et se conduit en homme d'action. L'autre, c'est l'organisateur, c'est celui dont les passions, quelles qu'elles soient, mettent en mouvement ces natures violentes dont il a su s'emparer; il décidera bien l'attaque : vous le verrez apparaître dans la révolte, partout où il n'y aura pas d'action sérieuse engagée; il se trouvera au point de départ pour régler le mouvement et ordonner le pillage des armes; il se fera voir à l'Hôtel-de-Ville, où les insurgés ne doivent rencontrer que quelques gardes nationaux sans défense; il exercera son commandement au marché Saint-Jean, où doivent s'accomplir d'odieux assassinats, dont plus tard il prendra la défense devant vous; vous le verrez bien encore à une mairie qui est attaquée, mais qui n'est pas défendue; partout enfin où le guet-apens et la surprise font la seule puissance des insurgés : mais, lorsque la force publique, avertie, aura pris l'offensive; lorsque l'insurrection comprimée tentera ses derniers et périlleux efforts, le chef aura disparu, et prendra ses dispositions pour échapper à la justice.

Voilà, Messieurs, ce qui vous explique comment *Blanqui* se trouve moins mêlé à l'action matérielle de la révolte qu'à l'organisation même du complot et aux préparatifs immédiats de l'insurrection.

Mais avons-nous besoin, Messieurs, d'insister sur la culpabilité de *Blanqui?* Ses réponses, son langage à cette audience, ne rendent-ils pas toute discussion superflue sur ce point? Quoi donc! est-ce un fait indifférent en soi qu'on lui impute? est-ce du moins une inculpation sans gravité qu'on dirige contre lui?

On lui rappelle que, de l'aveu même de *Barbès,* l'attentat du 12 mai est l'œuvre de la *Société des Saisons.* On lui demande s'il n'a pas été l'organisateur, s'il n'était pas le chef principal de cette société secrète? Il refuse de répondre.

On lui représente la proclamation imprimée de la révolte, on lui montre son nom sur cette pièce, et on lui demande s'il était en effet le commandant en chef de cette bande qui se qualifiait armée républicaine? Il refuse de répondre. Et cependant, au premier jour de ces débats, il parle, non pour sa défense personnelle, mais pour la justification du crime odieux que nous poursuivons : il accepte ainsi et exerce aussitôt le rôle de chef qui lui appartient, car c'est son œuvre qu'il essaye de justifier.

Il y a là, Messieurs, l'aveu le plus formel : nous devons ajouter que cet aveu, qui se produit sous la forme d'un refus de répondre, était une nécessité de position pour *Blanqui,* comme il l'avait été pour *Barbès* et pour Martin *Bernard;* qu'un mensonge sur sa culpabilité, en face de ses coaccusés, lui était interdit plus encore qu'à ces deux condamnés. Et en effet, Messieurs, ce serait lui, chef du complot et commandant de la révolte; lui qui a eu l'heureuse prudence d'échapper aux reconnaissances matérielles, après avoir échappé aux dangers de la lutte; ce serait *Blanqui* qui, à la face de ceux qu'il a entraînés dans le complot et dans l'attentat, et qui y ont été moins heureux ou moins prudents que lui, viendrait, par une dénégation mensongère, profiter de cette position qu'il s'est faite pour renvoyer à d'autres une responsabilité qui lui appartient! Cela n'est pas possible, Messieurs; et *Blanqui* refuse de répondre, parce qu'il ne peut pas nier, et qu'il ne veut pas avouer.

Cette culpabilité principale, que nous lui portons hautement le défi de repousser, il s'est efforcé de l'atténuer devant vous, en essayant la justification du crime qui la constitue. Vous lui avez entendu dire, Messieurs, que les insurgés de mai ne s'étaient montrés ni sanguinaires, ni cruels; puis il a rappelé les assassinats du Palais-de-Justice et l'atroce exécution du marché Saint-Jean; et, après avoir osé dire que c'était là une conséquence logique et naturelle de la résolution de l'attentat, paroles dont nous lui demanderons compte tout à l'heure, il a insulté aux mânes des victimes par une sanglante ironie, en nous représentant les assassins pleurant sur les crimes mêmes qu'ils commettaient, et comme enchaînés à ces crimes par la loi fatale d'un devoir.

Oui, *Blanqui*, vous avez dit vrai, quand vous avez proclamé ici que ces horribles scènes sont la conséquence naturelle et forcée de l'attentat. Oui, il est certain comme vous l'avez dit, que ceux qui ont arrêté la résolution de ce crime ont accepté par avance la nécessité du meurtre et de l'assassinat; oui, l'immense gravité d'un tel forfait n'est pas dans les détails de l'exécution, mais dans la pensée qui l'a organisé, qui l'a conçu, qui en a préparé les éléments.

C'est donc à vous, chef du complot, commandant principal des révoltés; c'est à vous que, d'après vous-même, la justice doit demander compte de tout le sang qui a été versé; c'est vous qui avez voulu ces crimes, car vous avez voulu l'attentat, et vous saviez qu'il les renfermait tous.

Nous abordons, Messieurs, la discussion des faits relatifs à l'accusé *Quignot,* et ici nous pouvons être d'autant plus bref qu'une partie des charges que nous avons développées contre *Blanqui* pèse également sur *Quignot.*

Cet accusé est depuis longtemps signalé comme l'un des membres actifs et influents des sociétés secrètes. Poursuivi plusieurs fois, comme l'avait été son complice Martin *Bernard,* il a toujours été, comme lui, assez heureux pour échapper à la conviction, et pour éluder la peine réservée à ses intrigues et à ses coupables menées. En 1834 d'abord, puis en 1835, il est poursuivi comme inculpé de complot. En 1836, il est également poursuivi comme affilié à une société politique secrète; dans ces trois circonstances, il est mis hors de prévention.

Enfin, le 7 mai 1837, la veille de l'ordonnance d'amnistie, il est encore inculpé de participation à une association politique, et il est condamné, le 13 du même mois, à six jours d'emprisonnement, à raison de ce fait qui demeure démontré. On s'explique, Messieurs, le peu de gravité de la peine par la date même de la condamnation, qui se place cinq jours seulement après cette ordonnance d'amnistie générale.

Pour vous faire mieux connaître, Messieurs, l'homme que vous avez à juger, nous rappellerons ici les termes d'une pièce écrite en entier de sa main, et saisie en sa possession dans le cours de l'une des procédures dont il a été l'objet.

Question. — « Après le succès de nos armes, quelles seront les mesures révolutionnaires à prendre? Organiserons-nous la révolution au moyen d'une dictature provisoire? Le dictateur tiendra-t-il ses fonctions de la nécessité ou de la nation régulièrement consultée? Dans ce dernier cas, quelles seraient la nature et l'étendue des pouvoirs du dictateur ? »

Réponse. — « Il est incontestable qu'après une révolution opérée au profit de nos idées, il devra être créé un pouvoir dictatorial avec mission de diriger le mouvement révolutionnaire. Il puisera nécessairement son droit et sa force dans l'assentiment de la population armée qui, agissant dans un but d'intérêt général, de progrès humanitaire, représentera bien évidemment la volonté éclairée de la grande majorité de la nation.

« Le premier soin de ce pouvoir devra être d'organiser des forces révolutionnaires, d'exciter, par tous les moyens, l'enthousiasme du peuple en faveur de l'égalité, de comprimer ceux de ses ennemis que la trombe populaire n'aurait pas engloutis dans le moment du combat.

« De grands besoins se feront sentir, de longues souffrances demanderont à être soulagées; il faudra immédiatement donner satisfaction matérielle au peuple; des motifs d'équité et de politique en rendront l'obligation impérieuse.

« L'abolition de certains impôts ou taxes vexatoires, qui pèsent plus particulièrement sur les prolétaires, aura lieu par le seul fait révolutionnaire; mais le soulagement qui en résultera sera à peine senti. La confiscation des biens de la couronne et de ceux de quelques grands personnages sera difficilement applicable à ces premiers besoins, et, du reste, insuffisante.

«La banqueroute sera une nécessité : elle nous débarrassera de l'énorme fardeau de la dette; mais il ne faudra plus songer aux emprunts, et la guerre se présentera avec les grandes dépenses qu'elle entraîne. Il faudra donc créer des ressources immenses, et à cet effet un impôt extraordinaire et assez large devra être frappé immédiatement, et appliqué d'une manière progressive, afin de ménager les petites fortunes et d'en faire supporter plus particulièrement le fardeau aux riches.

«Pour être fort, pour que son action soit rapide, le pouvoir dictatorial devra être concentré dans le plus petit nombre d'hommes possible : un seul donnerait sans doute de l'ombrage, il exciterait des défiances; et d'ailleurs, où trouver un citoyen assez considérable, assez populaire?

«Partagé entre un grand nombre, il perdrait trop de son mérite, il manquerait de promptitude; des tiraillements se manifesteraient; il serait faible, en un mot. Le triumvirat paraîtrait devoir être la combinaison la plus heureuse. Ces hommes capables, énergiques, amis du peuple, connus de lui, ou du moins de ses têtes de colonnes, recevront le mandat révolutionnaire le plus étendu de la population armée, qui les appuiera de toute sa puissance dans leur œuvre à la fois destructive et réorganisatrice.

«Toutes les lois seront suspendues; le dictateur pourvoira immédiatement aux divers services publics; il administrera par ses agents; il fera rendre la justice par les magistrats qu'il aura choisis et dans les formes qu'il aura indiquées; il fera la guerre par ses généraux, etc.

«Saper la vieille société, la détruire par ses fondements, renverser les ennemis extérieurs et intérieurs de la République, préparer les nouvelles bases d'organisation sociale, et conduire le peuple enfin du gouvernement révolutionnaire au gouvernement républicain régulier, telles seront les attributions du pouvoir dictatorial et les limites de sa durée.»

Messieurs, ces idées révolutionnaires et antisociales, cette pensée d'un triumvirat dictatorial emprunté à 1793, et exerçant comme alors la spoliation et la rapine au moyen de la terreur et de l'assassinat, ne sont pas personnelles à *Quignot;* elles appartiennent à la profession de foi de la société des Saisons, et la formule seule qui leur est donnée dans cette pièce paraît être l'œuvre de l'accusé. Toutefois, ce document, réuni aux antécédents de cet homme, fait assez comprendre comment on l'a trouvé digne d'un commandement de division dans cette bande armée par le pillage, et qui, le 12 mai, tentait, par le guet-apens et l'assassinat, la réalisation de ces abominables utopies.

En effet, Messieurs, nous lisons le nom de *Quignot* sur la proclamation de la révolte; et, comme *Barbès*, comme Martin *Bernard*, comme *Meillard* et *Nétré*, il est chargé d'un commandement important sous les ordres d'Auguste *Blanqui.*

Nous ne reproduirons pas, Messieurs, les observations que nous avons eu l'honneur de vous présenter sur la gravité de ce fait en nous occupant du premier accusé. A nos yeux, cette gravité est telle qu'elle suffit pour établir la conviction.

Nous devons cependant rappeler que *Quignot*, interrogé à cette audience sur ce fait si grave, a répondu qu'il *n'avait ni signé, ni autorisé personne à signer pour lui.* Cette formule est presque historique dans cette enceinte, Messieurs; mais nous devons dire à *Quignot* qu'elle ne répond point à l'accusation : car il ne s'agit pas des signatures qui se trouvent au pied de la proclamation, mais des noms qui sont désignés dans le corps de cette pièce comme chefs militaires de la révolte. Nous lui dirons encore que la présence de son nom sur cette pièce est d'autant plus grave, qu'il n'a pas une notabilité assez grande pour qu'il y ait été placé sans l'assentiment de l'accusé.

En effet, Messieurs, *Quignot* a quitté son domicile le 12 mai avant l'heure de la révolte, et il n'a reparu que le 13, après qu'elle eut été comprimée. Les témoins qui le virent à cet instant remarquèrent qu'il avait fait disparaître sa barbe et ses moustaches.

A l'audience, Messieurs, *Quignot* a repoussé l'accusation; mais il vous a dit qu'il avait eu la conviction que la révolte du 12 mai était l'œuvre de la police, et que, s'il eût su, au contraire, que les ouvriers avaient pris les armes, comme il partageait leurs souffrances, il aurait voulu partager leurs périls.

Après nous être emparé, Messieurs, de cette expression des sentiments de l'accusé *Quignot*, nous protesterons, comme nous l'avons fait il y a quelques mois, contre ces prétendues souffrances des ouvriers, qui sont toujours le prétexte mensonger mis en avant par les fauteurs de désordre, soit pour favoriser leurs projets, soit pour excuser leurs crimes. Non, Messieurs, cela n'est pas vrai; et ce mal, qui n'existe point, n'a été pour rien dans l'odieux attentat du 12 mai. Le travail ne manque pas aux ouvriers honnêtes et laborieux; il ne leur manquera jamais sous un gouvernement libéral qui assure la prospérité publique par le maintien de l'ordre, et qui sait réprimer avec énergie les criminelles tentatives des factieux.

Si des femmes, si des enfants sont dans la misère, Messieurs, c'est qu'il y a malheureusement des ouvriers qui abandonnent un travail honnête et lucratif pour se livrer aux intrigues et aux coupables menées des partis; c'est que ces ouvriers, abusés par d'odieuses utopies qu'ils ne comprennent point, sacrifient bientôt, aux plus coupables préoccupations, leurs devoirs de citoyens et de pères de famille. Voilà ce qu'il faut déplorer, Messieurs, voilà le mal qui appelle une terrible responsabilité sur la tête de ceux qui abusent de leur situation personnelle et de leur intelligence pour faire ce mal dans l'intérêt de leur ambition personnelle et de leurs cupides passions.

Ces vérités, Messieurs, trouveront une démonstration nouvelle dans l'exposé des faits qui concernent les accusés *Charles* et *Quarré*.

Ce dernier se présente devant vous sous la protection d'un intérêt que nous ne prétendons pas méconnaître; c'est celui qui s'attache à la jeunesse et à l'entourage d'une honnête famille. Nous aurions voulu pouvoir parler de ses aveux; mais jamais ils n'ont été spontanés; ils ont toujours suivi et non précédé les constatations de la procédure, et ils se font plus remarquer encore par leurs réticences que par un caractère de sincérité.

Un premier fait qui résulte de l'instruction, et que l'accusé a confirmé par son aveu, c'est qu'il appartenait, depuis deux années, à la société des Saisons; il y était entré comme sectionnaire, avait obtenu plus tard le titre de *Dimanche,* chef d'une semaine, et plus tard enfin, en novembre 1838, il avait été nommé *Juillet,* et chargé par conséquent du commandement et de la direction de quatre semaines ou d'un mois.

Douze ou quinze jours avant l'attentat du 12 mai, une réunion des *Juillets* a lieu dans le cabaret du marchand de vin *Charles;* ils y ont été convoqués et y sont présidés par les agents révolutionnaires *Blanqui, Barbès* et Martin *Bernard,* qui procèdent au dénombrement exact des sectionnaires, en vue du jour prochain de l'attentat.

C'est *Pons,* l'un des témoins, qui atteste ce fait dans des termes qu'il importe de rappeler, Messieurs, et de comparer avec les déclarations de *Quarré*.

Pons est un ouvrier qui s'est laissé un instant entraîner

dans les intrigues des sociétés secrètes, et qui n'a pas tardé à en reconnaître tout le danger. Appelé devant la justice comme inculpé, le 18 juin, il avoue franchement son affiliation à la *Société des Saisons* et donne les détails qui lui sont demandés par le juge.

On lui demande où se tenaient les réunions? Il répond: «Tantôt dans un endroit, tantôt dans un autre; *particulièrement chez Charles, rue de Grenelle-Saint-Honoré.*»

Il ajoute plus loin : «Quinze jours environ avant le 12 mai, j'ai appris, dans la société, qu'il devait bientôt y avoir une attaque, et que *Barbès, Blanqui* et Martin *Bernard* devaient tenir une grande réunion chez *Charles,* marchand de vin, pour s'entendre définitivement; mais je n'ai pas jugé à propos d'aller à cette réunion, dont j'entrevoyais le danger. J'ai rencontré quelques jours après le nommé *Alexandre,* cuisinier, qui travaille, je crois, dans un hôtel rue Louis-le-Grand, n° 20. Il me fit des reproches de ne pas être venu à cette séance, me disant qu'on s'était entendu définitivement; mais il ne me fit pas connaître quel jour devait avoir lieu l'attaque.»

On lui demande : «Quel était votre chef? » Il répond: « C'était Martin *Bernard.* »

D. Avez-vous vu quelquefois les nommés *Barbès* et *Blanqui ?*

R. Non, Monsieur; je n'ai été convoqué qu'une fois, comme je vous l'ai dit, pour me trouver avec eux, et je n'y suis point allé.

Dans une autre déposition, le juge lui demande à quelle heure devait avoir lieu la séance des membres de la société qui devait décider chez *Charles* le jour de l'insurrection?

Il répond : « C'était un soir, de huit à neuf heures, et peut-être dix ou douze jours avant le 12 mai.»

D. Avec qui avez-vous causé de cette séance?

R. Je n'en ai causé qu'avec *Thébaut* et *Quarré.*

D. Quarré ne vous a-t-il pas fait des menaces pour ne pas vous être trouvé à la séance?

R. Nous nous sommes rencontrés, par hasard, quelques jours après; il m'a demandé pourquoi je n'étais pas venu, en m'annonçant que, si j'y étais allé, j'aurais vu *Barbès* et *Blanqui.*

Voilà, Messieurs, le fait bien précisé à la charge des accusés *Charles* et *Quarré*. C'est chez le premier que se tient cette réunion dont le but est si grave, et qui se rattache si intimement aux attentats du 12 mai; le second y assiste et y apporte son concours, son active coopération aux préparatifs de la révolte.

Cependant *Charles* répond qu'il est étranger aux préoccupations politiques, et qu'en sa qualité de marchand de vin il ouvre, nécessairement, sa maison à toutes les réunions. Nous apprécierons bientôt, Messieurs, cette excuse; mais, auparavant, il importe de mieux constater, s'il est possible, par les déclarations de *Quarré* lui-même, et le fait et le but de la réunion.

Le 19 juillet, on demande à cet accusé comment il a été averti et du jour et de l'heure de l'attentat? Il répond : « A la revue précédente, qui avait eu lieu dans le cours de la semaine, j'avais été averti pour ce dimanche. Quelque temps auparavant, on avait réuni les *Juillets* dans un cabaret, et on nous avait demandé de faire le dénombrement exact de nos hommes. Les *Dimanches* que j'avais sous mes ordres avaient donné des renseignements, d'autres en avaient donné de leur côté, et la revue du 12 mai avait lieu, en quelque sorte, pour s'assurer si les *Dimanches* avaient dit vrai. »

Ainsi vous le voyez, Messieurs, et malgré ses dénégations de l'audience, *Quarré* a confirmé, par son aveu, le fait si grave que *Pons* avait fait connaître.

Il y a plus, et dans ce même interrogatoire l'accusé, en

avouant une circonstance qu'il a niée également à cette audience, avait achevé d'attester la sincérité du témoin *Pons*.

Le juge lui demande : « Pourquoi avez-vous menacé *Pons* pour ne s'être pas trouvé dans les rangs des insurgés ? »

Il répond : « Il est vrai que j'ai rencontré *Pons* et que je lui ai demandé pourquoi il ne s'était pas trouvé à une réunion. Il m'a dit qu'il avait travaillé ce jour-là; mais il ne s'est pas élevé, entre nous, d'autres explications. »

Voilà, Messieurs, le fait de cette grave réunion positivement établi; son but est également certain, et il ne l'est pas moins qu'elle a eu lieu dans le cabaret de *Charles ;* car nous ne pourrions discuter sérieusement l'allégation présentée, pour la première fois, par *Quarré,* à cette audience, que cette réunion s'est tenue dans un cabaret de la rue de la Michodière.

Ainsi, déjà et par son propre aveu, *Quarré* est convaincu d'avoir pris une part coupable aux sourdes menées qui avaient pour but de préparer l'attentat du 12 mai. Sous ce rapport, et par ces faits seuls, l'accusation est justifiée en ce qui le concerne.

Cependant, Messieurs, l'instruction et les débats nous forcent à rappeler que cet accusé a pris, à l'exécution même du crime, la part que lui réservait son grade élevé dans la société des *Saisons*. Et d'abord, de son aveu, il a convoqué les sectionnaires placés sous ses ordres, pour les réunir au point de départ de la révolte, et il s'y est trouvé lui-même; il assistait au pillage du magasin d'armes des frères *Lepage*. C'est là, Messieurs, que s'arrêtent les aveux de l'accusé. S'il fallait l'en croire, dans l'ignorance de ce que méditait le conseil exécutif, il aurait renvoyé ses sectionnaires avant le signal de l'attaque; mais nous sommes en droit de lui donner un démenti sur ce point, lorsqu'après l'avoir laissé, au début de l'insurrection, à deux heures et demie, nous le voyons, à sept heures et demie du soir, arrêté, par la force publique, dans cette impasse Beaufort où les factieux tentèrent leurs derniers efforts. Le fait de cette arrestation, à lui seul, constituerait la preuve complète de sa culpabilité; car nulle part la lutte ne fut plus sérieuse, et, en raison de la situation des lieux, et des dispositions prises par la troupe, on ne pouvait y trouver et y saisir que les coupables qui l'avaient soutenue.

Nous avons prouvé, Messieurs, que les réunions habituelles des chefs de la *société des Saisons*, et spécialement cette convocation définitive qui avait pour but et qui a eu pour résultat d'organiser la révolte, avaient eu lieu dans le cabaret de *Charles*. Examinons, Messieurs, quelle est la valeur judiciaire de ce fait à la charge de cet accusé: *Charles* est-il étranger, comme il le prétend, aux intrigues des partis? Peut-on admettre qu'il ait habituellement donné asile à ces criminelles réunions dans l'ignorance de leur objet, et comme l'aurait pu faire tout autre marchand de vin? Nous allons prouver, Messieurs, que nul n'a pénétré plus avant que cet accusé dans les secrètes machinations des factieux, et cette preuve est tout entière dans la coupable mission qu'il avait reçue et acceptée.

Quelque temps avant le 12 mai, *Charles* avait succédé au nommé *Raban* en qualité de trésorier d'une souscription ouverte dans le but apparent de procurer des secours aux détenus politiques et à leurs familles. Un registre de recettes et de nombreuses quittances saisies, soit au domicile de *Charles*, soit dans celui du nommé *Stévenot*, établissent ce fait et prouvent, en même temps, que *Charles* n'était qu'un agent qui avait ses comptes à rendre.

Raban, le prédécesseur de *Charles*, avait été arrêté au moment où il confectionnait des cartouches et des munitions de guerre : il a été condamné pour ce fait. L'examen de sa comptabilité a prouvé qu'il devait rester dépositaire d'une somme d'environ 600 francs qu'on n'a point retrouvée entre ses mains; et il est remarquable que cette somme représente, à peu près, la valeur des munitions saisies à domicile. Quoi qu'il en soit de cette induction, il est resté démontré que le trésorier de la souscription était, en même temps, fabricateur de cartouches, et que le même homme, qui préparait des munitions de guerre pour les insurgés, distribuait aux détenus politiques les contributions du parti.

Que *Charles* ait été le successeur de *Raban*, c'est ce qu'expliquent l'arrestation et la condamnation de ce dernier, et ce que prouve l'examen comparatif du tableau des recettes et de celui des distributions de secours, puisqu'il résulte, de ce rapprochement des livres de *Charles*, que cet accusé n'a commencé à recevoir les souscriptions qu'à partir du 17 février 1839, et qu'au contraire les distributions de secours remontent à une date plus éloignée, c'est-à-dire jusqu'au commencement de juillet 1838, époque des poursuites dirigées contre *Raban*.

Dans le cours de près d'une année, *Charles* a distribué plus de 1,500 francs, et cette somme a été, tout entière, donnée comme récompense de crimes et de délits commis contre la paix publique, et comme encouragement aux imitateurs. A cet égard, Messieurs, nulle équivoque n'est possible, et il importe de signaler ici publiquement ces conspirateurs qui se cachent sous le masque menteur de la philanthropie. Qu'est-ce donc que cette charité qui n'a d'entrailles que pour les perturbateurs du repos public, et qui insulte aux victimes et donne des secours aux assassins? Ce que c'est, Messieurs? c'est la conspiration, plus la lâcheté; c'est la complicité honteuse d'elle-même et qui a peur de la justice.

Nous savons bien aussi, Messieurs, et votre haute sagesse, éclairée par l'expérience, le sait mieux encore, combien est lourd le poids de ces chaînes qui rattachent, trop souvent, les chefs de partis à leurs plus ignobles instruments; des secours sont demandés au nom des opinions communes; on sait bien que leur destination est mauvaise; on regrette de les livrer à ceux que souvent on méprise; mais on est enchaîné par les liens d'une confraternité politique qu'on déteste peut-être au fond du cœur, mais dont on croit avoir besoin, et on subit ce honteux servage; puis les fonds ainsi livrés vont soutenir les publications régicides et payer les assassins du mois de mai!

Voilà le sens, Messieurs, de cette caisse dont *Charles* était le dépositaire et l'agent comptable! Et cet accusé viendra nous dire qu'il est étranger aux préoccupations politiques! Ah! nous n'avions pas besoin de connaître ses relations intimes avec Martin *Bernard;* nous n'avions pas besoin de savoir que, lorsque ce condamné s'était soustrait aux recherches de la justice et préparait les éléments d'un nouvel attentat, il était caché et protégé par *Charles,* pour être convaincu que cet accusé a sciemment prêté son concours aux auteurs de l'attentat, dans les faits qui l'ont préparé, et qu'il s'est ainsi rendu coupable de ce crime.

Il nous reste, Messieurs, à vous entretenir de l'accusé *Moulines,* et la précision des faits à sa charge est telle, qu'il nous sera permis de ne pas fatiguer longtemps votre attention.

Il y a, Messieurs, un homme qui a pris, dans l'insurrection, un rôle actif et important. Affilié à la société des *Blanquistes,* et parvenu au grade de chef de *Saison,* cet homme avait néanmoins quitté Paris depuis quelque temps, et vivait tranquille à Ambérieux, auprès de sa famille. Le 4 avril, au moment où de premiers troubles annonçaient le prochain attentat, *Maréchal* reçoit une lettre qui le mande à Paris. Il se rend à cette convocation. Le

12 mai le voit au premier rang des insurgés, et il y trouve la mort en défendant avec acharnement la barricade de la rue Grenétat, dernier rempart de la révolte.

Celui qui a appelé *Maréchal*, celui qui l'a conduit au crime, puis à la mort, celui-là est-il coupable? Oui assurément, Messieurs, si la convocation avait pour motif et pour but l'attentat qui se préparait.

Qu'on lise la lettre de *Moulines* à *Maréchal*, et qu'on cherche, s'il est possible, une indication plus explicite, une annonce plus positive et plus formelle de l'audacieuse agression du 12 mai :

«Mon cher *Maréchal*, j'ai appris avec plaisir...qu'enfin tu tournais tes regards du côté du soleil levant, du côté de cet astre du monde, lumière des intelligences, dont, pour le moment, j'ai l'honneur d'être un sublime rayon : hâte-toi, si tu ne veux pas le voir échancrer sans assister à la fête, car tout me dit qu'ici il se prépare, dans les entrailles de la cité, un jour de jubilation et de fièvre, où nous pourrons nous enivrer du parfum de la poudre à canon, de l'harmonie du boulet, et de la conduite *extra muros* de cette famille royale que nous enverrons probablement faire son tour de France pour lui apprendre à vivre.

«Ce soir, les magasins d'armes antiques étaient ou plutôt sont gardés par des compagnies de la ligne; des rassemblements se forment, et de sourdes rumeurs, dans lesquelles on entend par moment des cris de liberté et de patriotisme, de république, d'harmonie Fourriériste, etc., circulent. On ne s'aborde plus qu'en demandant ce qui se dit, ce qui se fait plus loin; enfin je te dis qu'il y a quelque chose de prêt à éclore, et je crains bien que le concours et la bonne volonté des hommes positifs ne soient plus suffisants : Dieu veuille nous épargner encore cette épreuve! Si la nuit se passe tranquille, j'augurerai bien de la suite; mais je crains beaucoup en attendant : les affaires sont totalement arrêtées, etc.»

La lecture de cette pièce nous dispense de toute argumentation. Il en résulte, pour tous, que *Maréchal* a été expressément convoqué pour cette insurrection, qui, dans les vœux et dans les espérances de *Moulines*, devait faire *lever le soleil de la république*. La conséquence forcée de ce fait, ce n'est pas seulement que *Moulines* était dans la confidence du complot, c'est encore qu'il en était un des agents dévoués, et que, par avance, il en préparait et en facilitait l'exécution, en appelant, sur le théâtre de la révolte, l'un de ses instruments les plus aveugles et les plus obstinés.

Nous ne discuterons point, Messieurs, cette malencontreuse explication tour à tour présentée et combattue par la fille *Mennesson*, pour donner à la lettre de *Moulines* un sens contraire à ses termes, et que repoussent les faits qui l'ont suivie. Cette interprétation n'est évidemment pas sérieuse, et il était facile de prévoir les rétractations de cette fille à l'audience, quand on a vu *Moulines* indiquer la demeure de ce témoin que toutes les recherches de la justice n'avaient pu parvenir à découvrir, et que sa mère ignorait elle-même.

Voyons maintenant, Messieurs, si l'instruction nous autorise à dire que l'auteur de cette lettre a pris part lui-même à ce jour *de jubilation et de fièvre*, et s'il assistait, avec *Maréchal, à cette fête* à laquelle il le conviait.

Le premier fait dont nous devons nous emparer, c'est que, la veille de l'attentat, *Moulines*, accompagné de *Maréchal*, trouve moyen d'obtenir, d'un officier, des détails et des renseignements sur la manière de se retrancher en campagne. Ce premier fait prend un grand caractère de gravité, lorsqu'on voit *Moulines*, le lendemain, s'adresser successivement à deux gardes nationaux, ses voisins, pour emprunter leurs fusils. Vous n'avez pas oublié, Messieurs, les efforts tentés dans l'instruction et à cette audience par le sieur *Charton* et sa femme pour dissimuler la vérité sur ce point, et l'évidence du faux témoignage est venue accroître la gravité du fait.

Enfin, Messieurs, dans l'instruction écrite, quinze jours après le crime, *Moulines* est confronté aux trois gardes nationaux qui étaient présents à l'attaque de l'Hôtel-de-Ville. Deux d'entre eux croient le reconnaître; le troisième croit être sûr qu'il l'a vu au nombre des factieux. Que le fait soit vrai ou que les témoins se trompent, la culpabilité de *Moulines* resterait la même : car nous l'avons établie en dehors de l'action matérielle de la révolte. Mais nous avons cru devoir signaler ce fait, d'une part, parce qu'il ne serait que la conséquence naturelle de la lettre écrite à *Maréchal;* de l'autre, parce qu'en invoquant pour le détruire un alibi qui lui échappe, *Moulines* est venu lui donner une autorité plus grande.

S'il fallait l'en croire, il aurait quitté son domicile à trois heures ou trois heures et demie, et serait allé se promener au Jardin-des-Plantes avec une dame et une jeune fille. Il y serait resté jusque vers huit heures; sa présence à l'Hôtel-de-Ville à quatre heures, au milieu des insurgés, serait donc impossible.

Mais vous avez entendu, Messieurs, les dépositions des témoins appelés par *Moulines* pour établir cette circonstance, et le seul point qui soit demeuré constant sur l'heure de départ de l'accusé, c'est que déjà on était venu annoncer dans son hôtel que les boutiques se fermaient sur les boulevards. Or, s'il y a un fait constant au procès, c'est que la nouvelle de la révolte n'a été répandue sur les boulevards qu'après cinq heures. Il en résulte donc que c'est après cinq heures que *Moulines* est allé faire cette promenade qui semble n'avoir eu d'autre but que la création d'un alibi. Le fait, ainsi posé, concorde parfaitement avec la déclaration faite le 28 mai, par la dame *Ramoussin,* limonadière au Jardin-des-Plantes, qui plaçait à six heures l'arrivée de *Moulines* dans son établissement.

Nous avons dû, Messieurs, rappeler à vos souvenirs cette partie du débat, et cependant, à nos yeux, nous ne saurions trop le répéter, elle ne peut avoir sur le sort de *Moulines* une influence décisive; et c'est évidemment beaucoup moins dans la journée du 12 mai que dans les faits antérieurs qu'il faut chercher la culpabilité de cet accusé.

Nous avons terminé, Messieurs, le résumé de cette partie des faits de l'accusation que nous nous étions réservé l'honneur de vous présenter.

Toutefois, nous n'aurions qu'incomplétement rempli notre mission et nous croirions manquer à nos devoirs si nous ne vous soumettions la pensée principale qui préoccupe notre esprit en présence de ce procès.

Messieurs, l'attentat du 12 mai était dirigé, tout à la fois, contre les institutions politiques du pays et contre les principes qui servent de fondement à toute société humaine. Sous le prétexte d'odieuses et absurdes utopies qui ne seraient qu'un retour à la barbarie, il s'est produit par le pillage, le meurtre et l'assassinat: c'est le brigandage qui a pris le masque de la politique. Cet attentat est donc le plus grand crime qui se puisse commettre; et, lorsque vous avez devant vous l'auteur principal, le chef suprême de cette détestable entreprise, la justice veut, et la sécurité publique exige, qu'il soit puni selon toute la rigueur des lois.

Déjà vous avez frappé, Messieurs, l'un des coupables de ce grand crime, et l'arrêt que vous avez rendu contre *Barbès* est la loi qui a jugé *Blanqui :* la peine infligée par la justice ne peut s'abaisser et se restreindre quand la culpabilité s'élève et s'agrandit.

Messieurs, dans l'arrêt de juillet, la haute sagesse de cette Cour avait écrit que la gravité d'un attentat n'était point dans un acte isolé d'exécution, quelque odieux qu'il puisse être, mais dans la criminelle pensée qui l'a organisé, qui en a préparé les éléments, et qui en a sciemment accepté les conséquences. Nous vous demandons aujourd'hui, Messieurs, le maintien de ce salutaire principe. Plus que jamais l'inflexible sévérité de la justice est devenue nécessaire : chaque jour nous apprend que les factieux sont à l'œuvre, que de nouvelles machinations s'organisent, et que ces incorrigibles ennemis du repos public s'efforcent de nous préparer encore de sanglantes catastrophes. Messieurs, toute atténuation de la peine, quand il s'agit du plus grand des crimes et du plus grand des coupables, serait accueillie par eux comme le désaveu de cette loi pénale qui est la plus indispensable garantie de la paix publique et de la sécurité de tous.

EXPOSÉ

DES FAITS PARTICULIERS

CONCERNANT LES ACCUSÉS

BONNEFOND, PIÉFORT, FOCILLON, HENDRICKX, PÉTREMANN, BÉASSE, HUART, ÉVANNO, LEHÉRICY, BORDON, SIMON, ESPINOUSSE, HUBERT ET DUPOUY,

PAR M. BOUCLY, AVOCAT GÉNÉRAL.

MESSIEURS LES PAIRS,

Le réquisitoire que vous venez d'entendre a retracé les caractères généraux de l'attentat du 12 mai, et réveillé toutes les impressions que ce grand crime avait produites.

En continuant à développer l'accusation qui vous est soumise, le ministère public doit maintenant se borner à descendre dans les détails d'exécution, afin de recueillir et de fixer les résultats de l'instruction et des débats, en ce qui concerne les accusés qui n'ont à répondre que de faits particuliers. Cette tâche nous est imposée à l'égard de quatorze d'entre eux. Pour l'examen et la discussion des charges qui s'élèvent contre chacun, nous suivrons l'ordre dans lequel se sont succédé les actes de révolte et de sédition qui leur sont respectivement imputés. La plupart de ces faits sont d'une haute gravité : ils se rattachent aux épisodes les plus sanglants de cette triste journée, et, si les accusés de cette catégorie ne doivent pas être placés au nombre de ceux qui ont organisé et préparé l'attentat, peut-être aura-t-on le droit de conclure, contre plusieurs d'entre eux, qu'ils faisaient partie de ces sectionnaires assermentés d'avance à l'insurrection, et qui n'attendaient, pour prendre les armes, que le premier ordre de leurs chefs. Quant à ceux contre lesquels cette induction ne serait pas suffisamment autorisée par les faits établis au procès, il sera du moins prouvé qu'ils ont saisi avec un criminel empressement l'occasion de révolte qui leur était offerte, et qu'ils se sont jetés dans l'insurrection en hommes qui partageaient les mauvaises passions et les odieux projets de ceux qui l'avaient excitée: car on ne devra jamais, ce nous semble, oublier qu'il s'agit ici, non pas d'une émotion populaire, non pas de rassemblements tumultueux devenus hostiles, agressifs par occasion, mais d'une attaque à main armée contre les pouvoirs publics, dont le signal a été donné à coups de fusil, et qui s'est annoncée tout d'abord et partout avec son véritable caractère. Personne, nous ne craignons pas de l'affirmer, n'a pu se tromper ni sur les causes, ni sur le but de cette prise d'armes, qui soulevait l'indignation de tous ceux qui n'en étaient pas les complices. L'examen des faits va, d'ailleurs, établir quelles ont été la nature et la portée de l'action personnelle dont chacun des accusés lui a payé le coupable tribut.

Vous n'avez point oublié, Messieurs, qu'au début de l'insurrection, après l'attaque du poste du Palais-de-Justice et de la Préfecture de police, une fusillade s'est engagée entre les insurgés qui s'étaient ralliés sur le Pont-Neuf et les gardes municipaux qui marchaient au secours du poste investi par les factieux sur la place du Châtelet.

Ce combat était à peine terminé lorsque Pierre *Bonnefond* fut arrêté sur le quai de l'Horloge. Il était blessé au bras gauche d'un coup de feu, et se trouvait dans une sorte d'enfoncement que forme l'allée de la maison n° 65. Il expliqua sa présence sur le lieu du combat et sa blessure, en alléguant qu'il était allé voir, rue Saint-Jacques, près le Panthéon, un sieur *Saulgeot,* qui lui avait donné, la veille, un rendez-vous, et qu'en revenant, au moment où il débouchait de la rue de Harlay, il était tombé, par un hasard malheureux, entre le feu des insurgés et celui des gardes municipaux.

Ces explications étaient mensongères : *Saulgeot,* parti le samedi soir pour le département de la Côte-d'Or, était en route le dimanche, et il affirme qu'il n'avait pas donné de rendez-vous. Il est bien fâcheux, dit *Bonnefond,* que le témoin ne se rappelle pas cette circonstance. Mais la Cour se rappelle la déclaration de *Saulgeot,* et elle sait bien que ce témoin n'accuse pas l'infidélité de ses souvenirs; il affirme très-positivement qu'il n'a pas donné de rendez-vous.

Le vrai motif de la présence de *Bonnefond* sur le quai de l'Horloge ne peut pas être douteux.

Il y était venu armé; il y était venu avec les insurgés; il avait combattu dans leurs rangs. Pour le prouver, nous ne rappellerons pas que cet accusé a été commissaire de quartier dans la société des Droits de l'Homme, et que, par conséquent, ce n'est pas du 12 mai seulement que datent ses sentiments hostiles contre le gouvernement établi. Nous ne rappellerons pas que, dans la maison où il était employé, deux de ses camarades se sont absentés avec lui vers deux heures et n'ont pas reparu; qu'un autre individu, qui servait aussi dans cette maison, a été tué dans l'émeute.

L'instruction fournit des preuves plus directes et plus péremptoires.

La porte de l'allée où *Bonnefond* a été arrêté est à claire-voie dans la partie supérieure; on l'avait fermée aux premiers bruits de la sédition, et elle ne fut rouverte que lorsque le calme fut rétabli dans le quartier.

Peu après l'arrestation de *Bonnefond*, on trouva dans l'intérieur de l'allée un fusil qui était appuyé derrière la porte; il y avait été évidemment glissé à travers les barreaux. On trouva aussi des cartouches qui y avaient été jetées. Il paraissait tout d'abord évident que ce fusil et ces cartouches avaient été abnndonnés par l'homme blessé qui s'était réfugié contre cette porte, et qui, ne pouvant chercher son salut dans la fuite, avait senti la nécessité de se dessaisir de l'arme et des munitions dont la possession aurait élevé contre lui un irréfragable témoignage; mais cette précaution ne suffira pas pour l'absoudre.

Un témoin avait entendu tomber le fusil sur les dalles de l'allée. Ce bruit avait excité son attention, et, par sa fenêtre, il avait reconnu qu'un homme se cachait dans l'embrasure de la porte.

Un autre témoin s'était aperçu que de ce même endroit on jetait des cartouches sur le quai, et il y avait aussi reconnu la présence d'un homme en redingote. A ce moment la fusillade avait cessé.

Bonnefond, blessé dans cette fusillade, et qui reconnaît lui-même qu'il s'était abrité devant cette porte quand le combat continuait encore, est donc nécessairement l'homme qui a déposé le fusil, qui s'est débarrassé des cartouches; aussi les deux témoins l'ont-ils vu bientôt après arrêter par un sergent de ville.

S'il était possible qu'il restât un doute sur l'identité de *Bonnefond* avec l'homme signalé par ces deux témoins, ce doute serait détruit par la déposition de *Bonnardet*, qui a vu *Bonnefond*, au moment même où il était frappé, se traîner vers la porte et y déposer le fusil dont il était armé. Vous avez entendu les termes de sa reconnaissance à l'audience : «Ah! c'est bien lui!» s'est-il écrié. Dans l'instruction, la reconnaissance avait été plus formelle encore, s'il est possible : «Je le reconnais bien, avait-il dit, comme si c'était au jour de l'événement.»

Le fusil dont il est maintenant certain que *Bonnefond* était armé était un fusil de chasse à deux coups, provenant des magasins de *Lepage.* Il avait fait feu d'un côté, il était chargé de l'autre; ainsi *Bonnefond* avait pris part à la sédition depuis son début. Pour tout dire, enfin, nous ajouterons que deux cartouches et des capsules ont été trouvées dans la chambre où *Bonnefond* avait été déposé à la Préfecture de police, et que quarante capsules ont encore été saisies dans la poche de sa redingote.

Concluons donc que *Bonnefond,* parti à deux heures de chez lui, ne pouvant expliquer dans quel but, armé, depuis le commencement de l'insurrection, d'un fusil pris chez *Lepage,* faisait partie des sectionnaires convoqués rue Saint-Martin, et qu'il a combattu dans leurs rangs jusqu'au moment où il a été blessé.

Dans le même temps à peu près où *Bonnefond* était blessé sur le quai de l'Horloge, le nommé *Piéfort* était aussi frappé d'un coup de feu sur la place du Châtelet, pendant l'attaque dirigée sur le poste de garde municipale qui y est établi. On l'arrêta, vers six heures du soir, au cinquième étage d'une maison située rue de la Vieille-Tannerie, et avec lui le nommé *Focillon,* son compatriote, son ami, son commensal.

Ces deux jeunes gens sont ouvriers charpentiers, et leur conduite ne paraissait pas jusque-là avoir donné lieu à aucun reproche. Ils disaient dans la maison même où ils ont été arrêtés, et ils ont répété depuis dans l'instruction, qu'ils allaient ensemble dîner chez la sœur de l'un d'eux, et qu'en passant dans les environs de la place du Châtelet, *Piéfort* avait été atteint par l'une des premières balles qui fussent parties du poste attaqué.

6

Nous ne relèverons pas quelques contradictions que présentaient leurs interrogatoires dans l'instruction, et desquelles il paraissait résulter qu'ils ne disaient pas toute la vérité ni sur le temps, ni sur le lieu de leur réunion, ni sur le chemin qu'ils avaient suivi.

Focillon avait toujours avoué qu'après avoir rencontré *Piéfort*, ils avaient été ensemble dans un cabaret rue Bourg-l'Abbé, qu'ils y avaient été témoins de la distribution des armes pillées, et que, tout en se dirigeant vers le domicile de sa sœur, ils avaient aussi suivi les groupes d'insurgés armés qui marchaient vers la place du Châtelet.

Sur ces divers points, *Piéfort* ne le contredit plus.

Est-il vrai maintenant qu'ils ne fissent point partie des insurgés avec lesquels ils se trouvaient ainsi mêlés au moment même où la sédition éclatait, et que le hasard seul les eût conduits rue Bourg-l'Abbé?

Vous vous rappelez, Messieurs, ce que les débats ont établi.

Pendant l'attaque du poste du Châtelet, une troupe nombreuse d'hommes armés apporte *Piéfort*, blessé, dans la rue de la Vieille-Tannerie. On frappe chez le marchand de vin, n° 1er : celui-ci n'ouvre pas, la porte est enfoncée. *Piéfort* est d'abord déposé dans la boutique, sur un matelas. Ceux qui l'accompagnent et qui le protégent, les hommes armés qui l'escortent, exigent ensuite que le marchand de vin le laisse transporter dans sa propre chambre, au cinquième étage de la maison; cinq d'entre eux montent avec lui dans cette chambre; quatre soutiennent le blessé, le cinquième porte quatre fusils de chasse et une espingole; précisément les armes de cinq personnes. Dans le trajet, on les entend dire: «Prends courage; nous sommes bien ici pour te défendre: si l'on vient nous attaquer, nous te vengerons.»

Dans la chambre du blessé, on voit encore ces cinq

hommes et aussi les quatre fusils de chasse et l'espingole.

Focillon est avec ceux qui accompagnent son ami, au nombre de cinq, et comme les autres il est armé.

Quand le tumulte commence à s'apaiser, les femmes de la maison supplient ces hommes de partir. Ils hésitent, ils redoutent de se montrer, avec leurs armes, dans les rues que maintenant la force publique occupe. Ils consentent enfin à s'éloigner, après avoir caché leurs armes dans un grenier voisin de la chambre où *Piéfort* a été arrêté. *Focillon* paraissait se disposer à partir avec les autres: «Frère, lui dit *Piéfort,* ne m'abandonne pas! — Non, répond *Focillon;* nous allions ensemble, je ne t'abandonnerai pas.»

Ainsi, Messieurs, vous voyez *Piéfort,* blessé, placé sous la protection d'insurgés qui vont enfoncer une porte pour lui procurer un asile; d'insurgés qui lui promettent de le défendre et de le venger, et qui ont déjà apprécié les avantages de la position; d'insurgés desquels fait partie *Focillon,* armé comme eux, et parti avec *Piéfort* de la rue Bourg-l'Abbé.

Nul doute que ces deux jeunes gens n'aient pris part à l'insurrection; et même, dans le dernier propos de *Focillon* que nous venons de citer, ne trouvez-vous pas comme le sentiment d'un danger commun qu'il se résout à courir avec son ami?

Ajoutons qu'on a trouvé des capsules sur *Focillon* après son arrestation.

On a tenté d'expliquer cette dernière circonstance en faisant venir, à la fin du débat, un témoin qui a habité autrefois, il y a plus d'un an, la chambre de *Piéfort* et de *Focillon,* qui aurait eu, à une époque indéterminée, des capsules, et qui ignorerait ce qu'elles sont devenues.

Une si vague allégation ne suffira pas pour détruire les graves conséquences qui résultent contre *Focillon* de la présence de capsules dans sa poche, le 12 mai, surtout quand cette circonstance se combine avec celle de la possession d'un fusil.

Il paraît donc évident que *Piéfort* et *Focillon,* qui, de leur propre aveu, assistaient, rue Bourg-l'Abbé, à la distribution des armes, ont pris part à cette distribution elle-même et aux faits d'insurrection qui l'ont suivie.

Toutefois, nous devons dire que les armes saisies rue de la Vieille-Tannerie n'avaient pas fait feu; que, par conséquent, les insurgés qui les ont portées n'en avaient pas encore fait usage; et cette circonstance se réunira à la jeunesse des deux accusés pour leur mériter votre indulgence dans l'application du châtiment qu'ils nous paraissent avoir encouru.

A peine les insurgés avaient-ils paru dans les rues qui avoisinent la place du Châtelet, que le nommé *Hendrickx,* ouvrier chaussonnier, qui demeure rue Saint-Jacques-la-Boucherie, sortit en disant qu'il allait voir. Il n'est plus rentré qu'à huit heures du soir.

Qu'a-t-il fait dans l'intervalle?

S'il faut l'en croire, il a été chez son maître porter de l'ouvrage, passage Saucède; mais il n'a vu personne, il n'a parlé à personne. Il s'est ensuite dirigé vers la demeure d'une fille avec laquelle il vit; mais il ne l'a point vue non plus. Enfin, il a été se promener et boire à une barrière qu'il indique, mais où il n'a rencontré personne qui puisse y attester sa présence.

Vous le voyez, Messieurs, rien n'est moins satisfaisant que ces explications. L'alibi, ce système de défense si péremptoire quand il est établi, est allégué dans des termes tels qu'ils en rendent la preuve impossible. Nous allons démontrer qu'*Hendrickx* n'a pas employé en courses vaines, comme il essaye de le faire croire, les quatre heures pendant lesquelles il a été, le 12 mai, absent de chez lui, et qui sont précisément celles que la sédition a marquées par les plus sanglantes témérités.

Le témoin *Guiraud* l'a vu sortant de la maison où il demeure, vêtu d'une blouse et d'un pantalon rouge, armé d'un fusil; deux autres témoins l'ont reconnu au coin de la rue Saint-Jacques-la-Boucherie, tête nue, manches retroussées, toujours armé d'un fusil.

Hendrickx était alors mêlé au groupe d'insurgés qui se réunissait derrière les barricades établies sur ce point : bientôt après elles ont été attaquées par la garde municipale, qui ne s'en est emparée qu'après une vive résistance. Un officier a été grièvement blessé dans cet engagement; plusieurs gardes y ont été tués ou blessés. *Hendrickx* a été vu parmi les combattants.

Deux autres témoins le signalent comme ayant pris part à l'attaque de l'Hôtel-de-Ville : c'est d'abord le tambour *Lamirault*, qui affirme; c'est ensuite le sieur *Drouot*, témoin toujours si réservé, et qui dit qu'en ce qui concerne *Hendrickx*, il croit pouvoir aller jusqu'à l'affirmation.

Une déposition moins formelle le place encore au nombre des insurgés qui ont assailli, avec tant de violences et de menaces, la mairie du septième arrondissement.

Enfin, le nommé *Praquin*, homme d'une profession fort peu honnête, mais qui a eu occasion de connaître *Hendrickx* à cause de cette profession même, a déclaré qu'il l'avait vu dans la bande d'insurgés qui a enfoncé la boutique du quincaillier *Laroully*.

De ces différentes dépositions ne prenons, si l'on veut, que les plus positives, bien qu'elles s'appliquent toutes à un homme dont la physionomie, la tournure, le costume, étaient bien remarquables : ne tenons compte que des déclarations des trois témoins qui connaissaient *Hendrickx* antérieurement, les sieurs *Guiraud*, *Garnier*, *Denis*, et qui, par conséquent, ne peuvent se tromper quand ils affirment l'avoir reconnu; ces dépositions suffisent pour établir qu'*Hendrickx* a concouru de ses efforts à l'insurrection.

On essaye cependant de les combattre.

Hendrickx, dit-on, n'avait pas de fusil quand il est sorti de chez lui; plusieurs témoins l'ont vu à ce moment et l'attestent. Comment donc le sieur *Guiraud* a-t-il pu le voir sortir de chez lui, armé d'un fusil?

Oui, sans doute, lorsqu'*Hendrickx,* au premier bruit de la sédition, sortit de chez lui en disant qu'il allait voir, il n'avait pas de fusil; mais il a été sur la place du Châtelet parmi les insurgés, au milieu du combat, et c'est là qu'il s'est armé. N'a-t-il pas pu depuis, ou rentrer chez lui pour en ressortir, ou reparaître un moment sous sa porte? N'a-t-il pas dû passer au moins devant cette porte, puisqu'on l'a revu ensuite au coin de la rue des Arcis; et cette circonstance ne suffirait-elle pas pour expliquer la déclaration de *Guiraud?*

Ajoutons: *Guiraud* lui donne le costume qu'il reconnaît lui-même avoir porté, blouse et pantalon rouge; et, si *Garnier* et *Denis* l'ont vu, depuis, en pantalon rouge aussi, mais en chemise et les manches retroussées, est-il nécessaire de répondre que ce n'est pas au même moment que se rapportent les déclarations de divers témoins, et qu'ainsi il n'y a pas de contradiction?

Qu'est-ce d'ailleurs qu'*Hendrickx?* Nous l'avions signalé comme ayant été condamné pour maraudage et vagabondage; ce fait a été nié par lui et contesté par son défenseur, et les renseignements que nous avons pris nous-même jettent, en effet, des doutes sérieux sur l'identité.

Mais ce qui est demeuré constant, c'est qu'*Hendrickx,* par ses mœurs dissolues et ses habitudes de vile débauche, s'était entouré, dans le quartier qu'il habite, de la plus triste notoriété; c'est aussi qu'il a déjà été poursuivi, en 1832, pour des faits d'attentat pareils à ceux dont il est aujourd'hui accusé.

Vous n'avez point oublié, Messieurs, que la prise de la barricade élevée à l'entrée de la rue Grenétat, en face de la mairie du sixième arrondissement, a été l'un des plus sanglants épisodes de cette soirée de crime et de deuil. C'est là que le garde *Lorentz* soutient avoir arrêté le nommé *Pétremann*; c'est là qu'ont été arrêtés les nommés *Huart* et *Béasse*: celui-là, percé d'un grand nombre de blessures faites par des armes blanches; celui-ci, atteint d'un coup de feu qui l'avait frappé à la fois au poignet et à l'épaule gauche.

Pétremann a toujours soutenu qu'il n'avait pas été arrêté rue Grenétat, mais au passage Beaufort, appuyant cette allégation sur une énonciation conforme qui existe, en effet, dans un rapport d'un maréchal des logis de la garde municipale, et, par suite, dans le procès-verbal du commissaire de police. Mais, d'abord, cette énonciation est démentie par un rapport du garde *Lorentz*, dressé sous la date du 14 mai, et qui atteste l'arrestation de *Pétremann* rue Grenétat, dans un escalier donnant au premier étage. Le même rapport constate que *Pétremann* avait un fusil et des cartouches. Dans ses dépositions, le garde *Lorentz* a ajouté que *Pétremann* avait les mains et les lèvres noircies par la poudre. A l'appui de cette déposition, il faut citer celle du capitaine *Tisserand*, sous les ordres duquel se trouvait alors *Lorentz*, et qui, sans pouvoir reconnaître *Pétremann*, affirme cependant qu'il se souvient très-bien que ce garde lui a présenté, immédiatement après la prise de la barricade rue Grenétat, un individu qu'il venait d'arrêter.

Cet officier explique, d'ailleurs, l'erreur qui s'est glissée dans les pièces sur lesquelles *Pétremann*, qui a pu la remarquer au moment même où elle a été commise, appuie sa justification. *Lorentz*, après la prise de la barricade Grenétat, et avant la prise du passage Beaufort, a été placé sous les ordres du sous-officier *Regnauld*. Un assez grand nombre d'insurgés ont été arrêtés dans le passage Beaufort, et *Regnauld*, en faisant le relevé des arrestations opérées par les gardes qu'il commandait, y a compris celle qui avait été faite par *Lorentz* avant qu'il fît partie de son détachement. Si l'on insiste, si l'on veut absolument que ce garde se trompe sur le lieu, sera-t-on autorisé à conclure qu'il se trompe aussi sur les autres circonstances, les cartouches, la poudre aux mains, aux lèvres? Qu'importerait le lieu de l'arrestation, s'il n'est pas nié que ce soit *Lorentz* qui a saisi *Pétremann* et si *Lorentz* affirme que *Pétremann* portait sur sa personne ces indices si gravement accusateurs ? On s'est battu aussi au passage Beaufort. Le lieu seul du crime changerait, le crime n'aurait pas disparu. Mais ce n'est pas au passage Beaufort que *Pétremann* a été arrêté, c'est dans la rue Grenétat, c'est au moment de la prise de la barricade.

En vain a-t-il produit un témoin qui déclare l'avoir vu aux mains du garde municipal, rue Grenétat, au coin de la rue Saint-Denis; car, à l'heure où il a été arrêté, le passage Beaufort, du côté de la rue Saint-Denis, la rue Saint-Denis elle-même, étaient interceptés, comme nous le verrons bientôt : et, en supposant même l'arrestation dans le passage Beaufort, ce ne serait pas par la rue Saint-Denis qu'on aurait pu amener les prisonniers, de la partie du passage Beaufort qui donne sur la rue Quincampoix, à la mairie du sixième arrondissement, rue Saint-Martin.

Quant au nommé *Béasse*, il a été trouvé blessé derrière la barricade. Il convient qu'il était depuis longtemps parmi les insurgés, depuis l'Hôtel-de-Ville. Il soutient qu'il a été blessé dans le commencement du combat dont la barricade a été le théâtre; qu'il a été placé sous la porte cochère du marchand de vin *Duval*, et que, quand il a pu se relever, il s'est réfugié chez ce marchand de vin.

Toutes ces allégations sont également inadmissibles.

On comprend que les bandes d'insurgés provoquassent ceux qu'elles rencontraient à les suivre, et que ces provocations, faites par des hommes armés, pussent revêtir, aux yeux des plus timides, un caractère de contrainte. On comprend qu'en certaines circonstances des armes, des munitions, aient été remises aux mains de personnes qui ne voulaient pas s'en servir et qui n'osaient pas les refuser.

Mais une contrainte par coups et mauvais traitements, ainsi que l'allègue *Béasse;* une contrainte qui se prolonge au milieu de tous les actes auxquels les insurgés se sont livrés depuis l'Hôtel-de-Ville jusqu'à la rue Grenétat; une contrainte qui amène et contient un homme malgré lui jusque sous le feu des barricades, qui pourra l'admettre? Qui ne verra pas qu'un pareil moyen de recrutement serait chose insignifiante et puérile, si on l'exerçait à l'égard d'un seul; que ce serait chose périlleuse et impossible, si on le tentait à l'égard d'un grand nombre?

D'un autre côté, le marchand de vin *Duval* n'a vu *Béasse* ni sous sa porte cochère ni chez lui; il affirme qu'il n'y est pas venu.

Enfin, la blessure de *Béasse* au poignet et à l'épaule gauche semble indiquer l'attitude d'un combattant, et une cartouche ensanglantée trouvée dans ses vêtements achève de prouver qu'il était un des soldats de l'insurrection.

Il n'est donc pas vrai que cet accusé, blessé par hasard, comme il le prétend, dès le commencement de l'attaque, ait cherché un refuge chez le marchand de vin *Duval,* et qu'il ait été retenu malgré lui dans la barricade : c'était, au contraire, puisqu'il y était encore au moment de l'assaut, un de ses défenseurs les plus obstinés.

Le nommé *Huard,* arrêté dans des circonstances à peu près pareilles, présente une défense analogue, et qui ne paraît pas plus solidement fondée.

Il prétend que, se trouvant dans la rue Jean-Robert, où il allait faire une emplette, il a été enveloppé dans un rassemblement d'insurgés, entraîné par eux rue

Grenétat, et que dix minutes s'étaient à peine écoulées lorsque la barricade fut prise, et qu'il se trouva exposé aux coups des gardes municipaux.

Si on lui objecte que l'on ne peut comprendre comment il a été amené malgré lui non-seulement dans la rue Grenétat, mais au premier rang parmi les défenseurs de la barricade, comment il s'y trouvait encore lorsque la plupart d'entre eux avaient déjà pris la fuite, il répond d'abord qu'il n'était pas aussi près de cette barricade que les témoignages le disent, et, en second lieu, qu'ayant la vue basse, et ayant perdu ses lunettes dans le désordre, il a couru au-devant du danger qu'il voulait éviter.

Mais d'abord la présence de *Huard* au pied même de la barricade, au moment de l'assaut, peut-elle être douteuse?

Vous vous rappelez la déposition du capitaine *Tisserand*. Au moment même où, le premier en tête de son détachement, il franchit la barricade, il frappa de son épée trois personnes : *Austen*, qui lui tirait un coup de fusil à bout portant; Émile *Maréchal*, celui qu'une lettre de *Moulines* avait appelé d'Ambérieux, et qui, luttant corps à corps avec cet officier, l'entraîna presque dans sa chute; enfin, un troisième individu, qu'il ne peut reconnaître que d'une manière confuse, mais qui était debout sur le trottoir, près de la boutique du marchand de vin.

C'est seulement, il ne faut point l'oublier, en ce moment de péril extrême, en ce moment décisif, que le capitaine s'est servi de son épée. Un peu plus tard, quelques pas plus loin, non-seulement il ne frappait plus, mais il arrêtait le bras de ses gardes, exaspérés par le meurtre récent de leurs camarades.

Le capitaine, cependant, était le seul qui fût armé d'une épée : ainsi, s'il est vrai que *Huard* ait été blessé de coups d'épée, il faut nécessairement qu'il se soit trouvé au pied même de la barricade, parmi ses défenseurs les plus résolus et les plus opiniâtres.

Eh bien! un procès-verbal dressé par un médecin constate qu'au nombre des blessures de *Huard* se trouvaient trois blessures linéaires, d'une étendue de cinq à six lignes, et qui avaient été faites par un instrument piquant et coupant également des deux côtés, tel qu'une lame d'épée.

Il faut donc conclure, nous le répétons, que ce jeune homme se trouvait au pied de la barricade au moment où elle a été emportée, sur la même ligne, sur le même rang qu'*Austen* et Émile *Maréchal.*

Est-ce donc par suite de son excessive myopie et de la perte de ses lunettes qu'il s'est trouvé dans cette position si périlleuse?

Oh! Messieurs, mais le combat durait depuis une heure, les insurgés n'avaient pas cessé leur feu. Des coups de fusil! ils ne se voient pas seulement, ils s'entendent. L'autre extrémité de la rue Grenétat n'était alors le théâtre d'aucun engagement. Tout était en feu d'un côté, tout était calme de l'autre; comment donc croire à l'erreur que *Huard* allègue pour sa justification?

Quand vous avez entendu, Messieurs, *Huard* et *Béasse,* tous deux arrêtés dans cette barricade de la rue Grenétat, vous dire qu'ils y avaient été entraînés et retenus malgré eux, ne vous êtes-vous pas souvenus que telle était aussi la défense de ce jeune *Austen* que vous avez jugé dans la première série de ce procès? Lui aussi, il disait que, contraint par les insurgés à rester parmi eux, il s'était borné à porter des munitions, à panser des blessés: depuis, il s'est vanté, vous le savez, de tout ce qu'il niait devant vous; il s'est glorifié des crimes qui avaient entraîné sa condamnation.

Dans des circonstances pareilles, Messieurs, après un

combat si long et si acharné, et lorsque la plupart des combattants eux-mêmes ont pu prendre la fuite, ce moyen de défense sera toujours vainement appelé au secours d'une position désespérée.

Nous arrivons maintenant, Messieurs, aux dernières luttes de l'insurrection, à la prise du passage Beaufort et des barricades de la rue Saint-Magloire : c'est à ces faits que se rattache l'arrestation des sept accusés dont il nous reste à vous entretenir.

Quelques détails sur la situation des lieux sont d'abord nécessaires.

La rue Saint-Magloire est une rue étroite qui aboutit à la rue Saint-Denis. A son autre extrémité se trouvent, d'un côté, ce qu'on appelle l'impasse Saint-Magloire, de l'autre, la rue Salle-au-Comte, qui donne dans la rue aux Ours; en face à peu près de la rue Saint-Magloire, est situé le passage Beaufort, qui se compose d'abord d'une sorte de ruelle à gauche de laquelle est l'impasse Beaufort, fermée par une grille; la ruelle conduit à une porte cochère qui sépare cette première partie du passage de celle qui aboutit à la rue Quincampoix. Du côté de cette dernière rue, le passage est aussi fermé par une grille.

Quand le capitaine *Tisserand* se fut emparé de la barricade Grenétat, il enleva facilement toutes les barricades qui avaient été construites dans la rue Bourg-l'Abbé, et put s'établir dans la rue aux Ours. Dans le même temps, des détachements du 28e régiment de ligne avaient dégagé la rue Saint-Martin, et avaient aussi enlevé, dans la rue Saint-Denis, toutes les barricades, jusqu'à la hauteur de la rue aux Ours. Mais le lieutenant *Delon,* qui commandait le détachement de la rue Saint-Denis, fut alors arrêté par le feu d'une barricade établie obliquement sur la chaussée de cette rue, et qui, partant du coin de la rue de la Chanvrerie, venait aboutir, à peu près, au coin de celle Saint-Magloire. D'un autre côté, le capitaine *Tisserand,* ou les sous-officiers qu'il avait détachés, étaient arrêtés, les uns, à la rue Quincampoix, par le feu des insurgés réfugiés dans le passage Beaufort; les autres, à la rue Salle-au-Comte, par le feu d'une barricade établie en travers de l'impasse Saint-Magloire.

Le passage Beaufort, du côté de la rue Quincampoix, fut d'abord emporté. Le capitaine *Gard*, le caporal *Hugo*, de la garde nationale, dirigeaient cette attaque. Un assez grand nombre d'individus y furent arrêtés, beaucoup d'armes y furent trouvées, et aussi une caisse de tambour; ce qui suffit pour prouver que les insurgés réfugiés dans cette partie du passage venaient de la barricade Grenétat. Vous vous souvenez qu'on battait la charge derrière cette barricade, au moment où les tambours des gardes municipaux la battaient aussi.

Le passage parcouru, on arrive à la porte cochère donnant sur la rue Salle-au-Comte, en face de la rue Saint-Magloire; on en obtient les clefs, on l'ouvre. Personne alors (et cette circonstance est d'une extrême importance) ne fut aperçu dans l'impasse Beaufort; mais la barricade en face de la rue Salle-au-Comte tenait encore. Il fallut faire retraite. La porte du passage fut refermée, et par conséquent toute communication fut impossible entre la partie du passage qui donne sur la rue Quincampoix et les insurgés retranchés dans la rue et dans l'impasse Saint-Magloire. Enfin un bataillon de ligne fut envoyé contre la barricade de la rue de la Chanvrerie. Un combat meurtrier s'engage : le colonel *Ballon*, le capitaine *de Villers* sont blessés: la barricade est emportée.

Ceux qui venaient d'y soutenir ce dernier combat étaient alors complétement cernés : car, au moment de cette attaque, les gardes nationaux et les gardes municipaux qui gardaient le passage Beaufort, et qui avaient été prévenus du mouvement de la troupe de ligne, sortirent, une seconde fois, par la porte qui donne du côté de la rue Salle-au-Comte, marchant ainsi au-devant du bataillon qui occupait la rue Saint-Denis; ce fut seulement alors que toute résistance cessa, et que les nommés *Évanno, Lehéricy, Bordon,* furent arrêtés dans l'impasse Beaufort. Nous reviendrons tout à l'heure sur les circonstances de cette arrestation.

Peu après, le nommé *Simon* fut arrêté dans la rue Saint-Magloire, et les nommés *Espinousse, Hubert* et *Dupouy,* dans le grenier d'une maison située impasse Saint-Magloire : il était alors neuf heures du soir.

Occupons-nous d'abord de ces derniers.

Leur arrestation dans ce lieu, dans ce moment, suffirait pour établir leur culpabilité: ils sont arrêtés, en quelque sorte, en flagrant délit, sur le lieu du combat, immédiatement après que ce combat a été livré; ils sont cachés, et avec eux sont cachées des armes et des munitions. Il est d'ailleurs attesté par le sous-officier qui les a arrêtés qu'ils sentaient la poudre, que leurs mains et leurs lèvres en étaient noircies.

Tous allèguent qu'arrivés par hasard rue Saint-Magloire, ils n'ont pas pu en sortir, et qu'ils ont été obligés d'y chercher un refuge pour échapper aux balles. Mais c'est impossible, impossible de la manière la plus absolue. S'ils étaient arrivés avant les insurgés, n'auraient-ils pas pu fuir au moment où ceux-ci sont survenus, où ils ont fait leurs barricades, où ils ont enfoncé des portes et enlevé des voitures pour les construire, lorsqu'il n'y avait pas encore de combat, mais lorsque tout s'y préparait pour organiser une lutte acharnée? S'ils sont arrivés depuis que les deux barricades étaient construites, depuis que les insurgés s'étaient emparés de la rue Saint-Magloire, et y avaient établi comme une sorte de camp retranché, qui pourra croire que personne ait été chercher un asile dans le lieu même où le combat était flagrant, où le péril était le plus imminent, dans une rue qui n'avait plus de communication avec aucune autre, dans une rue que les insurgés occupaient tout entière, entre deux barricades? Cela est impossible, Messieurs, nous le répétons, et vous ne serez pas surpris quand vous verrez s'élever, contre chacun des individus arrêtés dans ces circonstances, des charges qui viendront confirmer cette preuve déjà décisive.

Espinousse est reconnu par un garde municipal qui l'a vu armé sur la place du Châtelet; un autre témoin le signale comme ayant été à la barricade de la rue Planche-Mibray.

Le sieur *Farjas* le reconnaît, de la manière la plus positive, pour l'avoir vu sur la place de l'Hôtel-de-Ville.

Le tambour *Lamirault* l'a reconnu, dans l'instruction, comme un de ceux qui ont assailli la mairie du septième arrondissement.

Le nommé *Hubert,* qui a vu tout ce qui s'est passé à la barricade de la rue Salle-au-Comte, a formellement reconnu *Espinousse* pour l'avoir vu presque constamment derrière cette barricade, allant et venant, parlant aux insurgés comme un homme qui reçoit et qui transmet des ordres.

Le témoin *Baillet* signale le nommé *Dupouy* comme ayant fait feu plusieurs fois avec un pistolet, qui, depuis, a été retrouvé caché dans le voisinage des lieux où il en avait été fait un criminel usage. A la vérité, ce témoin, en disant à l'audience qu'il avait très-bien reconnu cet accusé, quand il lui avait été confronté dans l'instruction, a dit aussi qu'aujourd'hui, après le laps de temps écoulé, il ne pourrait plus le reconnaître. Mais la raison même qu'il donne de l'incertitude de ses souvenirs établit qu'il n'entend nullement rétracter les déclarations si formelles et si positives qu'il avait faites à une époque plus rapprochée des événements.

Quant à *Hubert,* il n'a pas été signalé de la même manière, mais un autre moyen de conviction s'élève contre lui. Au moment de son arrestation, il avait encore dans sa poche quarante capsules.

On voit donc que contre chacun des trois accusés arrêtés dans le passage Saint-Magloire s'élèvent, indépendamment du fait de cette arrestation, les charges les plus graves : et comment pourrait-il en être autrement? les voisins avaient vu constamment les insurgés derrière la barricade Saint-Magloire; ils les avaient vus fuir au moment de la double attaque qui les cernait; ils les ont vus chercher un refuge, d'abord dans une écurie, puis dans le grenier; et, quand ils les ont signalés aux gardes municipaux, personne ne pouvait douter, et ne doutait en effet, qu'ils ne fussent les défenseurs les plus opiniâtres de la barricade, ceux qui venaient d'y prolonger les derniers efforts de la sédition.

Simon a été aussi arrêté rue Saint-Magloire, à la même heure, par le capitaine *Gard,* qui n'y est venu qu'après la prise de la barricade : il était porteur d'un pistolet; il avait aussi de la poudre et des balles. Il a prétendu que ces objets lui avaient été remis par les insurgés, qui l'avaient forcé à marcher avec eux jusqu'au marché des Innocents; que, là, il s'était éloigné d'eux; que, plus tard, il avait remonté la rue Saint-Denis, en suivant la troupe.

Mais le lieu et le moment de son arrestation, ses mains qui étaient noires de poudre, ce cri échappé de sa conscience au moment de son arrestation : « Je suis un jeune homme perdu; tout ce qu'il y a à plaindre, c'est ma mère! » contredisent formellement ces assertions.

Une autre déposition signalait *Simon* et *Hubert* comme ayant fait partie, armés de fusils, du groupe qui a enfoncé la boutique du quincaillier *Laroully.* Mais le témoin, par ses antécédents, par sa situation actuelle, a paru peu digne de votre confiance, et nous n'insistons point sur ce fait particulier à l'égard des deux accusés, contre lesquels, d'ailleurs, paraît suffisamment établie la part, bien plus criminelle encore, qu'ils ont prise plus tard à l'attentat.

Les trois individus arrêtés dans l'impasse Beaufort sont les nommés *Évanno, Lehéricy* et *Bordon*. Le moment de leur arrestation coïncide aussi avec celui de la prise de la barricade; car *Hugo* déclare formellement que, lorsque, pour la première fois, il ouvrit la porte du passage, il n'y avait personne dans l'impasse; et que, quand il l'ouvrit pour la seconde fois, c'était au moment où il entendit le feu du bataillon de ligne qui prenait la barricade. Il passa le premier: des coups de feu furent tirés sur lui. Il riposta en criant: *A moi, les gardes!* Un des quatre individus qui venaient de chercher un refuge dans l'impasse fut blessé. Les autres crièrent : *Nous nous rendons!* Le lendemain on retrouva des armes et des munitions cachées dans cette impasse.

Au moment de l'arrestation d'*Évanno,* on avait cru voir qu'il cachait derrière lui son fusil; le garde qui l'avait arrêté avait déclaré ce fait dans l'instruction : il n'a pas persisté, à l'audience, dans cette déclaration; mais il est demeuré constant qu'*Évanno* était muni de vingt cartouches.

Deux témoins, *Garnaud* et *Hubert,* croyaient aussi reconnaître *Évanno* pour l'avoir vu, mêlé aux insurgés, essayer d'escalader la cour dans laquelle ont été pris les camions qui ont servi à faire une barricade, menacer de coups de fusil ceux qui refusaient de leur ouvrir la porte de cette cour. Ils avaient même décrit son costume, et l'un d'eux disait qu'il avait fait sur lui une forte impression.

Bordon, qui déclare n'avoir pas eu d'armes dans l'impasse, ajoute que les autres en avaient, et cette déclaration s'applique nécessairement aux nommés *Évanno* et *Lehéricy*. Ce jeune homme était, de son aveu, depuis longtemps à la barricade : il avait vu tomber *Ferrari,* chapelier comme lui et comme les nommés *Hubert* et *Simon; Ferrari*, qui a été positivement reconnu pour avoir dirigé l'attaque de la mairie du septième arrondissement, à laquelle se trouvait aussi *Espinousse*. Ainsi *Hubert*, arrêté dans le grenier de l'impasse Saint-Magloire, et *Simon*, arrêté dans la rue Saint-Magloire, qui sont tous deux ouvriers chapeliers et qui se connaissent, se trouvent réunis, s'il faut les en croire, par le hasard, au pied de cette barricade où *Ferrari*, aussi ouvrier chapelier et membre influent des sociétés secrètes, vient de trouver la mort; et auprès d'*Hubert* on arrête *Espinousse*, qui était avec *Ferrari* à l'attaque de la mairie du septième arrondissement. Vous apprécierez, Messieurs les Pairs, les conséquences de ces rapprochements. *Bordon*, d'ailleurs, était aussi porteur de cartouches, et il n'explique ce fait qu'en disant qu'on l'avait forcé à les prendre.

La possession d'un grand nombre de cartouches, et même, suivant le procès-verbal de son arrestation, celle d'un fusil, viennent aussi confirmer la culpabilité de *Lehéricy*.

Mais, pour ces trois individus, comme pour ceux qui ont été arrêtés dans le grenier de l'impasse Saint-Magloire, c'est surtout, nous le répétons, le lieu, le moment de leur arrestation qui les accusent plus encore peut-être que ces armes et ces munitions qui sont entre leurs mains, plus encore que cette fumée de poudre dont ils sont noircis. Après trois heures de combat, quels autres que des insurgés pouvaient être trouvés derrière des barricades élevées dans un lieu tout à fait retiré, avec lequel, depuis trois heures, toutes les communications étaient interceptées, où des combats meurtriers s'étaient renouvelés de toutes parts sans interruption?

Telles sont, Messieurs, les charges qui s'élèvent contre les individus à l'égard desquels nous étions chargé de soutenir cette accusation. Arrêtés, presque tous, à la suite ou au milieu du combat, les uns blessés, les autres cachés, beaucoup porteurs encore d'armes et de munitions, ils expliquent leur présence, parmi les insurgés, par le hasard ou par la contrainte. La contrainte, cette contrainte prolongée, permanente, qui suppose l'emploi de soldats pleins de bonne volonté pour garder des complices forcés qui n'en ont pas, nous avons démontré qu'elle était impossible. Le hasard n'est pas non plus une explication admissible, quand la présence des accusés est constatée dans des postes choisis, retranchés avant l'attaque, qui avaient dès lors leurs garnisons, où l'on préparait, où l'on attendait le combat. Vous n'admettrez donc pas une défense discréditée par cela seul qu'elle est devenue banale, et qu'elle est ici à l'usage de tous ceux qui n'en ont pas d'autre. Pour la plupart, on vous dira que, dans la matinée de ce jour, rien n'annonçait en eux la prévoyance d'un si redoutable événement; qu'ils avaient même formé pour cette soirée des projets de travail et de plaisir. Mais les accusons-nous donc d'avoir pris part à un complot? Ne savons-nous pas que si, parmi les sectionnaires, le bruit vague avait couru d'une attaque prochaine, la plupart en ignoraient le moment? Et *Barbès* ne nous a-t-il pas dit que, le 12 mai, à trois heures, les hommes qu'on allait armer ignoraient encore la coupable et périlleuse entreprise dans laquelle on se préparait à les précipiter? On invoquera aussi en leur faveur, et pour plusieurs avec vérité, une vie jusqu'à présent sans reproches, une jeunesse laborieuse qui était l'espoir de leurs familles, et qui, quelquefois même, était leur appui. Et n'est-ce pas, en effet, avec un profond sentiment de tristesse que, parmi les accusés dont nous venons de montrer la coopération à des actes si coupables, vous en voyez un si grand nombre qui n'ont pas encore atteint, ou qui ont à peine dépassé l'âge auquel la loi affranchit le jeune homme d'une tutelle salutaire? Oui, Messieurs, ce sont là les hommes dont on allume les passions, dont on pervertit les courages, que l'on familiarise avec des pensées de spoliation et de meurtre, dont on s'efforce de faire des instruments de désordre et de ruine! C'est parmi ces jeunes ouvriers que la sédition recrute ses soldats; elle a besoin que l'ignorance et l'inexpérience viennent au secours de ses séductions et de ses promesses.

Messieurs, le crime des chefs du complot s'en aggrave, mais le crime de leurs jeunes prosélytes ne disparaît pas. Il importe qu'ils soient punis, parce qu'ils l'ont mérité par des actes dont ils appréciaient certainement toute la gravité, parce que les lois et les arrêts ont précisément pour but et pour effet de servir de contre-poids aux passions qui les ont entraînés; il importe qu'ils soient punis, parce qu'en ce moment, peut-être, des piéges pareils sont encore dressés, et qu'il faut en défendre ceux qu'ils menacent. Votre haute sagesse, Messieurs, sait toujours répartir dans une juste mesure la rigueur et l'indulgence. En prévoyant qu'on solliciterait sans doute votre pitié pour les erreurs et les entraînements de la jeunesse, nous avons regretté qu'on n'eût pas essayé de vous fléchir au nom du repentir.

EXPOSÉ

DES FAITS PARTICULIERS

CONCERNANT LES ACCUSÉS

LOMBARD, DRUY, HERBULET, VALLIÈRE, ÉLIE, GODARD, PATISSIER, GÉRARD, DUBOURDIEU, DUGROSPRÉ, BOUVRAND ET BUISSON,

PAR M. NOUGUIER, AVOCAT GÉNÉRAL.

MESSIEURS LES PAIRS,

Tout à l'heure, notre collègue, à l'occasion des accusés *Hendrickx, Simon* et *Hubert,* vous a entretenus des pillages qui avaient été commis dans la rue Sainte-Avoye. L'accusation dirigée contre *Louis-Honoré Lombard* m'oblige à revenir, pour quelques instants, sur ces mêmes faits.

Lombard, en effet, appartient aux poursuites dirigées contre lui par deux actes principaux : le premier, c'est qu'il se serait trouvé, en armes, dans la rue Sainte-Avoye; et le second, qu'il aurait été aperçu, toujours armé, dans le quartier du Temple, à la barricade de la rue Pastourelle.

Le premier fait est constaté : deux témoins en ont déposé. Ils ont dit qu'ils avaient aperçu *Lombard,* vêtu d'une blouse et armé d'un fusil, dans la rue Sainte-Avoye, au moment du pillage et au milieu des révoltés. Contre ces témoins, on a invoqué une qualité et des antécédents que vous connaissez comme nous : mais l'accusation aurait, à bon droit, l'occasion de répondre, ici, qu'elle ne choisit pas les témoins, qu'elle les accepte; que, dans un procès criminel, c'est le *personnel* des accusés qui est la loi de tous, et que, par suite, à eux seuls doit appartenir la responsabilité de ce qu'il peut y avoir d'immoral dans la personne de quelques témoins.

Du reste, *Lombard* a été si bien convaincu par ces dépositions, qu'il est convenu de ce fait. Les témoins ont indiqué une seule circonstance sur laquelle l'accusé est en désaccord avec eux, c'est que *Lombard* se serait servi des pierres enlevées chez M. *Laroully* pour en armer son propre fusil; et *Lombard* en est convenu encore, tout en prétendant cependant que ce n'était pas lui, mais un des insurgés, placé à côté de lui, qui l'avait fait. C'est là, en l'admettant, une différence sans gravité, car tout n'y était pas moins volontaire de la part de l'accusé. Ainsi, quant à la matérialité de l'acte, ce premier point est incontestable.

Quelques instants après, *Lombard* aurait été aperçu dans le quartier du Temple. Vous savez, Messieurs, que, le 12 mai, dans ce quartier, de nombreuses et fortes barricades avaient été élevées; que, notamment, dans le carrefour des rues d'Anjou et Pastourelle, il y avait une sorte d'enceinte de barricades, derrière laquelle les insurgés s'étaient retirés. Un témoin, portier dans la rue Pastourelle, affirme y avoir vu *Lombard*, vêtu d'une blouse bleue, les reins ceints d'une ceinture rouge, ayant, dans cette ceinture, une arme blanche, sabre, poignard ou baïonnette.

Lombard nie; mais il est convenu avoir eu, à cette heure-là, une blouse bleue, une ceinture rouge et une baïonnette. Comment veut-il, après cela, que l'on doute de l'affirmation du témoin! — Il prétend avoir été entraîné de force, par les insurgés, dans la rue du Temple jusques au coin de la rue Pastourelle; mais ses dénégations sont bien timides, et ses aveux obligés sont la confirmation de ce qu'ont avancé les témoins.

Maintenant que ces deux actes sont bien connus, quelles sont les explications de *Lombard?* Toute sa défense se borne à un seul mot: c'est qu'il se trouvait, le 12 mai, dans le quartier; qu'il a été environné par les insurgés, et contraint de marcher avec eux dans la rue Sainte-Avoye, et puis, dans la rue du Temple, aux abords de la rue Pastourelle. — Nous n'insisterons pas sur cette réponse banale. — Le costume de *Lombard,* qui était tout armé et avait une blouse, un fusil, une ceinture et une baïonnette; — ses allées et venues, qui se sont prolongées depuis quatre jusqu'à sept ou huit heures du soir, heure à laquelle il s'est dessaisi de son fusil; — le soin qu'il a pris de demander des pierres au témoin *Delcus,* et de s'emparer, sur le refus de ce dernier, de celles que l'on pillait chez *Laroully,* prouvent toute sa volonté, toute sa liberté d'action, et rendent, par là même, plus impossible pour lui que pour tout autre, un pareil système de défense.

A cet égard, il est encore un fait qui, à lui seul, eût été décisif. *Lombard* était armé d'un fusil; ce fusil, on le sait, était un fusil à pierre. Quand il a été remis dans ses mains, il n'avait pas encore de pierre; de telle sorte que, lorsque *Lombard* l'a reçu, il n'avait pas fait feu. Qu'est-il arrivé cependant? A sept ou huit heures, *Lombard* a remis ce fusil chez M. *Duval,* marchand boucher, qu'il a forcé, en quelque sorte, de le recevoir. M. *Duval,* ne voulant pas garder cette arme, de crainte de se compromettre, l'envoya à son frère à la campagne; mais, avant de l'envoyer, il avait remarqué, en présence de *Lombard* lui-même, et en ouvrant les bassinets, que les deux coups avaient fait feu, et que les pierres, trop larges pour cette arme, avaient, permettez-nous ce terme, égratigné les deux canons. Ce fusil est gardé par son frère à la campagne; mais ce dernier veut d'abord s'assurer s'il est chargé : un serrurier l'examine, et, par des procès-verbaux qui sont joints aux pièces, il est constaté que les deux coups avaient été chargés, qu'ils avaient fait feu et qu'ils avaient, de plus, une balle engagée dans un des canons. — Rien de plus grave que les conséquences de ces faits. — *Lombard* avait reçu une arme qui n'avait pas tiré, puisqu'elle n'avait pas encore de pierre au moment où elle lui avait été remise; il l'a gardée jusqu'à sept heures; et, quand il la remet à *Duval*, elle avait ses deux pierres et avait fait feu des deux côtés. — Messieurs, ce serait vraiment vous faire injure que d'insister plus longtemps à cet égard.

Lombard a compris lui-même toute la gravité de sa position; car, bien que, dès sept heures du soir, il ait pu se débarrasser de ce fusil, ce n'est cependant qu'à cinq heures du matin qu'il est rentré chez lui. Il était probablement resté au nombre de ceux qui s'agitaient pour continuer au lendemain l'exécution de leurs projets, ou du moins, tourmenté par le mouvement de sa conscience, il craignait de se rendre à son domicile, où l'attendait, d'après son propre sentiment, la menace d'une arrestation.

A côté des faits qui se sont passés dans la rue Pastourelle, un autre quartier qui, avec le quartier du Temple, entoure les quartiers Saint-Denis et Saint-Martin, était l'objet de semblables tentatives d'insurrection : c'était le quartier Montorgueil. Là, des barricades avaient été élevées aussi. L'une d'elles avait été placée à l'entrée de la rue Tiquetonne qui donne sur la rue Montorgueil; elle avait été faite avec les pavés de cette rue : c'est derrière cette barricade que, dès cinq heures du soir, les factieux s'étaient retranchés contre la force armée. A six heures, un détachement, composé de soldats de la ligne et de la garde nationale, arriva sur ce point. Une fusillade s'engagea; c'est dans ce moment que le garde national *Ledoux* fut frappé à mort.

La barricade ne tint pas longtemps, et fut presque aussitôt enlevée qu'attaquée. En ce moment, plusieurs arrestations furent opérées. Deux des personnes arrêtées furent retenues, soit par la ligne, soit par la garde nationale : c'étaient le nommé *Duhem*, au profit de qui est intervenu un arrêt de non-lieu, et le nommé *Druy*, qui avait été arrêté par *Hubricq*, soldat du 15e de ligne.

Ce soldat avait parfaitement vu que les deux mains de ce dernier étaient maculées de poudre; l'odeur et la nature des taches ne laissaient pas de doute sur ce point, et, par suite, sur sa participation à l'insurrection. Le soldat l'avait remis aux gardes nationaux, et *Druy*, plus heureux auprès d'eux, avait été relâché. Mais bientôt, dès le commencement de l'instruction, la rumeur publique, dans son quartier, le signala à l'autorité judiciaire; il fut arrêté de nouveau, et une poursuite sérieuse fut commencée contre lui.

La première charge qui s'élève contre *Druy* est la déposition d'*Hubricq* lui-même. A cet égard, indépendamment des indices plus ou moins graves que, tout à l'heure, nous allons examiner ensemble, nous devons nous empresser de dire que ce témoignage a été prêté dans des circonstances telles, qu'il pourrait, presqu'à lui seul, déterminer votre conviction.

Quand *Hubricq* fut confronté, pour la première fois, avec l'accusé, ce dernier portait une redingote qui n'était pas celle qu'il avait le jour de son arrestation, et *Hubricq* ne le reconnut pas. Mais, à peine sorti du cabinet du juge d'instruction, il dit, dans la salle des Pas-Perdus du Palais-de-Justice, à l'un des soldats qui, comme lui, venaient de déposer, que ses souvenirs lui étaient revenus et qu'il était certain d'avoir reconnu *Druy* pour celui qu'il avait arrêté. *Hubricq* fut appelé de nouveau, et déclara, après avoir décrit le costume que portait alors *Druy*, et signalé sa coiffure, son âge, sa taille, sa corpulence, la forme et la couleur de sa barbe, et après que le juge d'instruction eut fait mettre à l'accusé la redingote qu'il portait le 12 mai, qu'il le reconnaissait positivement pour être celui qu'il avait arrêté. Il ajouta qu'au moment où il se trouvait dans la salle d'attente du magistrat, plusieurs accusés venant à passer, et *Druy* avec eux, il l'avait, de nouveau, reconnu à l'instant, et avait, à l'instant aussi, dit au soldat à qui, le matin, il avait raconté son scrupule : « Voilà l'homme que j'ai arrêté. »

Ce n'est pas tout: il est un autre témoin dont vous avez recueilli les paroles, paroles graves, quoiqu'elles n'aient pas été aussi affirmatives; c'est un des gardes nationaux qui faisaient partie du détachement au milieu duquel se trouvait le malheureux *Ledoux*. Il vous a dit qu'en arrivant devant la barricade, il avait aperçu des hommes en blouse qui en garnissaient le premier rang, et derrière lesquels se trouvaient des révoltés en habit et en redingote; que l'un de ces derniers faisait des gestes, soit pour exhorter les gardes nationaux à la retraite, soit pour les menacer. Cet insurgé, il l'a reconnu en *Druy*. Comme homme, vous a-t-il dit, il est convaincu; mais, devant la justice, il hésite et il ne veut point aller jusqu'à l'affirmation.

Certes, quand on rapproche cette déclaration de celle d'*Hubricq*, qui est si positive, peut-il y avoir encore des doutes sérieux sur la culpabilité de *Druy?*

Il est un autre fait, rapporté par le sieur *Boyer*, sergent de la garde nationale, qu'il importe de ne pas passer sous silence. Vous avez entendu sa déclaration; c'est la déclaration d'un homme de sang-froid, et que le trouble de la peur n'a pas atteint un instant. Vous savez par lui que, placé à côté du chef de bataillon de sa légion, quand on a attaqué cette barricade, il s'était trouvé en face d'un homme, dont il n'était séparé que par quelques pas, mais qu'il n'avait pas aperçu tout entier, parce que cet homme était placé derrière une porte, ne laissant voir que la tête et le bras droit; que cet homme avait tiré deux fois sur lui; que, la seconde fois, la balle avait traversé sa capote. M. *Boyer* a ajouté que lui-même avait fait feu deux fois sur cet homme, et que, s'il l'avait atteint, ce n'avait pu être qu'à la tête ou au bras droit, puisque le reste du corps était caché. Eh bien! il se trouve que *Druy* a reçu une blessure au bras droit, et a été, par suite, frappé précisément dans la partie signalée par le témoin.

Nous savons sans doute qu'on veut équivoquer sur la nature de cette blessure. Elle a été reçue à la partie pos térieure du bras, et il est bien certain que, si elle avait été portée au moment où le factieux mettait son fusil en joue, elle aurait été reçue, au contraire, à la partie antérieure. Mais, quand on se rappelle que le sergent *Boyer* a dit que l'homme sur qui il a tiré, n'était plus en joue, qu'il se retirait, au contraire, après avoir fait feu, derrière la porte qui l'abritait; que cet homme, de trente à trente-cinq ans, avait une figure blême, une redingote noire ou, du moins, foncée, un chapeau, une corpulence et une taille ordinaires, on expliquera facilement la situation de la blessure, et on comprendra, dès lors, toute la force de cette déclaration.

Et cependant, que fait *Druy?* Il rentre chez lui et cache sa blessure, qu'il a fallu un mois pour guérir, et qu'il a fait panser par un de ses colocataires. Cette blessure a laissé des déchirures à sa chemise et à sa redingote; la chemise est réparée de suite, et, dès le lendemain, il envoie cette redingote chez son patron, où on ne la retrouve qu'au bout d'un mois, et où l'on s'aperçoit que les déchirures ont disparu pour faire place à une déchirure de forme carrée et faite à dessein.

Et puis enfin, quand on se rappelle que *Druy* a appartenu à la société des Droits de l'Homme, et qu'il avait été antérieurement poursuivi, à l'occasion de l'attentat des 5 et 6 juin; quand il a avoué, dans ses interrogatoires mêmes, qu'il était partisan avoué de ces principes républicains, au nom desquels on prenait les armes et on se battait, il est impossible de ne pas être convaincu de sa culpabilité.

Druy a cherché à établir une sorte d'alibi en faisant entendre des témoins qui ont déposé l'avoir rencontré ou être restés avec lui jusqu'à six heures, dans la soirée du 12 mai. Mais, indépendamment des contradictions dans lesquelles ces témoins sont tombés entre eux-mêmes, il y a eu, dans l'instruction et à votre audience, d'autres témoins dont les déclarations font la loi de l'accusé, puisqu'il n'a pu les contester, et qui sont venus contredire ces premières dépositions. C'est d'abord le marchand de vin *Lognon,* puis le portier même de *Druy,* puis un de ses colocataires.—Le marchand de vin a déclaré qu'au moment où l'on a commencé les barricades, *Druy* est venu chez lui, rue Tiquetonne, acheter une bouteille de vin; et, en effet, on a retrouvé à son domicile la bouteille qui lui avait été vendue. — Le portier de *Druy* a déclaré qu'il l'avait vu devant sa porte au moment où le désordre a commencé, et le locataire de sa maison a fait une déclaration pareille.

L'alibi prétendu manque donc à *Druy,* et le laisse sous le poids de tous les faits qui l'accusent. En cela, il y a même ceci de grave que *Druy,* poussant la témérité de ses allégations jusqu'à soutenir qu'il n'avait point vu les barricades de son quartier, avait personnellement donné, à l'avance, un démenti à cet emploi de son temps; que son portier, reculant (c'est lui qui parle) devant la pensée de se faire *délateur,* avait d'abord caché les faits dont il avait été le témoin, ne voulant pas perdre, disait-il, *un père de famille,* et que c'est seulement après les révélations de l'instruction qu'ils ont été tous deux contraints de parler.

A cette même heure, une autre bande d'insurgés se formait dans ce même quartier, et suivait les rues Mauconseil, Mondétour, des Jeûneurs, Saint-Marc-Feydeau et la place de la Bourse, pour arriver à la rue d'Amboise. Cette bande, avant de se signaler, dans cette dernière rue, par l'acte cruel que vous connaissez, s'était déjà signalée dans sa marche par des actes presque aussi coupables. Elle avait pénétré de vive force, rue Mauconseil, chez un marchand de vin; dans une rue voisine, chez l'épicier *Lefebvre,* où elle s'était fait remettre des armes; et, dans la rue Mondétour, chez le sieur *Deschamps.* Enfin, dans la rue des Jeûneurs, elle avait arrêté un sergent de la garde nationale, le sieur *Venant,* l'avait menacé de mort, et, sans quelques braves citoyens accourus à sa défense, elle l'aurait infailliblement massacré.

Arrivés à la place de la Bourse, ces hommes avaient fait feu sur les soldats du poste de la rue Joquelet; puis, pour recharger leurs armes, et la nuit approchant, ils étaient allés s'embusquer au coin de la rue d'Amboise. Ce fut alors qu'arriva, dans la rue de Richelieu, avec son escorte, M. le lieutenant général *de Cubières.* Sur l'avis qui fut donné au général de la présence de cette bande, rue d'Amboise, l'un de ses aides de camp, M. le colonel *Pellion,* se détacha, pénétra dans cette rue et arriva au galop sur les factieux. A l'instant, l'un d'eux saisit la bride de son cheval et l'arrêta, en disant: *Citoyen! citoyen! où vas-tu?* — Le colonel tira son épée, se dégagea et voulut marcher en avant; mais, dans ce moment, quatre coups de feu partirent à la fois. Deux n'atteignirent que ses habits, mais son bras fut frappé par le troisième; l'autre pénétra dans les reins, et lui causa une grave blessure, dont, malheureusement, il n'est point encore rétabli. Le colonel rebroussa chemin à l'instant et essuya encore trois ou quatre coups de feu, dont il ne fut point atteint, mais dont l'un vint blesser, et dans son propre domicile, le témoin *de Fonbonne.*

Aussitôt les insurgés, effrayés de leurs propres crimes, se dispersèrent de divers côtés, laissant, à l'endroit qu'ils venaient de quitter, cinq ou six fusils. Tandis qu'ils se sauvaient dans les rues qui avoisinent la rue de Richelieu, la bande principale retourna vers la rue Joquelet. A la tête de cette bande, il y avait un homme qu'un sergent de ville avait remarqué, et qu'il suivit jusqu'au point de jonction de la rue de Richelieu et de la rue de l'Arcade-Colbert. Cet homme comprit, à l'instant même, le danger qu'il courait, et prit la fuite. C'était *Herbulet.* Il fut bientôt arrêté par le sergent de ville, qui ne l'avait pas perdu de vue un seul instant.

Herbulet parle cependant encore de son innocence. Mais quelle preuve faut-il donc produire, après le récit d'une arrestation ainsi faite? Le sergent de ville n'a-t-il pas tout démontré, quand il a dit qu'il était arrivé alors que les insurgés étaient encore en bande; qu'il avait aperçu *Herbulet* à la tête de cette bande, réglant la marche, la ralentissant ou la pressant à son gré; que, lorsque le groupe des révoltés s'était séparé de *Herbulet,* il avait aperçu celui-ci cherchant, par ses signes et ses gestes, à les rappeler encore; et qu'enfin, lorsqu'il a été arrêté, *Herbulet* prenait la fuite? N'est-ce pas parce qu'il avait le sentiment intime de sa culpabilité et de toutes les conséquences de son arrestation qu'il s'enfuyait ainsi?

Il avait, en outre, les mains, la figure et surtout les lèvres noircies par la poudre. Le témoin, pour s'en assurer, a eu la précaution de passer ses doigts sur la figure, et il a reconnu, à n'en pas douter, à la couleur comme à l'odeur, les traces de la poudre. Un autre agent de la force publique a déclaré aussi que *Herbulet* avait les mains et la figure noires de poudre, confirmant ainsi la déposition de son camarade, auquel il était venu se réunir, sur le moment même. Et, en effet, on a saisi sur l'accusé de la poudre et des balles enveloppées dans un papier bleu, pareil à ceux qui avaient été employés pour les cartouches dont s'était servie l'insurrection.

En présence de toutes ces charges, comment ne pas affirmer que les témoins ne se sont pas trompés, quand ils ont désigné cet accusé comme faisant partie de la bande des insurgés?

Herbulet, comprenant tout ce qu'avaient de grave contre lui les circonstances mêmes de son arrestation, a soutenu qu'il s'était trouvé enveloppé par le groupe des factieux, dans la rue Montmartre; qu'il les avait suivis, par force, dans la rue Saint-Marc-Feydeau; qu'il était encore au milieu de cette bande lorsqu'elle avait tiré sur la troupe, place de la Bourse, mais qu'il avait saisi cette même occasion pour s'échapper. Un tel système de défense n'est pas admissible; il ne l'est pas, car, sans la permanence de sa coopération aux faits criminels de cette soirée, on ne l'aurait pas retrouvé, et après plus d'une demi-heure, presque sur le même lieu. Il est donc évident, par tout ce qui précède, qu'il a pris sa part et de l'attentat et du crime commis sur la personne du colonel *Pellion,* et que c'est après ce double guet-apens qu'il a été arrêté.

D'ailleurs, les antécédents de *Herbulet* confirment énergiquement cette conviction. Il a été arrêté deux fois, dans ces dernières années, pour des faits d'une nature analogue : en 1831, pour cris séditieux, et il fut condamné à un an de prison; en 1837, pour participation à un complot.

A côté de l'arrestation de *Herbulet,* il en est une autre que l'accusation a réunie à la sienne; c'est celle de *François Vallière.* Elle a été opérée dans une rue à peine éloignée de la Bibliothèque royale, à la rue Saint-Nicaise. Là, deux honorables citoyens, le témoin *Gardas* et un second individu malheureusement resté inconnu, ont vu déboucher par la rue Sainte-Anne deux insurgés, dont un seul a été découvert et arrêté. Ces témoins revenaient de la place du Carrousel ; ils traversaient la rue des Frondeurs, lorsqu'ils aperçurent ces deux hommes, avec lesquels ils se croisaient et qui, tous deux, marchaient précipitamment en cachant avec soin leurs fusils. Ils les suivirent, et, quand ils aperçurent, à l'entrée de la rue de Rivoli, la troupe de ligne, ils s'écrièrent : *Arrêtez! arrêtez! les brigands!* Un seul fut saisi, c'est *Vallière.*

Vallière prétend qu'il a été l'objet d'une erreur. Avant de lui répondre, oublions son nom pour un instant, et recherchons quels étaient les deux fusils abandonnés par les deux insurgés et relevés à cet endroit.

D'abord, c'étaient deux fusils de munition; tous les deux avaient fait feu; tous les deux étaient encore chargés; l'un d'eux même était armé. — Le premier provenait de chez M. *Lefebvre,* l'épicier du quartier Mauconseil, dépouillé par la bande qui s'était formée dans cette rue et dont nous avons tracé l'itinéraire. — Le deuxième fusil n'est pas moins accusateur; il avait été enlevé au poste de l'Hôtel-de-Ville, et portait le n° 2270 : il a été reconnu par le garde national auquel il appartenait. De sorte que nous voyons, par ces indications sans réplique, deux hommes qui ont marché ensemble dans l'insurrection, et dès son début : l'un s'est trouvé à l'Hôtel-de-Ville, l'autre chez *Lefebvre;* et, depuis ce moment, tous deux se sont unis dans leur marche. Quels que soient ces deux individus, il est certain maintenant qu'ils appartiennent aux premiers faits de l'insurrection, et qu'en commun ils ont pris part aux actes les plus graves.

Maintenant donc, si *Vallière* était porteur de l'un de ces fusils, il n'est pas douteux qu'il ne fût au nombre de ceux qui ont pris part à l'odieux guet-apens dont le colonel *Pellion* a été victime, et on ne nous demandera plus, nous l'espérons, d'indiquer le lien qui le rattache à ce guet-apens.

Eh bien! *Vallière* est-il l'un des deux insurgés? — Il veut que l'on en doute; mais est-ce possible? N'avons-nous pas vu, entendu et jugé le témoin qui l'accuse, le sieur *Gardas?* Par le sieur *Gardas,* par la déclaration de cet ancien officier, qui a déposé avec une franchise toute militaire, n'avons-nous pas été tous témoins, en quelque sorte, de la scène de son arrestation; et, lorsqu'il n'a pas été perdu de vue une seconde par ce témoin, il veut que l'on hésite : il ne l'obtiendra pas.

Cette concession est d'autant plus impossible, qu'à côté de la déclaration décisive de *Gardas* il y a encore celle du second témoin, qui s'est rencontré à côté de *Gardas* et que l'on n'a pas retrouvé depuis; puis, enfin, celle du capitaine et des deux sous-lieutenants à qui *Vallière* a été remis au moment de son arrestation, et qui tous ont attesté la foi due à ce double témoignage. En présence de pareilles circonstances, le doute n'est donc pas possible.

Vallière a été, d'ailleurs, si malheureux dans ses dénégations, qu'elles se sont encore élevées contre lui. Il avait, en effet, cherché à justifier l'emploi de son temps pendant une grande partie de cette journée, et le témoin dont il invoquait la déclaration lui a donné un démenti.

Nous ne pouvons oublier, en terminant, les antécédents de cet accusé. Ils le rattachent depuis longtemps aux sociétés secrètes. *Vallière* est l'homme qui, après une première arrestation pour délit politique, a été arrêté, en 1837, pour avoir déposé des couronnes d'immortelles sur les tombes des suppliciés *Pépin* et *Morey;* et vous avez pu juger vous-mêmes, Messieurs les Pairs, de quelle façon cet homme considérait un tel fait. Cet acte d'adhésion est une sorte de complicité posthume du crime des régicides, et *Vallière,* à votre audience, avouait un tel acte comme la démarche la plus simple et la plus innocente. Certes, en présence de tels sentiments, l'accusation ne doit pas craindre d'affirmer qu'après cette insurrection morale *Vallière* s'est jeté au fort de l'insurrection armée, en prenant une part active aux attentats des 12 et 13 mai.

Nous avons maintenant, Messieurs, à vous faire connaître des faits détachés, qui ne se rapportent à aucun des points principaux d'attaque dont nous avons eu l'honneur de vous entretenir, mais se rattachent à l'arrestation de quatre nouveaux accusés, *Élie, Godard, Pâtissier* et *Gérard : Élie* doit nous occuper le premier.

Vous savez, Messieurs, que, le 12 mai, vers six heures du soir, on a fait sortir de la mairie du 4e arrondissement quelques tambours pour battre le rappel; ils étaient escortés par des hommes de la garde nationale et de la ligne, sous les ordres du lieutenant de la garde nationale, *Watepain*.

Arrivé à la place Sainte-Opportune, le détachement se trouva arrêté par un grand nombre de curieux. Ces curieux se dissipèrent peu à peu, et firent place à quatre insurgés armés, tous les quatre, de fusils. Le sieur *Watepain,* qui se trouvait à vingt-cinq pas environ de ces insurgés, remarqua parfaitement l'accusé *Élie,* qui le mit personnellement en joue et fit feu. Il courut sur lui, le perdit seulement un instant de vue, au tournant de la rue qu'*Élie* avait prise avec les factieux, et le retrouva, presque aussitôt, rechargeant son fusil, au coin de cette même rue. Plusieurs témoins du détachement ont déclaré qu'*Élie* était bien, en effet, l'homme qui avait fait feu sur leur lieutenant, et qui avait été arrêté au moment où il rechargeait son arme.

Tels sont, à son égard, les faits de l'accusation : les résumer, c'est les établir, avec d'autant plus de raison que les antécédents d'*Élie* sont très-fâcheux : il a été arrêté quatre fois. Acquitté la première fois, il a été condamné, la seconde, à six mois de prison pour vol, et, deux autres fois, pour faits politiques. C'était donc, sous tous les rapports, un digne auxiliaire pour la révolte.

Godard est signalé, comme *Élie,* plus qu'*Élie* peut-être, par ses antécédents. Nous ne devons même pas craindre de dire que *Godard* est un des hommes dont les opinions sont les plus exaltées. Il a été commissaire de quartier ou chef de section dans la société des Droits de l'Homme. En 1822, il avait été poursuivi pour tentative d'assassinat; puis, il fut compromis dans les troubles du mois d'avril 1834. Son système de défense a été en rapport avec de tels antécédents : vous avez été, comme nous, les témoins de l'audace avec laquelle il n'a pas craint de se présenter à cette audience, en déclarant que, s'il était sorti armé, c'était pour *casser la tête* à quiconque voudrait l'arrêter, et pour venir en aide aux ouvriers contre la force publique.

Ce langage, si bien en relation avec le passé de *Godard,* est aussi en rapport avec les faits constatés au 12 mai. Vous savez qu'il a été arrêté porteur d'un pistolet, d'un poignard, d'une poire à poudre contenant un peu de poudre fine, d'un moule à balles, de six cartouches, d'un couteau, d'un petit ciseau servant à bourrer, et de quatorze balles de divers calibres.—Comment explique-t-il cette possession d'armes et de munitions? — Il a dit d'abord qu'il avait trouvé sur le boulevard tous ces objets enveloppés dans un morceau de calicot; puis, il a été obligé de convenir qu'ils étaient en sa possession depuis longtemps : et, en effet, à son domicile on a trouvé dix cartouches semblables, deux balles, les débris d'un autre pistolet et deux moules à balles.

Eh bien! maintenant, quel rôle cet homme, ainsi armé, a-t-il joué le 12 mai? — Il résulte des dépositions qu'il a été absent de son domicile depuis trois heures après midi jusqu'à onze heures du soir : à cette heure, il fut arrêté au moment où un détachement de la ligne et de la garde nationale conduisait des prisonniers à la caserne du faubourg Saint-Martin; ce détachement était commandé par le chef d'escadron *de Chasseloup-Laubat. Godard* se trouva sur le chemin que suivait ce détachement; il adressa des paroles grossières et des menaces au capitaine, qui fut obligé de le faire arrêter.

On trouva sur *Godard* toutes les munitions et les armes dont nous parlions tout à l'heure. Il a été constaté que son pistolet avait fait feu récemment; qu'il était, comme le disent les pièces, sur sa crasse. Il a été constaté, de plus, que l'arme avait été chargée avec le ciseau de menuisier saisi sur Godard. Ainsi, ce n'est pas à une époque éloignée qu'il a chargé cette arme, mais, sans aucun doute, le jour même de l'insurrection, après le moment où il est entré chez lui pour s'emparer de tous ces objets. Ce qui le prouve encore, c'est l'état dans lequel *Godard* a été arrêté. Il avait les mains et les deux lèvres noircies par la poudre. Cette circonstance a été remarquée par les témoins de l'arrestation et constatée par le commissaire de police qui a dressé le premier procès-verbal. C'est la cartouche seule qui peut laisser, au moment où on la déchire pour charger son arme, des traces aussi accusatrices.

Ainsi, il est constant que *Godard,* fidèle à ses antécédents, n'est rentré chez lui, à trois heures, que pour y prendre ses munitions et son pistolet, et se livrer, après, aux actes coupables dont il doit aujourd'hui répondre devant la justice.

Pâtissier a été arrêté, le 12 mai, à son domicile. Il était rentré chez lui armé d'un fusil. Ce fait étant parvenu à la connaissance du commissaire de police, une descente avait été opérée dans la chambre occupée par *Pâtissier,* et on y avait trouvé un fusil, un pistolet chargé, un papier contenant de la poudre, des balles et des capsules, et encore, dans son gilet, des capsules et de la poudre. La possession de ces armes est d'autant plus significative contre *Pâtissier,* que, lorsqu'il est rentré à son domicile, il a eu la précaution que devait prendre un coupable, celle de cacher le fusil sous la paillasse de son lit, et de dire, quand on le lui demandait, qu'il n'en avait pas. Ce fusil avait fait feu, ainsi que le pistolet : le rapport de l'expert commis le constate pour les deux armes. *Pâtissier* avait, d'ailleurs, sur les mains et la figure, des traces de poudre, et il a été constaté par le capitaine qui a fait arrêter *Pâtissier* que, lorsqu'on le conduisait à la mairie du 7e arrondissement, il a fait tous ses efforts pour faire disparaître les traces de poudre que portaient ses lèvres.

En présence de tous ces faits, il est impossible d'admettre l'explication qu'a donnée l'accusé, explication tendant à dire qu'il avait été forcé par les insurgés de prendre un fusil, et qu'il était rentré sans avoir fait feu.

Il existe, d'ailleurs, contre *Pâtissier* une charge que vous connaissez par l'instruction écrite : ce sont ses propres déclarations, à une époque où, sans doute, il ne prévoyait pas les conséquences possibles de son aveu. — Il dit au portier de sa maison qu'il allait dîner, parce qu'il avait bien gagné sa journée;—à un autre témoin il avoua qu'il avait fait feu deux ou trois fois, rue Saint-Denis et rue Saint-Martin; — et à un de ses colocataires, qu'il s'était battu plusieurs heures. Ainsi, par un triple témoignage, nous avons la preuve que *Pâtissier* était bien l'homme qu'accusaient déjà la possession des munitions, la saisie du pistolet et du fusil, l'état de ces armes, de ses lèvres et de ses mains.

En ce qui touche les faits du 12 mai, un dernier accusé se présente à nous : c'est *Gérard.* Pour lui, l'accusation n'a pas d'effort à faire, puisque c'est encore sur l'aveu de l'accusé qu'elle s'appuie pour demander sa condamnation.

Gérard a été arrêté dans des circonstances que les

débats vous ont apprises. Il avait jeté son fusil dans une cuvette de l'avenue des Ormes, auprès de la barrière de Montreuil. Le lendemain, ce fusil avait été trouvé et remis au sieur *Renard*, marchand de vin, par la personne qui l'avait ramassé. *Gérard* avait appris ce fait, et il était allé réclamer son arme; mais le sieur *Renard* avait refusé de la lui rendre, et l'avait remise entre les mains du commissaire de police, en faisant connaître que *Gérard* la lui avait réclamée. *Gérard* fut arrêté, et, obligé d'avouer ses actes de la veille, il ne trouva d'autre moyen de défense que cette allégation banale qu'il avait été emmené de force par plusieurs insurgés; qu'il avait été placé par eux à une des barricades de la rue Saint-Denis; que, là, il avait fait feu deux ou trois fois, et qu'après que la barricade avait été enlevée par la troupe, il était parvenu à s'évader.

D'après la manière dont *Gérard* explique cette circonstance, une telle excuse ne peut être accueillie. Comment admettre, en effet, que la contrainte puisse aller jusqu'à garder un insurgé pendant deux ou trois heures; jusqu'à l'enchaîner, malgré lui et pendant toute l'attaque, à la barricade; jusqu'à le forcer à faire feu et à recharger son arme? Pour arriver jusque-là, il a fallu, selon l'accusé, que deux insurgés fussent chargés de veiller sur lui. Or, peut-on supposer que les insurgés, qui avaient besoin de toutes leurs forces, auraient donné à deux des leurs la mission de garder *Gérard*, se privant ainsi de deux hommes dévoués pour garder une recrue inutile et peut-être même dangereuse?

Nous sommes arrivés, Messieurs les Pairs, aux actes de révolte et aux arrestations qui ont signalé la journée du lundi 13 mai.

La première de ces arrestations a eu lieu dans des circonstances bien graves; c'est celle de *Dubourdieu.*

Dans la nuit du 12 au 13, M. le préfet de police fut prévenu que l'insurrection voulait reprendre son œuvre le lendemain; que des rendez-vous avaient été donnés sur plusieurs points de la capitale. Il avait été prévenu, notamment, que l'un des rendez-vous devait avoir lieu devant la grille du passage Véro-Dodat. M. le préfet donna ordre à un assez grand nombre d'agents de s'établir en surveillance sur ce point; ces agents étaient commandés par un officier de paix. Ils y arrivèrent vers trois heures: et, en effet, entre trois heures et demie et quatre heures, ils virent apparaître un assez grand nombre de personnes. Toutes celles qui passèrent, après s'être arrêtées quelques instants, furent fouillées, et, comme aucun objet suspect ne fut trouvé sur elles, les agents les laissèrent continuer leur route.

A quatre heures, un nouvel individu vint se placer sous la voûte du cloître Saint-Honoré; il regardait avec impatience, inquiétude, comme un homme qui attend, du côté de la grille Véro-Dodat. Les agents ne doutèrent pas un instant que cet homme ne fût un des insurgés. Ils s'avancèrent vers lui et l'arrêtèrent, quoiqu'il opposât la plus vive résistance; mais, seul contre la brigade des sergents de ville, ses efforts furent impuissants. Cet individu était l'accusé *Dubourdieu,* et son arrestation le signalait déjà d'une manière bien grave, car elle indiquait qu'il y avait, là, un rendez-vous donné. Il est tailleur; les procès-verbaux dressés à ce moment constatent que tous ceux qui furent fouillés alors exercent la même profession, et prouvent, par cette concordance, que le hasard seul ne les avait point groupés, à une telle heure, au même lieu. D'ailleurs, l'attitude de *Dubourdieu* avait paru suspecte aux agents de police; et c'est, par suite, vous le voyez, non une arrestation due au hasard, mais une arrestation prévue.

Dubourdieu était, en outre, porteur de huit cartouches et de quatre balles. Veuillez vous rappeler que, dans les renseignements transmis à M. le préfet de police, on lui disait que les insurgés ne viendraient pas en armes, mais qu'ils seraient porteurs de semblables munitions; et vous comprendrez, Messieurs, toute l'importance de ce fait.

Que *Dubourdieu* nous dise maintenant comment il possède ces balles, ces cartouches; pourquoi il les porte sur lui, à une pareille heure. — Il cherche à l'expliquer : il vient dire qu'il se rendait à son travail, alors qu'il est constaté que le travail ne commence, pour les ouvriers de sa profession, qu'entre six et sept heures du matin; qu'il est constaté, en même temps, par le portier de sa maison, et par la déclaration même de l'homme chez qui *Dubourdieu* prétendait se rendre pour travailler, que *Dubourdieu* ne sortait jamais avant cette heure.

C'est en se promenant, la veille, dans les quartiers voisins de l'insurrection, qu'on lui aurait remis, s'il faut l'en croire, ces cartouches et ces balles. — Comment! *Dubourdieu* est rentré chez lui, il s'est couché; il s'est habillé le lendemain; il sort, suivant lui, pour aller à son travail, et il a gardé un paquet de cartouches qui va nécessairement l'embarrasser dans ce travail, et qui peut le compromettre, si, par l'effet d'une fatalité imprévue, il vient à être arrêté! C'est là une allégation que sa propre invraisemblance a déjà réfutée.

Il est donc évident que ces cartouches et ces balles avaient été remises, la veille, et au milieu de la lutte, à *Dubourdieu*, qui, en allant au rendez-vous avec ces munitions, voulait, le 13 mai, prendre une part nouvelle à la révolte.

Cette pensée sera justifiée bien mieux encore si vous voulez bien vous rappeler, Messieurs, quelle est la nature des objets saisis au domicile de *Dubourdieu.* Nous ne parlons pas de quelques imprimés à l'usage des républicains de bas étage, et du portrait de Robespierre trouvé avec ces imprimés: nous voulons vous parler seulement d'une pièce émanée de *Dubourdieu* lui-même. Cette pièce est un cahier d'études et de compositions tout entier de la main de *Dubourdieu;* on s'aperçoit facilement de la destination de ce cahier, non-seulement à sa forme, sa tournure, ses négligences et ses corrections, mais parce que l'on trouve à plusieurs feuillets ces mots : *Dictées de tel ou tel jour;* puis, on y lit, à la fin, une conjugaison dont nous reparlerons dans un instant.

Au nombre des divers morceaux qui composent ce cahier se trouve un discours, ou plutôt un essai de discours, essai d'un homme dont l'éducation n'est pas complète, qui s'étudie ainsi à parler ce langage violent à l'usage des clubs et des sociétés secrètes. On y rencontre, en effet, les expressions les plus anarchiques, toutes les fureurs des plus mauvaises passions révolutionnaires.

Vous lirez cet écrit, Messieurs; vous verrez si on peut en méconnaître la portée. Vous y verrez, notamment, que le serment auquel ce discours provoque les sectionnaires, doit se prêter sur des cartouches, et vous vous souviendrez, en même temps, des balles et des cartouches que *Dubourdieu* portait sur lui.

Toutefois, nous ne pouvons nous empêcher de revenir encore à ce cahier, pour répéter qu'il se termine par une conjugaison tout entière, dont le choix a bien sa singularité : et notre observation ne sera plus, comme on pourrait le croire, une futilité, quand on voudra bien se rappeler que cette conjugaison est celle du verbe *conspirer.* Ce verbe y est dans tous ses temps : au passé, au présent, malheureusement aussi au futur. Un tel choix n'est pas l'effet du hasard ou d'un caprice d'écolier; car il est suivi de cette observation :

« Je conspire pour le bien de l'humanité; pour réfor-« mer la corruption et les préjugés, qui laissent le peuple « dans la nuit des ténèbres, et l'abaissent au rang de la « brute. »

Certes, après de telles constatations, nous ne craignons pas de nous tromper, en affirmant que *Dubourdieu* est un de ces jeunes gens pervertis par des prédications radicales, dont les sociétés secrètes font leur profit, et qui cherchent, dans l'extension d'une éducation mal dirigée, un moyen de succès et de développement pour les plus dangereuses passions.

Et maintenant, nul ne s'étonnera que *Dubourdieu* ait été reconnu positivement, et pour un fait bien grave. S'il n'en a pas été ainsi à cette audience, si les témoins ont hésité, l'explication en est bien simple. Depuis huit mois les physionomies ont changé; les insurgés ne sont pas avares, dans la prison, de ces modifications de costume, de coiffure et de barbe, qui trompent les souvenirs, et les témoins ont perdu de vue le costume original, permettez-nous ce terme, des hommes qu'ils ont vus et remarqués au milieu de la lutte.

Mais il ne pouvait en être ainsi à la fin de mai ou au commencement de juin. A cette époque, les témoins du marché Saint-Jean ont été confrontés avec *Dubourdieu*, ils l'ont reconnu. Le sergent *Henriet*, celui qui, après avoir échappé au massacre de ce marché, y a été mis en joue par les insurgés, confronté, la première fois, avec *Dubourdieu*, a dit : « Je le reconnais *positivement* pour « l'homme qui, le marteau à la main, m'a menacé après « le massacre de mes camarades. »

Plus tard, confronté de nouveau avec lui, il l'a reconnu de la même manière, avec la même précision, par ses cheveux, sa figure, ses vêtements, tout enfin. Dans une pareille position, il est impossible d'hésiter : le témoin ne s'est pas trompé en mai, quand il a mis tant d'affirmation dans ses allégations; il ne s'est pas trompé, la seconde fois, en juin, quand il a confirmé complétement sa première déposition.

Trois autres témoins, et, parmi eux, le sergent *Girard*, ont assisté à une scène qu'il faut redire ici : Après que les insurgés eurent ainsi massacré les hommes du poste du marché Saint-Jean, l'un d'eux a été pris de quelque compassion pour l'une des victimes qui était gisante à ses pieds; il a demandé l'adresse d'un médecin du quartier, et est allé le chercher en effet, mais sans le rencontrer. Trois témoins croient pouvoir, mais sans l'affirmer, reconnaître cet homme en l'accusé.

Pour se défendre contre tant de charges, *Dubourdieu* a essayé de prouver qu'il se trouvait dans le quartier Saint-Honoré, chez un de ses camarades, à l'heure où se serait passée la scène du marché Saint-Jean; mais il a oublié que, dans ses déclarations, il avait signalé lui-même une heure voisine de cette heure comme celle où il avait reçu des cartouches dans le quartier Saint-Denis : de là, il a bien pu aller rue Saint-Martin et au marché Saint-Jean. Et d'ailleurs, quelle foi devons-nous ajouter aux témoins qu'il a fait entendre? Certes, nous ne voulons pas attaquer ici leur honneur et leur moralité; mais ce sont ses amis, ses camarades d'atelier, et l'intérêt de l'amitié a parlé plus haut peut-être que l'intérêt de la justice et de la vérité.

Quant à l'accusé *Dugrospré*, notre discussion pourra presque se borner, à son égard, à l'examen des circonstances de son arrestation. En effet, nous ne vous rappellerons pas avec détail ses antécédents. Vous savez, comme nous, que *Dugrospré* est l'un des hommes qui ont appartenu, de la façon la plus permanente, aux sociétés secrètes; vous savez qu'il faisait partie de la société des Droits de l'Homme avec le grade de *commissaire de quartier;* qu'il a été condamné à trois mois de prison pour faits politiques; que, depuis, il a été arrêté plusieurs fois, notamment avec *Lecomte,* marié aujourd'hui à la veuve *Pépin,* et récemment condamné dans la première affaire du *Moniteur républicain.*

Dugrospré a pris, dans les événements de la première journée, une part que deux témoins vous ont signalée, mais sur laquelle ils n'ont pas été assez explicites pour que nous puissions invoquer, comme preuve, leur déposition. — Mais, le lundi, à cinq heures du soir, alors que la révolte était à peu près comprimée sur tous les autres points de la capitale, voilà qu'un groupe d'insurgés, perdu dans le faubourg Saint-Martin, cherche à agiter de nouveau ce quartier, et, de ce groupe, se font entendre les cris : *A bas les ministres! vive la république!* Quelques hommes, qui s'étaient avancés plus que d'autres de la caserne de la garde municipale, et que des passants avaient signalés, furent arrêtés. — Au nombre de ces individus était *Dugrospré,* que l'on trouva porteur de trente cartouches de divers calibres, de deux pistolets, d'une petite pointe en fer pour bourrer, et d'une boîte de capsules. — D'où lui venaient ces pistolets qui ont été reconnus pour avoir fait feu récemment tous les deux? — D'où lui provenaient ces cartouches et ces capsules? — Pourquoi des capsules, quand ces deux pistolets sont à pierre? — Pourquoi cette baguette et cet attirail tout complet? — Ces pistolets lui appartiennent; ces capsules, cette baguette sont à lui; ces cartouches, il les a fabriquées et il les a prises avec ses armes pour s'en servir *contre le gouvernement de Louis-Philippe, s'il imitait le gouvernement de Charles X.* — Telles sont ses réponses dans l'instruction.

Aux débats, Messieurs, *Dugrospré* s'est rétracté; il a obéi en cela à la loi de sa conservation. Un fait immense résultait, en effet, contre lui, de sa déclaration première. Il avait dit avoir fabriqué les cartouches; et depuis, il avait été constaté qu'elles étaient pareilles, en tout point, à celles dont les révoltés s'étaient servis.—On comprend la terrible conséquence de cette constatation. — *Dugrospré* a reculé devant cette conséquence, et il l'a fait à votre audience, en homme qui a honte de l'excuse qu'il va soumettre à des hommes graves et sérieux : il hésite, il balbutie; il veut attendre un témoin qu'il n'a pas nommé parce qu'il n'a pas voulu le compromettre, et duquel il espère une déclaration spontanée; mais ce témoin ne vient pas, et *Dugrospré,* pressé par les questions de votre Président, se détermine à avouer l'origine de ses cartouches : il les a trouvées. —Il les a trouvées! et, en présence d'un tel fait, *Dugrospré* a craint de compromettre quelqu'un! Et, dans tout le cours de son interrogatoire, *Dugrospré* s'est entouré d'une sorte de mystère pour cacher cette révélation inattendue, dont il voulait laisser la gloire à un témoin ! — Messieurs, nous respectons trop notre ministère pour discuter sérieusement de tels moyens.

Ce n'est pas tout. Le dimanche, nous ignorons, avons-nous dit, l'emploi précis de son temps; peut-être sa conduite, dans la soirée, nous dira ce qu'il a pu faire. En effet, il ne rentre pas chez lui, il découche; il va passer la nuit avec le témoin *Cabro,* avec cet homme qui est venu, plus tard, confirmer la trouvaille des cartouches. Eh bien! ici, de deux choses l'une: ou bien, lorsqu'il est sorti le dimanche, sa famille, sa mère, sa femme savaient qu'il sortait pour se mêler à la révolte, et elles devaient craindre pour ses jours en ne le voyant pas revenir. Si elles l'ignoraient, comment ne redoutait-il pas de les livrer encore à la plus poignante inquiétude?

Ici, tout est grave contre l'accusé : nous rappellerons à la Cour les questions qui lui ont été adressées par M. le Chancelier, l'embarras de ses réponses, ou plutôt l'impossibilité où il s'est trouvé de répondre. Cet interrogatoire est présent à tous les esprits, et il nous donne encore plus d'autorité pour affirmer que, s'il est allé coucher chez un de ses camarades, s'il n'a pas craint de laisser ainsi sa famille dans l'anxiété, c'est parce qu'il voulait recommencer, le lendemain, l'insurrection de la veille, et qu'il préparait avec ses complices de nouveaux moyens de troubles et de sédition pour le 13 mai.

Ce qui le prouve sans réplique, c'est qu'il a gardé sur lui ses pistolets. Il avait dit, au commencement de l'instruction, qu'il les avait emportés parce qu'il désirait qu'en cas d'arrestation préventive il ne fût pas trouvé des armes à son domicile, et que, pour cela, il avait voulu les porter chez *Cabro*. Mais alors il aurait dû les laisser là; et cependant, le lendemain, après cinq heures du soir, il est arrêté, toujours armé de ces mêmes pistolets, lui qui ne voulait pas, disait-il, être surpris en armes, pour ne pas être compromis une cinquième fois.

Dugrospré a donc été, quoi qu'il en dise, un des insurgés les plus opiniâtres des 12 et 13 mai.

Nous sommes arrivés, Messieurs, aux derniers faits de l'accusation; ils sont relatifs aux deux accusés *Bouvrand* et *Buisson*.

A leur égard, nos explications seront bien simples. Deux témoignages seuls nous suffisent pour justifier cette accusation.

Vous savez que, le dimanche 12 mai, entre huit et neuf heures du soir, une bande d'insurgés, venant du quartier du Temple, avait fait irruption dans la rue de Ménilmontant; que, là, on avait arrêté un garde national qu'on voulait assassiner; que M. *Duchâtellier*, présent à cette scène, était intervenu avec courage entre les assassins et le garde national, et avait, ainsi, conservé les jours de ce dernier; mais qu'à son tour, M. *Duchâtellier* avait été l'objet d'une agression dont il n'était parvenu à se sauver que par l'arrivée et l'énergique intervention du témoin *Forsans*.

M. *Duchâtellier* vous a dit encore que, le lendemain, dans le même quartier, à la même heure, au moment où il sortait de chez son père, il avait été l'objet d'une agression pareille, qui avait failli avoir pour lui de bien funestes conséquences; qu'il avait été reconnu par quelques hommes embusqués au coin de la rue, et qui s'étaient jetés sur lui en disant: *Voilà notre mouchard de la veille!* l'avaient entraîné vers un égout, et, au bruit d'un cabriolet dont ils étaient suivis, s'étaient sauvés, après l'avoir frappé de deux coups de poignard, mettant ainsi, pendant près d'un mois, les jours du témoin en danger.

M. *Duchâtellier* a signalé trois individus comme ceux qu'il croyait pouvoir reconnaître : d'abord, la personne qui, le 12 mai, l'avait menacé, et l'avait frappé de son poignard le 13; ensuite, un jeune homme vêtu d'une redingote foncée, dont le collet était d'une autre couleur que celle de la redingote elle-même; et enfin, une troisième personne, vêtue d'une blouse, portant un fusil de munition et une giberne. Le premier de ces hommes n'a point été reconnu par M. *Duchâtellier*, dans les confrontations qui ont eu lieu. — M. *Duchâtellier* a *cru* reconnaître le second en *Bouvrand*, à la taille, la corpulence, la tournure, le son de la voix; et il a affirmé que *Buisson* était le troisième.

Mais ce n'est pas, ici, le seul témoignage; il en est un autre non moins important; c'est celui du sieur *Forsans*, qui a positivement reconnu les mêmes personnes, et qui a dit que l'homme portant une redingote brune, avec un collet de peluche, était *Bouvrand*, et que l'homme vêtu d'une blouse et portant la giberne et le fusil de munition était *Buisson*. Or, le témoin *Forsans* offrait, sur M. *Du-*

châtellier, cet avantage pour l'accusation, qu'il connaissait antérieurement les deux accusés.

Bouvrand s'est défendu en invoquant un alibi que des marchands de vin de son quartier et des marchands de contre-marques des théâtres du boulevard du Temple ont indiqué comme lui; mais les sieurs *Duchâtellier* et *Forsans* ont été trop précis pour nous permettre de faire, avec *Bouvrand*, un calcul de minutes sur chacun des témoignages qu'il invoque.

A l'égard de *Buisson*, il est une réponse encore plus simple. Il est obligé de convenir qu'il était là avec le fusil de munition, qu'il a déposé le soir chez le témoin *Cornu*; avec le costume qui lui est donné par les témoignages, et les longs cheveux qu'il a fait couper depuis; il conteste seulement pour la giberne, et il a cherché à justifier par la violence sa présence au milieu de cette scène. Mais vous avez entendu les témoins *Duchâtellier* et *Forsans* déclarer que *Buisson* avait une liberté complète, qu'il allait et venait à l'égal des autres, qu'il était même l'un de ceux qui parlaient et s'agitaient le plus au milieu du groupe. *Bouvrand* et *Buisson* appartiennent donc, d'une manière définitive, à l'accusation, pour le fait du 12 mai.

Quant à la scène du 13, nous devons nous empresser de dire que l'instruction n'a pu trouver de preuves décisives à leur opposer. Une seule présomption s'élevait contre eux, et elle résultait de ce fait, que ceux qui avaient commis le crime du 13 appartenaient certainement à la bande qui, la veille, avait fait irruption sur M. *Duchâtellier*. Mais, le 12, ils étaient de vingt-cinq à trente; le 13, huit à dix seulement, et rien n'a pu établir que les accusés fussent de ce dernier nombre.

A l'égard de ce crime d'assassinat commis par cette bande de huit ou dix personnes, il y aurait donc rigueur, de notre part, à l'imputer à ces deux accusés, quand le sieur *Duchâtellier* a déclaré ne pouvoir affirmer qu'il les reconnaissait.

Cette partie de l'accusation doit donc s'abandonner elle-même. — Mais, si l'acte qu'elle attribue aux deux accusés ne peut plus leur être judiciairement reproché, cet acte n'en restera pas moins comme une nouvelle et dernière preuve de l'atroce férocité de ceux qui ont organisé l'insurrection de mai, et de ceux qui y ont pris part.

C'est, en effet, comme au Palais-de-Justice, comme au marché Saint-Jean, comme à la rue d'Amboise, l'embuscade et le guet-apens avec ce qu'ils ont de plus odieux. — C'est la vengeance avec ce qu'elle a de plus lâche et de plus cruel.

Et pourtant, il se trouve des hommes, non-seulement pour commettre de tels crimes, mais même pour les ériger publiquement en principe, après les avoir professés dans ces sociétés secrètes où s'enseignent également la révolte et le régicide!

Ah! sans doute, Messieurs, de pareils principes ne sauraient être contagieux. — Le bon sens public se suffit à lui-même pour s'en défendre. — Mais, cependant, on ne peut le méconnaître, depuis huit ans ce détestable esprit de sophisme a malheureusement exercé sur la paix de notre pays une influence bien funeste, et il est temps d'apporter à ce mal un remède sévère.

Il est temps d'extraire, en quelque sorte, du corps social, jusqu'à la dernière goutte de ce venin fatal que le fanatisme le plus obstiné y a fait incessamment circuler.

Vous nous viendrez en aide, Messieurs les Pairs, nous en sommes convaincus, dans l'accomplissement de cette noble mission, en rendant aujourd'hui un arrêt qui sera, tout à la fois, un acte de répression pour le passé de ces hommes, et une sauvegarde pour l'avenir de tous.

SOMMAIRE.

LISTE ALPHABÉTIQUE

DES INCULPÉS

COMPRIS AUX RÉQUISITOIRES, AVEC L'INDICATION DES PAGES OÙ SONT DÉVELOPPÉES LES CHARGES PARTICULIÈRES EXISTANT CONTRE CHACUN D'EUX.

Elim

COUR DES PAIRS DE FRANCE.

ATTENTAT DES 12 ET 13 MAI 1839.

PROCÈS-VERBAL

DES SÉANCES

RELATIVES AU JUGEMENT DE CETTE AFFAIRE.

COUR DES PAIRS DE FRANCE.

ATTENTAT DES 12 ET 13 MAI 1839.

PROCÈS-VERBAL

DES SÉANCES

RELATIVES AU JUGEMENT DE CETTE AFFAIRE.

A PARIS,

DE L'IMPRIMERIE DE CRAPELET,

RUE DE VAUGIRARD, N° 9.

1839-1840.

ATTENTAT DES 12 ET 13 MAI 1839.

PROCÈS-VERBAL N° 1er.

CHAMBRE DES PAIRS.

Séance publique du 14 mai 1839,

Présidée par M. le CHANCELIER.

A une heure la Chambre se réunit en séance publique.

Le procès-verbal de la séance d'hier est lu et adopté.

Le Garde des sceaux Ministre de la justice et des cultes, et le Pair de France Ministre de l'instruction publique, sont introduits.

Le Garde des sceaux annonce qu'il est chargé par le Roi de déposer sur le bureau de la Chambre une ordonnance royale, en date de ce jour, et dont il va être donné lecture à la Chambre par M. le Chancelier.

M. le Chancelier donne immédiatement lecture de cette ordonnance, laquelle est ainsi conçue :

ORDONNANCE DU ROI.

« LOUIS-PHILIPPE, ROI DES FRANÇAIS,

« A tous présens et à venir, SALUT.

« Sur le rapport de notre Garde des sceaux, Ministre secrétaire d'État au département de la justice et des cultes;

« Vu l'article 28 de la Charte constitutionnelle, qui attribue à la Chambre des Pairs la connaissance des crimes de haute trahison et des attentats à la sûreté de l'État;

« Vu les articles 87, 88, 91, 92, 96, 97, 98 et 99 du Code pénal;

« Attendu que la ville de Paris, dans les journées des 12 et 13 mai courant, a été le théâtre d'attentats contre la sûreté de l'État, dont il appartient à la Cour des Pairs de rechercher et de punir les auteurs, soit qu'ils aient agi isolément, ou à l'aide d'associations;

« Nous avons ordonné et ordonnons ce qui suit :

ARTICLE PREMIER.

« La Chambre des Pairs, constituée en Cour de justice, procédera sans délai au jugement des individus qui ont été ou qui seront arrêtés comme auteurs, fauteurs ou complices des attentats ci-dessus énoncés.

ART. 2.

« Elle se conformera, pour l'instruction, aux formes qui ont été suivies par elle jusqu'à ce jour.

ART. 3.

« Le sieur Franck Carré, notre procureur-général près notre Cour Royale de Paris, remplira les fonctions de notre procureur-général près la Cour des Pairs.

« Il sera assisté des sieurs Boucly et Nouguier,

substituts du procureur-général à la Cour Royale de Paris, qui seront chargés de le remplacer en cas d'absence ou d'empêchement.

ART. 4.

« Le Garde des archives de la Chambre des Pairs et son adjoint rempliront les fonctions de greffier près notre Cour des Pairs.

ART. 5.

« Notre Garde des sceaux, Ministre secrétaire d'État au département de la justice et des cultes, est chargé de l'exécution de la présente ordonnance.

« FAIT à Paris, le 14 mai 1839.

Signé « LOUIS-PHILIPPE.

« Par le Roi :

« *Le Garde des sceaux Ministre secrétaire d'État de la justice et des cultes,*

Signé « TESTE. »

Cette lecture terminée, la Chambre ordonne la transcription sur ses registres, et le dépôt dans ses archives, de l'ordonnance du Roi qui vient de lui être communiquée.

M. le Président expose qu'une convocation spéciale n'ayant pu être adressée à MM. les Pairs, au sujet de la communication qui vient de leur être faite, et l'assemblée n'étant pas très nombreuse en ce moment, il conviendrait peut-être que la Chambre ajournât à demain sa formation en Cour de justice, pour prendre telle détermination qu'il appartiendra au sujet de l'affaire à laquelle se rapporte l'ordonnance sus-énoncée.

M. le Président lève la séance.

Les Président et Secrétaires,

Signé PASQUIER, président;

Le comte DUROSNEL, le marquis DE LOUVOIS, le vice-amiral HALGAN, le comte TURGOT, secrétaires.

ATTENTAT DES 12 ET 13 MAI 1839.

COUR DES PAIRS.

PROCÈS-VERBAL N° 2.

Séance secrète du mercredi 15 mai 1839,

Présidée par M. le CHANCELIER.

LE mercredi 15 mai 1839, à une heure de relevée, la Chambre des Pairs se forme en Cour de justice, en vertu de la délibération prise dans la séance publique d'hier.

La réunion a lieu dans la salle ordinaire des assemblées de la Chambre, servant de chambre du conseil.

M. le Chancelier annonce que le ministère public nommé par l'ordonnance du Roi communiquée hier à la Chambre, demande à être entendu.

La Cour décide qu'il lui sera donné audience.

M. Franck Carré, procureur-général, est en conséquence introduit; il est accompagné de MM. Boucly et Nouguier, faisant fonctions d'avocats-généraux.

Tous trois se placent devant un bureau disposé dans le parquet à la droite de M. le Président.

Le greffier en chef de la Cour et son adjoint occupent à gauche, dans le même parquet, leur place accoutumée.

Le procureur-général, ayant obtenu la parole, s'exprime en ces termes :

Messieurs,

« L'esprit de faction qui au mois d'avril 1834, entraînait des associations menaçantes à défendre de vive force, contre l'autorité de la loi, leur existence justement proscrite, vient d'ensanglanter, une fois encore, la Capitale par la plus criminelle et la plus odieuse tentative. Dompté, il y a cinq ans, par les armes, sur les champs de bataille qu'il avait choisis, vaincu depuis dans la lutte qu'il n'avait pas craint d'engager contre la puissance et la majesté de votre justice, on ne devait pas croire qu'il survécût à ce grand acte de clémence qui, proclamant l'oubli du passé sur la foi de l'avenir, avançait aux partis les arrhes de la paix, avec la confiance et la générosité de la victoire. Serons-nous donc aujourd'hui réduits à reconnaître que la justice appuyée sur la force, que le châtiment suivi du pardon, se sont trouvés également impuissans pour contenir et désarmer ces implacables ennemis du repos et du bonheur de la patrie! Nous n'aurons pas ce regret, Messieurs, disons-le hautement le lendemain même d'une déplorable catastrophe et sous la douloureuse impression des sentimens dont elle nous pénètre. Elles n'existent plus et elles ne revivront pas ces associations si ardemment hostiles qui ont pu paraître un moment formidables quand elles étendaient de toutes parts leurs rameaux et qu'elles parvenaient à lever, à la fois, l'étendard de la révolte à Paris et à Lyon, à Saint-Étienne et à Lunéville. Leurs derniers vestiges allaient disparaître, et au défaut même des lois et des arrêts, la réprobation publique dont ces promoteurs de guerre civile avaient été frappés, semblait suffire pour leur faire désormais comprendre qu'ils s'épuisaient en efforts inutiles, et que la nation ne subirait pas leur humiliante conquête. Bientôt cependant on vit se rallier les plus infimes débris d'une société trop fameuse. Changeant son nom sans dénaturer son caractère, modifiant son organisation sans abandonner son but, des hommes qui, en 1834, figuraient, pour la plupart, aux derniers rangs de ces milices séditieuses, se firent à leur tour les chefs de bandes, peu nombreuses à la vérité, mais où ne manquaient ni la discipline ni l'audace. Dans ces dernières années, ils manifestaient surtout leurs coupables espérances et leurs secrètes machinations par une confection active de poudre et de munitions de guerre. Des dépôts considérables ont été souvent saisis et quelquefois plusieurs des factieux ont été surpris dans l'œuvre même de la fabrication. Il était donc évident qu'ils comptaient sur le combat et qu'ils s'y préparaient avec une persévérance que ne rebutaient pas les poursuites et les condamnations dont ils étaient l'objet. Toutefois il paraissait difficile d'admettre qu'abandonnés à leurs seules ressources ils osassent jamais franchir l'intervalle qui sépare un obscur complot d'un attentat à force ouverte.

« Ils ont eu cependant cette coupable témérité ; et au milieu de la cité tranquille, cette odieuse conspiration a soudainement éclaté; des bandes d'assassins armés se sont répandues dans les places et dans les rues. Tout indique qu'elles y ont été distribuées d'après un plan arrêté d'avance et dans un ordre réglé avec une certaine habileté. Des fusillades meurtrières ont tout à coup compromis la sûreté d'une immense population livrée aux loisirs d'un jour de fête, et qui se demandait, avec autant d'indignation que de surprise, quels étaient le but, l'origine et les auteurs de cette lâche et perfide attaque.

« Elle a été facilement repoussée par le courage et le patriotisme de la garde nationale et de l'armée. Mais un sang précieux a coulé pour la défense de l'ordre public, et c'est aux lois qu'il appartient maintenant d'en demander compte à ceux qui l'ont répandu par un crime.

« Vous deviez être constitués leurs juges, Messieurs. Il était nécessaire que le Roi et le pays vous demandassent cette nouvelle preuve de dévouement, par cela seul que ce criminel attentat était le résultat d'une conspiration ourdie par une association illégale. La paix publique a été violemment troublée; des alarmes dont on se croyait pour jamais affranchi, ont été ravivées. La société trouvera dans votre arrêt un nouveau gage de sécurité, et les accusés n'oublieront pas qu'ils ne peuvent rencontrer nulle part une plus haute et plus impartiale justice.

« Nous avons l'honneur de soumettre à vos délibérations le réquisitoire suivant :

RÉQUISITOIRE.

« Le procureur-général de Sa Majesté près la Cour des Pairs requiert qu'il plaise à la Cour,

« Vu l'ordonnance royale en date du 14 de ce mois,

« Lui donner acte du contenu au présent réquisitoire renfermant plainte contre les auteurs, fauteurs et complices des attentats à la sûreté de l'État, commis à Paris dans les journées des 12 et 13 de ce mois, lesquels, aux termes de l'article 28 de la Charte, et des articles 87, 88, 91, 96, 97, 98, 99 du Code pénal, 4 de la loi du 10 avril 1834, sont de la compétence de la Cour des Pairs;

« Ordonner que dans le jour, monsieur le Chancelier, Président de la Cour, désignera tels de messieurs les Pairs qu'il lui plaira, pour procéder, conjointement avec lui, à l'instruction desdits crimes, circonstances et dépendances, contre les individus déjà inculpés et contre tous autres qui pourraient l'être ultérieurement;

« Ordonner que les procédures et actes d'instruction commencés seront apportés au greffe de la Cour;

« Ordonner enfin que la Cour s'assemblera au jour qui sera indiqué par monsieur le Chancelier pour entendre le rapport de la procédure, et faire

2

tous les autres actes que la marche de l'instruction rendra nécessaires.

« FAIT à Paris, en notre parquet à la Cour des Pairs, le 15 mai 1839.

« *Le procureur-général du Roi*,

Signé « FRANCK CARRÉ. »

Le procureur-général se retire après avoir déposé sur le bureau son réquisitoire de lui signé.

Les avocats-généraux se retirent également.

M. le Président annonce que, conformément aux usages de la Cour, il va être fait un appel nominal pour constater le nombre des membres présens.

Il est en conséquence procédé à un appel nominal que fait le greffier en chef, en suivant l'ordre de réception, et qui constate la présence des cent cinquante-huit Pairs dont les noms suivent :

MM.

Le baron Pasquier, Chancelier de France, Président.
Le duc de Broglie.
Le duc de Montmorency.
Le comte Klein.
Le comte Lemercier.
Le duc de Castries.
Le duc de Caraman.
Le marquis de Louvois.
Le comte Molé.
Le marquis de Mathan.
Le comte Ricard.
Le baron Séguier.
Le comte de Noé.

MM.

Le comte de La Roche-Aymon.
Le duc de Massa.
Le duc Decazes.
Le comte Claparède.
Le baron Mounier.
Le comte Mollien.
Le comte de Pontécoulant.
Le comte Reille.
Le comte de Sparre.
Le marquis de Talhoüet.
Le vice-amiral c^te^ Verhuell.
Le comte de Germiny.
Le comte de La Villegontier.
Le comte de Bastard.

MM.
Le marquis de Pange.
Le comte Portalis.
Le duc de Crillon.
Le duc de Coigny.
Le comte Siméon.
Le comte Roy.
Le comte de Vaudreuil.
Le comte de Courtarvel.
Le comte de Breteuil.
Le comte d'Ambrugeac.
Le comte Dejean.
Le duc de Plaisance.
Le vicomte Dubouchage.
Le duc de Brancas.
Le comte de Montalivet.
Le comte Cholet.
Le duc de Montébello.
Le marquis de Laplace.
Le duc de La Rochefoucauld.
Le vicomte de Ségur-Lamoignon.
Le duc d'Istrie.
Le marquis de Lauriston.
Le marquis de Brézé.
Le marquis de Crillon.
Le comte de Ségur.
Le duc de Richelieu.
Le marquis Barthélemy.
Le marquis d'Aux.
Le comte de Bondy.
Le baron Davillier.
Le comte Gilbert de Voisins.
Le prince de Beauvau.
Le comte d'Anthouard
Le comte de Caffarelli.
Le comte de Flahault.
Le vice-amiral comte Jacob.
Le comte Philippe de Ségur.
Le comte Perregaux.
Le baron de Lascours.
Le comte Roguet.

MM.
Le c[te] de La Rochefoucauld.
Le comte Gazan.
Girod (de l'Ain).
Le baron Atthalin.
Bertin de Veaux.
Le président Boyer.
Le vicomte de Caux.
Le comte Desroys.
Le comte Dutaillis.
Le baron de Fréville.
Gautier.
Le comte Heudelet.
Le baron Malouet.
Le baron Thénard.
Tripier.
Le comte Turgot.
Le comte de Ham.
Le baron Berthezène.
Le comte de Colbert.
Le comte Guéhéneuc.
Le comte de La Grange.
Le comte de Labriffe.
Le comte Daru.
Le baron Neigre.
Le baron Saint-Cyr-Nugues.
Le baron Duval.
Le comte de Beaumont.
Le baron Brayer.
Le baron de Reinach.
Le comte de Rumigny.
Barthe.
Le comte d'Astorg.
De Gasparin.
Le baron Brun de Villeret.
De Cambacérès.
Le vicomte de Chabot.
Le marquis de Cordoue.
Le baron Feutrier.
Le baron Fréteau de Peny.
Le vicomte Pernety.
De Ricard.

MM.
Le comte de La Riboisière.
Le marquis de Rochambeau.
Le comte de Saint-Aignan.
Le vicomte Siméon.
Le comte de Rambuteau.
Le baron Mortier.
De Bellemare.
Le baron Voysin de Gartempe.
Le duc de Cadore.
Le marquis d'Andigné de la Blanchaye.
Le marquis d'Audiffret.
Le comte de Monthion.
Bessières.
Le baron Darriule.
Le baron Delort.
Le baron Dupin.
Le comte Durosnel.
Le marquis d'Escayrac de Lauture.
Le comte d'Harcourt.
Le vicomte d'Abancourt.
Kératry.
Le comte d'Audenarde.
Le vice-amiral Halgan.
Le comte Marchand.
Mérilhou.

MM.
Le comte de Mosbourg.
Odier.
Paturle.
Le baron de Vendeuvre.
Le baron Pelet.
Le baron Pelet (de la Lozère).
Périer.
Le baron Petit.
Le vicomte de Préval.
Le chevalier Tarbé de Vauxclairs.
Le vicomte Tirlet.
Le vicomte de Villiers du Terrage.
Le vice-amiral Willaumez.
Le baron de Gérando.
Le baron Rohault de Fleury.
Rouillé de Fontaine.
Le baron de Daunant.
Le marquis de Cambis d'Orsan.
Le comte Harispe.
Le vicomte de Jessaint.
Le baron de Saint-Didier.
Le vice-amiral de Rosamel.
Maillard.
Le duc de La Force.
Gay-Lussac.

M. le Président expose que la première question sur laquelle il ait à consulter la Cour est celle de savoir si elle entend qu'il soit procédé à une instruction sur les faits énoncés dans le réquisitoire du procureur-général.

La Cour, consultée par voie d'appel nominal, décide que par M. le Président et par tels de MM. les Pairs qu'il lui plaira commettre, il sera procédé à une instruction sur les faits dont il s'agit.

M. le Président propose ensuite à la Cour de nommer, conformément à ses usages, une commission de douze membres pour remplir, pendant l'instruction, les fonctions attribuées à la Chambre du conseil par l'art. 128 du Code d'instruction criminelle.

Un Pair fait observer que dans la dernière affaire dont la Cour a été saisie, au mois de juin 1838, il n'a pas été nommé de conseil des mises en liberté par l'arrêt qui ordonnait l'instruction : quelques membres avaient paru craindre alors que la question de compétence ne fût en quelque sorte engagée par la nomination de ce conseil.

M. le Président croit nécessaire de donner à ce sujet à la Cour quelques explications de fait et de droit. En principe, la nomination d'un conseil des mises en liberté est une sorte d'accessoire de l'instruction, et n'a jamais été considérée comme pouvant, plus que l'instruction elle-même, préjuger la question de compétence. Il est vrai que l'arrêt du 21 juin 1838 portant qu'il serait procédé à une instruction sur les faits imputés au sieur Laity ne contenait pas désignation d'un conseil de mises en liberté : mais la simplicité de cette affaire et la circonstance qu'un seul inculpé se trouvait en cause, avaient fait juger que la Cour pouvait se dispenser de remplir cette formalité; toutefois elle donna acte à son Président des réserves qu'il avait faites de provoquer plus tard la formation d'un conseil des douze si de nouvelles arrestations devenaient nécessaires : et cependant on ne peut pas dire que l'absence d'un conseil des mises en liberté ait été, même alors, sans inconvénient, car elle a entraîné la nécessité de faire statuer la Cour entière sur le sort de plusieurs inculpés qui se trouvaient rattachés incidemment aux poursuites, à raison de leur coopération à l'impression et à la publication de l'écrit incriminé. Quant au procès dont la Cour est appelée à connaître en ce moment, il se présente sous un aspect tout différent. Déjà un grand nombre d'individus ont été mis sous la main de la justice, et il peut devenir nécessaire d'en arrêter encore un plus grand nombre; la Cour ne voudra pas sans doute s'écarter de l'esprit de prudence et de sage modération qui l'a portée à prendre, dans toutes les circonstances analogues, les moyens d'élaguer de la procédure les affaires incidentes et de rendre le plus tôt possible à la liberté ceux des prévenus contre lesquels l'instruction ne fournirait aucune charge.

Un Pair appuie les observations de M. le Président; il estime que la nomination d'un conseil des mises en liberté est indispensable dans une affaire de cette nature; c'est d'abord et avant tout une mesure de justice et d'humanité, pour ne pas prolonger inutilement la détention des inculpés dont l'innocence serait établie; c'est ensuite une mesure d'ordre et de prévoyance pour ne pas surcharger le jugement du procès, de détails qu'il est possible d'éviter à la Cour entière. Le précédent de l'affaire Laity a été motivé sur des circonstances exceptionnelles, mais il convient que la

Cour revienne en ce moment à l'application de la règle qu'elle a toujours suivie, depuis 1820, pour le jugement des affaires d'attentat.

L'auteur des premières observations déclare qu'il n'entend nullement s'opposer à la nomination d'un conseil des mises en liberté ; il lui restait seulement à cet égard quelques doutes, que les explications données par M. le Président ont fait cesser.

M. le Président annonce, en conséquence, qu'il va être procédé à un scrutin de liste pour la nomination des douze membres qui doivent former le conseil des mises en liberté dans l'affaire au sujet de laquelle une instruction vient d'être ordonnée par la Cour ; mais avant de faire cette désignation, M. le Président expose que son intention est de s'adjoindre pour procéder à l'instruction dont il s'agit :

MM. le duc Decazes,
le comte de Bastard,
Barthe,
Mérilhou,
le baron de Daunant.

Un Pair observe que dans l'affaire relative à l'attentat du 28 juillet 1835, la Cour avait déclaré s'en rapporter à M. le Président en ce qui concernait le choix des membres qui devaient composer le conseil des mises en liberté.

M. le Président fait observer que l'affaire qui vient d'être rappelée présentait cette circonstance particulière, qu'au moment où l'attentat du 28 juillet 1835 fut déféré à la Cour, elle se trouvait encore saisie de l'affaire d'avril, pour laquelle un conseil spécial de douze membres avait été désigné par arrêt; la Cour des Pairs crut donc pouvoir se dispenser alors de procéder à un scrutin de liste : elle continua seulement les pouvoirs des membres précédemment nommés et dont les noms furent insérés dans le nouvel arrêt. Mais dans les deux affaires d'attentat dont elle a été saisie pendant le cours de l'année 1836, la Cour est revenue à l'observation des anciennes formes suivant lesquelles les membres du conseil sont proposés par le Président, mais nommés par la Cour.

La Cour décide qu'il sera procédé conformément à ses derniers usages.

M. le Président propose en conséquence pour former le conseil de douze Pairs qui doit remplir les fonctions spécifiées par l'article 128 du Code d'instruction criminelle,

MM. le marquis de Laplace,
le comte Philippe de Ségur,
le comte de Ham,
Félix Faure,
le baron Dupin,
le comte de Mosbourg,
le baron Pelet de la Lozère,
le vicomte de Villiers du Terrage,
le vice-amiral Halgan,
Laplagne-Barris,
Rouillé de Fontaine,
Maillard.

Il est immédiatement procédé à un scrutin de liste pour la nomination des membres du conseil.

La Cour décide que pour le dépouillement des votes, deux de MM. les Pairs, commis par M. le Président pour l'assister dans l'instruction, rempliront les fonctions de scrutateurs.

Ces fonctions sont en conséquence remplies par M. le comte de Bastard et par M. Barthe.

Le résultat du dépouillement donne, sur un nombre total de 158 votans, la majorité absolue des suffrages pour la nomination des douze Pairs proposés par M. le Président.

Ils sont en conséquence proclamés, par M. le Président, membres du conseil des mises en liberté pour l'affaire à instruire devant la Cour.

M. le Chancelier donne ensuite lecture d'un projet d'arrêt qu'il a préparé pour formuler, suivant le mode ordinaire, les délibérations qui viennent d'être prises.

Ce projet ne donne lieu à aucune observation : la Cour l'adopte par la teneur suivante :

ARRÊT DE LA COUR DES PAIRS.

« La Cour des Pairs :

« Vu l'ordonnance du Roi en date d'hier;

« Vu l'article 28 de la Charte constitutionnelle;

« Ouï le procureur-général du Roi, en ses dires et réquisitions; et après en avoir délibéré;

« Donne acte au procureur-général du dépôt par lui fait sur le bureau de la Cour, d'un réquisitoire renfermant plainte contre les auteurs, fauteurs et complices des attentats à la sûreté de l'État, commis à Paris dans les journées des 12 et 13 de ce mois.

« Ordonne que par M. le Chancelier de France, Président de la Cour et par tels de MM. les Pairs qu'il lui plaira commettre pour l'assister et le remplacer en cas d'empêchement, il sera sur-le-champ procédé à l'instruction du procès; pour, ladite instruction faite et rapportée être, par le procureur-général requis, et par la Cour ordonné ce qu'il appartiendra.

« Ordonne que dans le cours de ladite instruction, les fonctions attribuées à la Chambre du conseil par l'article 128 du Code d'instruction criminelle, seront remplies par M. le Chancelier de France, Président de la Cour, celui de MM. les Pairs commis par lui pour faire le rapport, et

MM. le marquis de Laplace,
le comte Philippe de Ségur,
le comte de Ham,
Félix Faure,
le baron Dupin,
le comte de Mosbourg,
le baron Pelet de la Lozère,
le vicomte de Villiers du Terrage,
le vice-amiral Halgan,
Laplagne-Barris,
Rouillé de Fontaine,
Maillard,

que la Cour commet à cet effet; lesquels se conformeront d'ailleurs, pour le mode de procéder, aux dispositions du Code d'instruction criminelle et ne pourront délibérer s'ils ne sont au nombre de sept au moins;

« Ordonne que les pièces à conviction, ainsi que les procédures et actes d'instruction déjà faits seront apportés, sans délai, au greffe de la Cour.

« Ordonne pareillement que les citations et autres actes du ministère d'huissier, seront faits par les huissiers de la Chambre.

« Ordonne que le présent arrêt sera exécuté à la diligence du procureur-général du Roi. »

Le procureur-général et les avocats-généraux qui l'accompagnent sont introduits de nouveau.

M. le Président donne lecture, en leur présence, de l'arrêt qui vient d'être rendu.

Cette lecture faite, la séance est levée.

Signé PASQUIER, président;

E. CAUCHY, *greffier en chef.*

ATTENTAT DES 12 ET 13 MAI 1839.

PROCÈS-VERBAL N° 3.

COUR DES PAIRS.

Séance secrète du mardi 11 juin 1839,

Présidée par M. le CHANCELIER.

LE mardi 11 juin 1839, à midi, la Cour des Pairs se réunit en chambre du conseil, en vertu d'une convocation faite sur l'ordre de M. le Président, pour entendre un rapport de ses commissaires instructeurs sur l'affaire dont le jugement lui a été déféré par l'ordonnance royale du 14 mai dernier.

Le greffier en chef, sur l'ordre de M. le Président, procède à l'appel nominal.

Cet appel, fait par ordre d'ancienneté de réception, conformément à l'usage de la Cour, constate la présence des cent cinquante-six Pairs, ayant voix délibérative, dont les noms suivent :

MM.

Le baron Pasquier, Chancelier de France, Président.
Le duc de Mortemart.
Le duc de Montmorency.
Le maréchal duc de Reggio.
Le comte Klein.
Le comte Lemercier.
Le duc de Castries.
Le duc de Caraman.
Le comte Molé.
Le marquis de Mathan.
Le comte Ricard.

MM.

Le baron Séguier.
Le comte de Noé.
Le comte de La Roche-Aymon.
Le duc de Massa.
Le duc Decazes.
Le comte Claparède.
Le baron Mounier.
Le comte Reille.
Le comte Rampon.
Le comte de Sparre.
Le comte de Germiny.

MM.
Le comte de La Villegontier.
Le baron Dubreton.
Le comte de Bastard.
Le marquis de Pange.
Le comte Portalis.
Le duc de Crillon.
Le comte Siméon.
Le comte de Vaudreuil.
Le comte de Tascher.
Le comte de Breteuil.
Le comte Dejean.
Le vicomte Dode.
Le vicomte Dubouchage.
Le duc de Brancas.
Le comte de Montalivet.
Le comte Cholet.
Le duc de Montébello.
Le comte Lanjuinais.
Le marquis de Laplace.
Le duc d'Istrie.
Le duc de Périgord.
Le marquis de Crillon.
Le duc de Richelieu.
Le marquis Barthélemy.
Le marquis d'Aux.
Le comte de Bondy.
Le baron Davillier.
Le comte Gilbert de Voisins.
Le comte d'Anthouard.
Le comte de Caffarelli.
Le comte Exelmans.
Le comte de Flahault.
Le vice-amiral comte Jacob.
Le vicomte Rogniat.
Le comte Philippe de Ségur.
Le comte Perregaux.
Le baron de Lascours.
Le comte Roguet.
Le comte de La Rochefoucauld.
Le comte Gazan.

MM.
Girod (de l'Ain).
Le baron Atthalin.
Aubernon.
Besson.
Le président Boyer.
Cousin.
Le comte Desroys.
Le comte Dutaillis.
Le baron de Fréville.
Gautier.
Le comte Heudelet.
Le baron Malouet.
Le comte de Montguyon.
Le baron Thénard.
Tripier.
Le comte Turgot.
Le baron Zangiacomi.
Le comte de Ham.
Le comte Bérenger.
Le baron Berthezène.
Le comte de Colbert.
Le comte de La Grange.
Félix Faure.
Le comte de Labriffe.
Le comte Daru.
Le baron Neigre.
Le baron Saint-Cyr-Nugues.
Le baron Duval.
Le comte de Beaumont.
Le baron Brayer.
Le baron de Reinach.
Le marquis de Rumigny.
Barthe.
Le comte d'Astorg.
Le baron Brun de Villeret.
De Cambacérès.
Le vicomte de Chabot.
Le marquis de Cordoue.
Le baron Feutrier.
Le baron Fréteau de Peny.
Le vicomte Pernety.

MM.
De Ricard.
Le comte de La Riboisière.
Le marquis de Rochambeau.
Le comte de Saint-Aignan.
Le vicomte Siméon.
Le comte de Lezay-Marnésia.
Le comte de Rambuteau.
Le baron Mortier.
De Bellemare.
Le baron de Morogues.
Le baron Voysin de Gartempe.
Le duc de Cadore.
Le marquis d'Andigné de la Blanchaye.
Le marquis d'Audiffret.
Le comte de Monthion.
Le marquis de Chanaleilles.
Chevandier.
Le baron Darriule.
Le baron Delort.
Le baron Dupin.
Le comte Durosnel.
Le marquis d'Escayrac de Lauture.
Le comte d'Harcourt.
Le baron Jacquinot.
Kératry.
Le comte d'Audenarde.
Le vice-amiral Halgan.

MM.
Le comte Marchand.
Mérilhou.
Le comte de Mosbourg.
Odier.
Le baron Pelet.
Le baron Pelet de la Lozère.
Périer.
Le baron Petit.
Le baron de Schonen.
Le chevalier Tarbé de Vauxclairs.
Le vicomte Tirlet.
Le vicomte de Villiers du Terrage.
Le vice-amiral Villaumez.
Le baron de Gérando.
Le baron Rohault de Fleury.
Laplagne Barris.
Rouillé de Fontaine.
Le baron de Daunant.
Le marquis de Cambis-d'Orsan.
Le comte Harispe.
Le vicomte de Jessaint.
Le baron de Saint-Didier.
Le vice-amiral de Rosamel.
Le baron Nau de Champlouis.
Gay-Lussac.
Le vicomte Schramm.

M. le Président expose qu'il a reçu de plusieurs des Pairs qui n'ont pu se rendre à la séance de ce jour, des lettres d'excuse fondées sur l'état de leur santé ou sur les fonctions publiques qu'ils ont à remplir.

MM. le duc Decazes, le comte de Bastard, Barthe, Mérilhou et le baron de Daunant, délégués par ordonnance de M. le Président, en date du 16 mai dernier, pour l'assister et le suppléer au besoin dans l'instruction, prennent place au bureau à la droite et à la gauche de M. le Président.

Avant d'accorder la parole au rapporteur, M. le Président annonce que, pour mettre les membres de la Cour à même de suivre avec plus de facilité la lecture du rapport, il en a fait tirer des épreuves imprimées qui, si la Cour l'autorise, vont être distribuées à chacun de MM. les Pairs présens à la séance.

La Cour ordonne que les épreuves dont il s'agit seront immédiatement distribuées à tous ses membres.

Cette distribution faite, M. Mérilhou, rapporteur, obtient la parole et donne lecture à la Chambre de son rapport dans lequel il expose les faits généraux du procès et les faits particuliers concernant les dix-neuf inculpés dont les noms suivent :

Barbès (Armand),
Nouguès (Pierre-Louis-Théophile),
Bonnet (Jacques-Henri),
Roudil (Louis),
Guilbert (Grégoire-Hippolyte),
Delsade (Joseph),
Mialon (Jean-Antoine),
Austen (Rudolphe-Auguste-Florence),
Lemière (Jean-Louis, dit Albert),
Walch (Joseph),
Philippet (Lucien-Firmin),
Lebarzic (Jean-Baptiste),

Dugas (Florent),
Longuet (Jules),
Martin (Pierre-Noël),
Blanqui (Louis-Auguste), absent,
Bernard (Martin), absent,
Meillard (Jean ou Georges), absent,
Et Doy, absent.

Cette lecture achevée, M. le Président propose à la Cour de donner audience au ministère public.

La Cour fait droit à cette proposition; en conséquence, M. Franck Carré, procureur-général du Roi, et MM. Boucly et Nouguier, avocats-généraux, désignés par l'ordonnance royale du 14 mai dernier pour remplir les fonctions du ministère public dans la présente affaire, sont introduits.

Ils prennent place dans le parquet à la droite de M. le Président.

Le procureur-général, ayant obtenu la parole, donne lecture à la Cour du réquisitoire suivant, qu'il dépose, signé de lui, sur le bureau :

RÉQUISITOIRE.

« Le procureur-général requiert,

« Qu'il plaise à la Cour se déclarer compétente:

« Et attendu qu'il résulte de l'instruction qu'en 1839 des attentats ont été préparés, concertés, arrêtés et commis à Paris, dans le but; 1°. de détruire et de changer le Gouvernement; 2°. d'exciter les citoyens ou habitans à s'armer contre l'autorité royale; 3°. d'exciter la guerre civile en s'armant ou en portant les citoyens ou habitans à s'armer les uns contre les autres;

« Attendu qu'il en résulte charges suffisantes :

« Premièrement, contre Armand Barbès;

« 1°. D'avoir commis les attentats ci-dessus spécifiés, en prenant part, soit au concert qui les a précédés et préparés, soit aux faits qui les ont consommés;

« 2°. D'avoir, à la même époque, commis, volontairement et avec préméditation, un homicide sur la personne du sieur Drouineau, lieutenant au 21e régiment de ligne;

« Secondement, contre Pierre-Louis-Théophile Nouguès, d'avoir commis les attentats ci-dessus spécifiés, en prenant part, soit au concert qui les a précédés et préparés, soit aux faits qui les ont consommés;

« Troisièmement, contre Jacques-Henri Bonnet, d'avoir commis les attentats ci-dessus spécifiés, en prenant part, soit au concert qui les a précédés et préparés, soit aux faits qui les ont consommés;

« Quatrièmement, contre Louis Roudil, d'avoir commis les attentats ci-dessus spécifiés, en prenant part aux faits qui les ont consommés;

« Cinquièmement, contre Grégoire-Hippolyte Guilbert, d'avoir commis les attentats ci-dessus spécifiés, en prenant part aux faits qui les ont consommés;

« Sixièmement, contre Joseph Delsade, d'avoir commis les attentats ci-dessus spécifiés, en prenant part aux faits qui les ont consommés;

« Septièmement, contre Jean-Antoine Mialon, déjà condamné à une peine afflictive et infamante ;

« 1°. D'avoir commis les attentats ci-dessus spécifiés, en prenant part aux faits qui les ont consommés ;

« 2°. D'avoir, à la même époque, commis volontairement, avec préméditation et de guet-apens, un homicide sur la personne du maréchal des logis Jonas ;

« Huitièmement, contre Rudolphe-Auguste-Florence Austen, d'avoir commis les attentats ci-dessus spécifiés, en prenant part aux faits qui les ont consommés ;

« Neuvièmement, contre Jean-Louis Lemière, dit Albert, d'avoir commis les attentats ci-dessus spécifiés, en prenant part aux faits qui les ont consommés ;

« Dixièmement, contre Joseph Walch, d'avoir commis les attentats ci-dessus spécifiés, en prenant part aux faits qui les ont consommés ;

« Onzièmement, contre Lucien-Firmin Philippet, d'avoir commis les attentats ci-dessus spécifiés, en prenant part, soit au concert qui les a précédés et préparés, soit aux faits qui les ont consommés ;

« Douzièmement, contre Jean-Baptiste Lebarzic, d'avoir commis les attentats ci-dessus spécifiés, en prenant part, soit au concert qui les a précédés et préparés, soit aux faits qui les ont consommés ;

« Treizièmement, contre Florent Dugas, d'avoir commis les attentats ci-dessus spécifiés, en prenant part aux faits qui les ont consommés ;

« Quatorzièmement, contre Jules Longuet, d'avoir commis les attentats ci-dessus spécifiés, en prenant part aux faits qui les ont consommés;

« Quinzièmement, contre Pierre-Noël Martin, d'avoir commis les attentats ci-dessus spécifiés, en prenant part aux faits qui les ont consommés;

« Seizièmement enfin, contre Louis-Auguste Blanqui, Martin Bernard, Georges Meillard et Doy, ces quatre derniers inculpés en fuite, d'avoir commis les attentats ci-dessus spécifiés, en prenant part, soit au concert qui les a précédés et préparés, soit aux faits qui les ont consommés;

« Crimes connexes, prévus par les articles 87, 88, 89, 91, 295, 296, 297, 298 et 302 du Code pénal;

« Mettre en accusation lesdits Barbès, Nouguès, Bonnet, Roudil, Guilbert, Delsade, Mialon, Austen, Lemière, Walch, Philippet, Lebarzic, Dugas, Longuet, Pierre-Noël Martin, Blanqui, Martin Bernard, Meillard et Doy;

« Ordonner que lesdits accusés seront pris au corps et conduits dans telle maison de justice qui sera désignée par la Cour, pour être ultérieurement jugés par elle, au jour qu'il lui plaira déterminer.

« Fait à Paris, au parquet de la Cour des Pairs, le 11 juin 1839.

« *Le procureur-général,*

Signé « Franck Carré. »

Lecture faite de ce réquisitoire, le procureur-général et ses substituts se retirent.

M. le Président propose à la Cour, attendu l'heure avancée, d'ajourner à demain sa délibération sur les questions résultant du réquisitoire.

Cette proposition étant adoptée, M. le Président lève la séance.

Signé PASQUIER, président.

E. CAUCHY, *greffier en chef.*

ATTENTAT DES 12 ET 13 MAI 1839.

COUR DES PAIRS.

PROCÈS-VERBAL N° 4.

Séance secrète du mercredi 12 juin 1839,

Présidée par M. le CHANCELIER.

LE mercredi 12 juin 1839, à midi, la Cour des Pairs se réunit, en chambre du conseil, pour délibérer sur le réquisitoire présenté par le procureur-général dans la séance secrète d'hier.

Le greffier en chef, sur l'ordre de M. le Président, procède à l'appel nominal des membres de la Cour.

Leur nombre qui, dans la dernière séance, était de 156, se trouve réduit à 151 par l'absence de MM. le comte Klein, le comte Rampon, le comte de Vaudreuil, le duc de Richelieu et le baron de Schonen, retenus par l'état de leur santé.

M. le Président expose que la première question sur laquelle la Cour ait à délibérer, aux termes du réquisitoire du procureur-général, est celle qui concerne la compétence.

L'appel nominal est immédiatement ouvert sur cette question.

Dans le cours de cet appel, un opinant déclare que, sans s'opposer à ce que la Cour se reconnaisse compétente, ainsi qu'elle en a le droit d'après ses précédens, il ne peut s'empêcher d'exprimer quelques regrets sur la situation qui résulte pour elle de l'absence d'une législation organique, en ce qui touche le principe même de sa compétence. Comment ne pas être frappé des inconvéniens que présente un état de choses dans lequel on peut voir en quelques années des attentats de même nature, de même gravité, déférés, les uns au jury, les autres à la Cour des Pairs, sans que rien semble justifier cette versatilité de juridiction? Une fois que la connaissance d'une affaire a été renvoyée à la Cour des Pairs, il faudrait sans doute de bien graves motifs pour qu'elle rendît une déclaration d'incompétence qui, sous le rapport politique, ne serait pas exempte de fâcheuses conséquences; et cependant, lorsqu'elle appelle ainsi à sa barre tous les accusés qui lui sont offerts par une sorte de hasard, l'élévation même de ce haut tribunal a l'inconvénient de grandir en quelque sorte à leurs propres yeux des hommes dont le seul titre, pour devenir ses justiciables, est d'avoir eu plus d'audace que les criminels ordinaires. L'opinant estime qu'il importe d'apporter promptement à ce mal le seul remède qui puisse être véritablement efficace, celui d'une bonne loi sur la compétence respective de la Cour des Pairs et du jury en matière d'attentat.

Un autre Pair estime que le caractère particulier de l'attentat dont le tableau vient d'être mis sous les yeux de la Cour, le classe parmi les crimes qui doivent être jugés par le jury. Ce n'est pas à proprement parler aux institutions politiques ou à la forme actuelle du Gouvernement que se sont attaqués les révoltés des 12 et 13 mai; c'était plus haut que visaient leurs efforts, ils tendaient à détruire, avec la propriété, le principe vivant de toute sociabilité : or, un crime anti-social appelle une répression infligée en quelque sorte par la société tout entière; un verdict de condamnation émané du jury aurait donc, aux yeux de l'opinant, plus de poids qu'un arrêt de la Cour dans une matière où il faut avant tout rendre l'opinion publique juge de ces doctrines funestes qui ont mis les armes aux mains des révoltés. La fermeté avec laquelle le jury de la Seine a su accomplir son devoir dans une affaire toute récente, à laquelle ont été empruntés en partie les faits généraux exposés dans le rapport soumis à la Cour, montre ce qu'on pourrait attendre d'un tel jury dans le procès dont il s'agit en ce moment. L'opinant vote pour que la Cour se déclare incompétente.

Un troisième opinant estime que dans l'état actuel de la législation, la Cour des Pairs ne pourrait être compétente qu'autant que l'attentat des 12 et 13 mai rentrerait dans la classe de ceux qu'a définis l'article 4 de la loi du 10 avril 1834, car, dans l'opinion du noble Pair, cette loi est la seule qui satisfasse, en ce qui concerne la compétence de la Cour, à ce besoin d'une définition légale de l'attentat dont parle l'art. 28 de la Charte. Il s'agirait donc ici d'examiner si l'attentat déféré à la Cour a été commis à l'aide d'associations illicites; mais à cet égard, la procédure ne paraît pas complète; au lieu de la scinder, comme on le propose, en plusieurs parties distinctes, il faudrait rapprocher, dans un rapport général et commun, tous les faits concernant les divers inculpés, pour en faire sortir les inductions desquelles pourrait résulter la preuve qu'ils auraient agi de concert. Par ces motifs, l'opinant demande qu'il soit déclaré par la Cour que la procédure n'est pas complète, et qu'un supplément d'instruction soit ordonné.

Un quatrième opinant déclare s'en tenir, en ce qui concerne la compétence, aux principes établis par tous les précédens de la Cour des Pairs, et qui tendent à considérer les définitions d'attentat contenues au Code pénal comme suffisantes pour remplir le vœu de l'article 28 de la Charte.

Un cinquième opinant insiste sur la nécessité de régler, par une loi, ce qu'il y a maintenant de vague et d'arbitraire dans les juridictions; il espère que la Cour des Pairs, qui, dans une autre session, avait secondé à cet égard les efforts faits par la Chambre, lui prêtera de nouveau son concours pour arriver à une solution tant désirée sur les questions générales qui se rattachent à sa compétence. Quant à la question particulière qui est maintenant en discussion, l'opinant aurait voulu que, pour conserver à la procédure d'attentat l'unité qui est de son essence, l'instruction tout entière fût continuée jusqu'à ce que l'ensemble de ses résultats pût être mis à la fois sous les yeux de la Cour des Pairs; mais si la mise en accusation doit être scindée, de telle sorte qu'au lieu d'un vaste attentat, on ne voie ressortir du procès que des assassinats isolés, il lui paraît préférable d'en renvoyer la connaissance à la cour d'assises. Il vote donc en l'état pour que la Cour des Pairs se déclare incompétente.

Un sixième opinant déclare que les tribunaux ordinaires ne manqueraient pas sans doute à leur mission de justice, si la Cour des Pairs leur renvoyait par un arrêt d'incompétence la connaissance de l'affaire dont elle se trouve provisoirement saisie; les magistrats de la cour royale de Paris ont été eux-mêmes, en 1832, au-devant des devoirs que le jugement d'un grand attentat allait leur imposer, car, dès les premiers momens, une évocation spontanée les avait saisis du procès des 5 et 6 juin; mais on se rappelle comment une autre juridiction, qui avait été jugée plus en rapport avec la nature militaire de cet attentat, vint dessaisir la cour royale et fut dessaisie à son tour par un arrêt de cour souveraine. Les magistrats ne peuvent que joindre leurs vœux à ceux des Chambres pour que la loi vienne enfin faire cesser de tels conflits de juridiction : quant à présent l'opinant pense que c'est précisément parce qu'il s'agit d'assassinats et de pillage, qu'il ne faut pas renvoyer au jury la connaissance du procès dont il vient d'être fait rapport; car il pourrait y avoir plus d'un inconvénient à faire juger l'ouvrier en révolte par le fabricant. La Cour des Pairs offre à tous une justice impartiale et sûre. L'opinant vote pour la déclaration de compétence.

M. le Président expose que toutes les fois qu'il s'agira de remplir un devoir, il n'en sera jamais empêché par la pensée qu'un autre n'aurait pas rempli le sien. Si donc le Gouvernement a eu tort de ne pas déférer à la Cour des Pairs tel ou tel attentat, ce n'est pas à ses yeux un motif pour décliner aujourd'hui une compétence qui paraît fondée en droit comme en raison. On a dit, il est vrai, qu'il s'agissait ici d'un crime social plutôt que politique, mais peut-il donc y avoir un attentat plus essentiellement politique que celui qui s'attaque à la société tout entière, et n'est-ce pas dans une telle circonstance que la juridiction de la Cour des Pairs doit venir en aide aux principes sur lesquels repose tout élément de civilisation et de sociabilité? Le Président est d'avis que la Cour doit se déclarer compétente.

Le premier tour d'appel terminé, M. le Président fait procéder à un second tour qui, comme le premier, donne pour résultat 148 voix sur 151 pour la déclaration de compétence.

M. le Président proclame en conséquence que la Cour se déclare compétente pour connaître de l'attentat à la sûreté de l'État qui lui a été déféré par ordonnance royale du 14 mai dernier.

Avant que la délibération s'établisse sur les faits particuliers, M. le Président expose que l'instruction a été complétée, depuis la dernière séance, au sujet de trois inculpés, dont la position au procès se rattache à celle de plusieurs des prévenus qui se trouvent compris dans le réquisitoire d'hier; M. le procureur-général ayant demandé à présenter à ce sujet un réquisitoire supplémentaire, la parole va être d'abord accordée au rapporteur pour rendre compte à la Cour des faits particuliers qui concernent ces trois inculpés.

M. Mérilhou est en conséquence appelé à la tribune : il expose les faits particuliers qui concernent :

Marescal (Eugène),
Pierné (Aimé),
Grégoire (Louis-Nicolas).

La Cour décide ensuite, sur la proposition de M. le Président, qu'il sera donné audience au procureur-général.

Le procureur-général est en conséquence introduit : il donne lecture du réquisitoire suivant :

RÉQUISITOIRE SUPPLÉMENTAIRE.

« Le procureur-général du Roi près la Cour des Pairs ;

« Vu les pièces de la procédure instruite contre Eugène Marescal, Aimé Pierné et Louis-Nicolas Grégoire ;

« Attendu que ces instructions sont aujourd'hui complètes ; attendu qu'il en résulte charges suffisantes contre les susnommés d'avoir, au mois de mai 1839, commis des attentats ayant pour but : 1°. De détruire et de changer le Gouvernement ; 2°. D'exciter les citoyens à s'armer contre l'autorité royale ; 3°. D'exciter la guerre civile, en armant et en portant les citoyens à s'armer les uns contre les autres ; en prenant part aux faits qui ont consommé lesdits attentats;

« Crimes prévus par les articles 87, 88 et 91 du Code pénal :

« Requiert qu'il plaise à la Cour mettre les susnommés en accusation; ordonner en conséquence qu'ils seront pris au corps et conduits en telle maison de justice qu'il plaira à la Cour désigner, pour être ultérieurement jugés au jour qui sera fixé par la Cour.

« Fait au parquet de la Cour des Pairs, le 12 juin 1839.

Le procureur-général du Roi,

Signé : « FRANCK CARRÉ. »

Après avoir déposé sur le bureau ce réquisitoire signé de lui, le procureur-général se retire.

Avant de poser les questions relatives à la mise en accusation, M. le Président rappelle à la Cour que ses décisions à cet égard doivent être prises à la majorité absolue des voix, mais en calculant le nombre des votes de telle manière qu'il soit fait déduction des voix qui doivent se confondre pour cause de parenté ou d'alliance.

Il est immédiatement procédé à la formation du tableau des Pairs présens à la séance, entre lesquels il y aura lieu à confusion de votes en cas d'opinions conformes.

M. le Président pose ensuite en ces termes la première question relative à l'accusé Barbès :

« Y a t-il charges suffisantes pour mettre Ar-« mand Barbès en accusation comme ayant commis « à Paris, au mois de mai dernier, un attentat dont « le but était, soit de détruire, soit de changer le « Gouvernement, soit d'exciter les citoyens ou « habitans à s'armer contre l'autorité royale, soit « d'exciter la guerre civile en armant ou en por-« tant les citoyens ou habitans à s'armer les uns « contre les autres ? »

Les deux tours d'appel nominal auxquels il est procédé sur cette question, donnent l'unanimité des voix pour sa solution affirmative.

M. le Président fait observer qu'une seconde question résulte, à l'égard de l'inculpé Barbès, du réquisitoire présenté hier par le procureur-général : cette question est la suivante :

« Y a-t-il charges suffisantes pour mettre Ar-« mand Barbès en accusation, comme ayant com-« mis le 12 mai dernier, dans l'exécution de l'at-« tentat, un meurtre avec préméditation sur la « personne du sieur Drouineau, lieutenant au « 21e régiment de ligne ? »

Au deuxième tour d'appel nominal l'unanimité des voix se prononce également pour l'affirmative.

Plusieurs Pairs font observer que lorsque tous les membres de la Cour ont opiné dans le même sens et lorsqu'aucune voix ne s'élève pour réclamer un second tour d'appel nominal, les précédens de la Cour l'autorisent à s'en tenir au résultat du premier tour de vote.

Cette observation étant unanimement appuyée,

M. le Président proclame la mise en accusation de

Barbès (Armand).

La délibération s'établit sur l'inculpé Nouguès dont la mise en accusation est requise seulement du chef d'attentat.

La question, posée à son égard dans les termes de la première question relative à Barbès, est affirmativement résolue par le résultat d'un seul tour d'appel nominal.

M. le Président proclame en conséquence la mise en accusation de

Nouguès (Pierre-Louis-Théophile).

Il est procédé de la même manière et successivement au sujet des quatre inculpés dont les noms suivent :

Bonnet (Jacques-Henri),
Roudil (Louis),
Guilbert (Grégoire-Hippolyte),
Delsade (Joseph).

Chacun d'eux est mis en accusation du chef d'attentat.

La délibération s'établit sur l'inculpé Mialon.

M. le Président expose que cet inculpé se trouve compris dans le réquisitoire sous deux chefs, savoir : celui d'attentat et celui de meurtre avec préméditation commis, dans l'exécution dudit attentat, sur la personne du maréchal des logis Jonas.

Chacune des deux questions posées à ce sujet donne lieu à un appel nominal, qui la résout par l'affirmative à l'unanimité des voix.

M. le Président proclame en conséquence la mise en accusation de

Mialon (Jean-Antoine).

Les quinze autres prévenus compris dans le réquisitoire principal et dans le réquisitoire supplémentaire n'étant poursuivis que du chef d'attentat, une seule question est posée à l'égard de chacun d'eux, dans les termes de la première question posée au sujet de l'inculpé Barbès.

Les appels nominaux auxquels il est successivement procédé sur ces questions donnent pour résultat leur solution affirmative.

M. le Président proclame en conséquence la mise en accusation de

Austen (Rudolphe-Auguste-Florence),
Lemière (Jean-Louis) dit Albert,
Walch (Joseph),
Philippet (Lucien-Firmin),
Lebarzic (Jean-Baptiste),
Dugas (Florent),
Longuet (Jules),
Martin (Pierre-Noël),
Marescal (Eugène),
Pierné (Aimé),
Grégoire (Louis-Nicolas),
Blanqui (Louis-Auguste), absent,
Bernard (Martin), absent,

Meillard (Jean ou Georges), absent,
Doy (Pierre), absent.

M. le Président fait observer à la Cour qu'il lui reste maintenant à statuer sur la fixation du jour auquel s'ouvriront les débats relatifs aux mises en accusation qu'elle vient de prononcer.

La Chambre décide que les débats s'ouvriront au jour qui sera ultérieurement indiqué par le Président de la Cour, et dont il sera donné connaissance, au moins cinq jours à l'avance, à chacun des accusés.

Le rapporteur donne ensuite lecture d'un projet d'arrêt préparé par M. le Président, et dans lequel se trouvent formulées les diverses décisions que la Cour vient de prendre.

Après diverses observations, la rédaction de cet arrêt est définitivement adoptée pour la teneur suivante :

ARRÊT DE LA COUR DES PAIRS.

LA COUR DES PAIRS :

« Ouï dans la séance du 11 de ce mois, M. Mérilhou, en son rapport de l'instruction ordonnée par l'arrêt du 15 mai dernier.

« Ouï dans la même séance et dans celle du lendemain, le procureur-général du Roi, en ses dires et réquisitions; lesquelles réquisitions, par lui déposées sur le bureau de la Cour, signées de lui, sont ainsi conçues :

RÉQUISITOIRE DU 11 JUIN 1839.

« Le procureur-général requiert qu'il plaise à la Cour se déclarer compétente;

« Et attendu qu'il résulte de l'instruction qu'en 1839 des attentats ont été préparés, concertés, arrêtés et commis à Paris, dans le but : 1°. de détruire et de changer le Gouvernement; 2°. d'exciter les citoyens ou habitans à s'armer contre l'autorité royale; 3°. d'exciter la guerre civile en armant ou en portant les citoyens ou habitans à s'armer les uns contre les autres ;

« Attendu qu'il en résulte charges suffisantes :

« Premièrement, contre Armand Barbès :

« 1°. D'avoir commis les attentats ci-dessus spécifiés, en prenant part, soit au concert qui les a précédés et préparés, soit aux faits qui les ont consommés;

« 2°. D'avoir, à la même époque, commis volontairement et avec préméditation un homicide sur la personne du sieur Drouineau, lieutenant au 21e régiment de ligne;

« Secondement, contre Pierre-Louis-Théophile Nouguès, d'avoir commis les attentats ci-dessus spécifiés, en prenant part, soit au concert qui les a précédés et préparés, soit aux faits qui les ont consommés;

« Troisièmement, contre Jacques-Henri Bonnet, d'avoir commis les attentats ci-dessus spécifiés, en prenant part, soit au concert qui les a précédés et préparés, soit aux faits qui les ont consommés;

« Quatrièmement, contre Louis Roudil, d'avoir commis les attentats ci-dessus spécifiés, en prenant part aux faits qui les ont consommés;

« Cinquièmement, contre Grégoire-Hippolyte Guilbert, d'avoir commis les attentats ci-dessus spécifiés, en prenant part aux faits qui les ont consommés;

« Sixièmement, contre Joseph Delsade, d'avoir commis les attentats ci-dessus spécifiés, en prenant part aux faits qui les ont consommés;

« Septièmement, contre Pierre-Antoine Mialon déjà condamné à une peine afflictive et infamante, 1°. d'avoir commis les attentats ci-dessus spécifiés, en prenant part aux faits qui les ont consommés; 2°. d'avoir, à la même époque, commis volontairement, avec préméditation et de guet-apens, un homicide sur la personne du maréchal des logis Jonas;

« Huitièmement, contre Rudolphe-Auguste-Florence Austen, d'avoir commis les attentats ci-dessus spécifiés, en prenant part aux faits qui les ont consommés;

« Neuvièmement, contre Jean-Louis Lemière, dit Albert, d'avoir commis les attentats ci-dessus spécifiés, en prenant part aux faits qui les ont consommés;

« Dixièmement, contre Joseph Walch, d'avoir commis les attentats ci-dessus spécifiés, en prenant part aux faits qui les ont consommés;

« Onzièmement, contre Lucien-Firmin Philippet, d'avoir commis les attentats ci-dessus spécifiés, en prenant part, soit au concert qui les a précédés et préparés, soit aux faits qui les ont consommés ;

« Douzièmement, contre Jean-Baptiste Lebarzic, d'avoir commis les attentats ci-dessus spécifiés, en prenant part, soit au concert qui les a précédés et préparés, soit aux faits qui les ont consommés ;

« Treizièmement, contre Florent Dugas, d'avoir commis les attentats ci-dessus spécifiés, en prenant part aux faits qui les ont consommés ;

« Quatorzièmement, contre Jules Longuet, d'avoir commis les attentats ci-dessus spécifiés, en prenant part aux faits qui les ont consommés ;

« Quinzièmement, contre Pierre-Noël Martin, d'avoir commis les attentats ci-dessus spécifiés, en prenant part aux faits qui les ont consommés ;

« Seizièmement enfin, contre Louis-Auguste Blanqui, Martin Bernard, Georges Meillard et Doy, ces quatre derniers inculpés en fuite, d'avoir commis les attentats ci-dessus spécifiés, en prenant part, soit au concert qui les a précédés et préparés, soit aux faits qui les ont consommés ;

« Crimes connexes prévus par les articles 87, 88, 89, 91, 295, 296, 297, 298 et 302 du Code pénal ;

« Mettre en accusation lesdits Barbès, Nouguès, Bonnet, Roudil, Guilbert, Delsade, Mialon, Austen, Lemière, Walch, Philippet, Lebarzic, Dugas, Longuet, Pierre-Noël Martin, Blanqui, Martin Bernard, Meillard et Doy ;

« Ordonner que lesdits accusés seront pris au corps et conduits dans telle maison de justice qui sera désignée par la Cour, pour être ultérieurement jugés par elle, au jour qu'il lui plaira déterminer.

« Fait à Paris, au parquet de la Cour des Pairs, le 11 juin 1839.

« *Le procureur-général du Roi,*

Signé « Franck Carré. »

RÉQUISITOIRE DU 12 JUIN 1839.

« Le procureur-général du Roi près la Cour des Pairs,

« Vu les pièces de la procédure instruite contre Eugène Marescal, Aimé Pierné et Louis-Nicolas Grégoire;

« Attendu que ces instructions sont aujourd'hui complètes; attendu qu'il en résulte charges suffisantes contre les susnommés d'avoir, au mois de mai 1839, commis des attentats ayant pour but: 1°. de détruire et de changer le Gouvernement; 2°. d'exciter les citoyens à s'armer contre l'autorité royale; 3°. d'exciter la guerre civile, en armant et en portant les citoyens à s'armer les uns contre les autres; en prenant part aux faits qui ont consommé lesdits attentats;

« Crimes prévus par les articles 87, 88 et 91 du Code pénal:

« Requiert qu'il plaise à la Cour mettre les susnommés en accusation; ordonner en conséquence qu'ils seront pris au corps et conduits en telle maison de justice qu'il plaira à la Cour désigner, pour être ultérieurement jugés au jour qui sera fixé par la Cour.

« Fait au parquet de la Cour des Pairs, le 12 juin 1839.

« *Le procureur-général du Roi*,

Signé « FRANCK CARRÉ. »

« Après qu'il a été donné lecture, par le greffier en chef et son adjoint, des pièces de la procédure,

« Et après en avoir délibéré hors la présence du procureur-général, dans la séance d'hier et dans celle de ce jour ;

« En ce qui touche la question de compétence;

« Attendu qu'il appartient à la Cour d'apprécier si les faits qui lui ont été déférés par l'ordonnance royale du 14 mai dernier, et qui sont imputés aux inculpés dénommés dans les réquisitoires du procureur-général du Roi, rentrent dans la classe des attentats prévus et définis par les articles 87 et suivans du Code pénal, et par l'article 4, § 1er, de la loi du 10 avril 1834, et dont l'article 28 de la Charte constitutionnelle attribue la connaissance à la Chambre des Pairs;

« Attendu que la simultanéité des mêmes agressions sur divers points de la Capitale, la part qu'y ont prise des associations illicites, la nature des moyens par lesquels ces agressions ont été préparées, le concert qui aurait existé entre les inculpés, leurs fauteurs et complices, le but publiquement avoué de renverser la constitution de l'État par la violence et la guerre civile, caractérisent le crime d'attentat contre la sûreté de l'État, défini par l'article ci-dessus cité du Code pénal, et impriment au plus haut degré à ce crime le caractère de gravité qui doit déterminer la Cour à en retenir la connaissance;

« Attendu que la procédure, dont les pièces sont produites devant la Cour, est complète à l'égard des dénommés aux réquisitoires du procureur-général; que dès lors il y a lieu de statuer sur ce qui les concerne.

« Au fond :

« En ce qui concerne :

Barbès (Armand),
Nouguès (Pierre-Louis-Théophile),
Bonnet (Jacques-Henri),
Roudil (Louis),
Guilbert (Grégoire-Hippolyte),
Delsade (Joseph),
Mialon (Jean-Antoine),
Austen (Rudolphe-Auguste-Florence),
Lemière (Jean-Louis) dit Albert,
Walch (Joseph),
Philippet (Lucien-Firmin),
Lebarzic (Jean-Baptiste),
Dugas (Florent),
Longuet (Jules),
Martin (Pierre-Noël),
Marescal (Eugène),
Pierné (Aimé),

Grégoire (Louis-Nicolas),
Blanqui (Louis-Auguste), absent,
Bernard (Martin), absent,
Meillard (Jean ou Georges), absent,
Doy, absent.

« Attendu que de l'instruction résultent contre eux charges suffisantes d'avoir commis, à Paris, au mois de mai dernier, un attentat dont le but était, soit de détruire, soit de changer le Gouvernement, soit d'exciter les citoyens ou habitans à s'armer contre l'autorité royale, soit d'exciter la guerre civile en armant ou en portant les citoyens ou habitans à s'armer les uns contre les autres;

« Crimes prévus par les articles 87, 88, 89 et 91 du Code pénal;

« En ce qui concerne Barbès (Armand),

« Attendu que de l'instruction résultent contre lui charges suffisantes d'avoir, le 12 mai dernier, et dans l'exécution dudit attentat, commis, avec préméditation, un meurtre sur la personne du sieur Drouineau, lieutenant au 21e régiment de ligne;

« Crime prévu par les articles 295, 296, 297, 298 et 302 du Code pénal;

« En ce qui concerne Mialon (Jean-Antoine), déjà condamné à une peine afflictive et infamante :

« Attendu que de l'instruction résultent contre lui charges suffisantes d'avoir, le 12 mai dernier, commis, avec préméditation, un meurtre sur la personne du maréchal des logis Jonas;

Crime prévu par les articles 295, 296, 297, 298 et 302 du Code pénal,

« La Cour se déclare compétente :

« Ordonne la mise en accusation de

Barbès (Armand),
Nouguès (Pierre-Louis-Théophile),
Bonnet (Jacques-Henri),
Roudil (Louis),
Guilbert (Grégoire-Hippolyte),
Delsade (Joseph),
Mialon (Jean-Antoine),
Austen (Rudolphe-Auguste-Florence),
Lemière (Jean-Louis) dit Albert,
Walch (Joseph),
Philippet (Lucien-Firmin),
Lebarzic (Jean-Baptiste),
Dugas (Florent),
Longuet (Jules),
Martin (Pierre-Noël),
Marescal (Eugène),
Pierné (Aimé),
Grégoire (Louis-Nicolas),
Blanqui (Louis-Anguste), absent,
Bernard (Martin), absent,
Meillard (Jean ou Georges), absent,
Doy, absent.

« Ordonne en conséquence que lesdits :

« Barbès (Armand) dit Durocher, âgé de 29 ans,

sans profession, né à la Pointe-à-Pitre (Guadeloupe), demeurant à Fourton, près Carcassonne (Aude); taille de 1 mètre 80 centimètres, cheveux et sourcils châtain foncé, front haut, yeux bruns, nez long, bouche moyenne, menton rond, visage long;

« Nouguès (Pierre-Louis-Théophile), âgé de 23 ans, imprimeur, né à Paris, y demeurant rue de la Bûcherie, n° 15, taille de 1 mètre 71 centimètres, cheveux et sourcils bruns, front large, yeux bruns, nez moyen, bouche moyenne, menton rond, visage ovale, barbe roussâtre;

« Bonnet (Jacques-Henri), âgé de 28 ans, graveur, né à Genève, demeurant à Paris, rue Bourg-l'Abbé, n° 16, taille de 1 mètre 75 centimètres, cheveux et sourcils blond foncé, front haut, yeux bleus, nez ordinaire, bouche moyenne, menton rond, visage long, large signe brun au coude droit;

« Roudil (Louis), âgé de 19 ans, ouvrier en parapluies, né à Ruines (Cantal), demeurant à Paris, rue Michel-le-Comte, n° 28, taille de 1 mètre 67 centimètres, cheveux et sourcils châtains, front moyen et carré, yeux bruns, nez gros, bouche moyenne, menton rond, visage ovale, une grosseur à la joue droite;

« Guilbert (Grégoire-Hippolyte), âgé de 37 ans, corroyeur, né à Breteuil (Oise), demeurant à Paris, rue Neuve d'Angoulême, n° 10, taille de 1 mètre 68 centimètres, cheveux et sourcils blonds, front moyen, yeux bleus, nez fort, bouche moyenne, menton rond, visage ovale, barbe blond roux;

« Delsade (Joseph), âgé de 32 ans, tabletier, né à Romain (Moselle), demeurant à Paris, place de la Rotonde, n° 84; taille d'un mètre 67 centimètres, cheveux et sourcils châtain clair, front moyen, yeux bruns, nez moyen et pointu, bouche moyenne, menton rond, visage ovale, barbe brune;

« Mialon (Jean-Antoine), âgé de 56 ans, terrassier, né au Petit-Fressanet (Haute-Loire), demeurant à Paris, quai Napoléon, n° 29; taille d'un mètre 54 centimètres, cheveux et sourcils châtains, front moyen, yeux gris brun, nez fort et aquilin, bouche grande, menton rond, visage ovale, favoris roux;

« Austen (Rudolphe-Auguste-Florence), âgé de 23 ans, bottier, né à Dantzick, demeurant à Paris, rue de la Heaumerie, n° 6; taille d'un mètre 76 centimètres, cheveux et sourcils blonds, front moyen, yeux bleus, nez moyen, bouche moyenne, menton rond, visage long, barbe blonde;

« Lemière (Jean-Louis), dit Albert, âgé de 23 ans, tabletier, né à Sèvres (Seine), demeurant à Paris, rue Guérin-Boisseau, n° 8; taille d'un mètre 56 centimètres, cheveux et sourcils bruns, front moyen, yeux gris, nez gros, bouche saillante, menton pointu, visage ovale, barbe brune;

« Walch (Joseph), âgé de 27 ans, menuisier, né à Sultz (Haut-Rhin), demeurant à Paris, rue Saint-Ambroise, n° 8; taille d'un mètre 76 centimètres, cheveux et sourcils bruns, front moyen, yeux bruns, nez moyen, bouche moyenne, menton rond, visage large;

« Philippet (Lucien-Firmin), âgé de 40 ans, cordier, né au Petit-Crève-Cœur (Oise), demeurant aux Batignolles, rue Saint-Louis, n° 30; taille d'un mètre 70 centimètres, cheveux blonds et ras, sourcils blonds, front moyen, yeux bleus, nez long, bouche moyenne, menton rond, visage ovale;

« Lebarzic (Jean-Baptiste), âgé de 23 ans, chauffeur dans une filature de coton; né à Saint-Mandé (Seine), demeurant à Paris, rue Lenoir, n° 9; taille d'un mètre 79 centimètres, cheveux et sourcils noirs, front large, yeux bruns, nez moyen, bouche moyenne, menton rond, visage ovale;

« Dugas (Florent), âgé de 34 ans, menuisier-mécanicien, né à Châteaudun (Eure-et-Loir), demeurant à Paris, rue Basfroy, n° 12; taille d'un mètre 60 centimètres, cheveux et sourcils châtains, front bas, yeux gris bleu, nez moyen, bouche petite, menton court, visage ovale, une cicatrice au gras de la jambe droite, et une autre au milieu du dos;

« Longuet (Jules), âgé de 23 ans, commis-voyageur, né à Saint-Quentin (Aisne), demeurant à Paris, rue Quincampoix, n° 11; taille d'un mètre 64 centimètres, cheveux et sourcils châtains, front haut, yeux bleus, nez gros, bouche moyenne, menton rond, visage ovale;

« Martin (Pierre-Noël), âgé de 19 ans, cartonnier, né à Paris, y demeurant, rue de Bretagne, n° 2; taille d'un mètre 62 centimètres, cheveux et sourcils blonds, front droit, yeux gris bleu, nez moyen, bouche moyenne, menton rond, visage ovale;

« Marescal (Eugène), âgé de 33 ans, ouvrier en décors, né à Caen (Calvados), demeurant à Paris, rue de la Calandre, n° 22; taille d'un mètre 77 centimètres, cheveux et sourcils bruns, front moyen, yeux bruns, nez moyen, bouche moyenne, menton à fossette, visage ovale, favoris roux;

« Pierné (Aimé), âgé de 18 ans, chaussonnier, né à Saint-Avold (Moselle), demeurant à Paris, rue de Montreuil, n° 31; taille d'un mètre 72 centimètres, cheveux et sourcils bruns, front rond, yeux bruns, nez moyen, bouche moyenne, menton rond, visage plein;

« Grégoire (Louis-Nicolas), âgé de 40 ans, fabricant de paillassons, né à Saint-Cloud (Seine-et-Oise), demeurant à Paris, rue des Lyonnais, n° 7;

« Blanqui (Louis-Auguste), âgé de 32 à 34 ans, homme de lettres, né en Italie, demeurant à Gercy, près Pontoise (Seine-et-Oise); taille d'un mètre 65 centimètres, cheveux et sourcils châtains, front haut, yeux bruns, nez aquilin, bouche un peu grande, menton rond, visage allongé;

(absent).

« Bernard (Martin), âgé de 30 ans environ, imprimeur, né à Montbrison (Loire), demeurant à Paris, rue Hautefeuille, n° 9; taille d'un mètre 76 centim., cheveux et sourcils blonds, front ordinaire, yeux bleus, nez petit, bouche moyenne, menton rond, visage ovale;

(absent).

« Meillard (Jean ou Georges), âgé de 20 à 22 ans, graveur, né à Genève, demeurant à Paris, rue Bourg-l'Abbé, n° 16; taille d'un mètre 71 centimètres, cheveux et sourcils blonds, yeux gris, visage maigre;

(absent).

« Doy (Pierre), âgé de 28 ans, graveur, né à Genève, demeurant à Paris, rue Bourg-l'Abbé, n° 16;

(absent).

« Seront pris au corps et conduits dans la maison d'arrêt que la Cour autorise le Président à désigner ultérieurement pour servir de maison de justice près d'elle;

« Ordonne que le présent arrêt sera notifié, à la diligence du procureur-général, à chacun des accusés;

« Ordonne que les débats s'ouvriront au jour qui sera ultérieurement indiqué par le Président de la Cour, et dont il sera donné connaissance, au moins cinq jours à l'avance, à chacun des accusés;

« Ordonne que le présent arrêt sera exécuté à la diligence du procureur-général du Roi.»

Aucun Pair ne réclamant l'appel nominal, il est voté sur cette rédaction par mains levées.

La minute de l'arrêt est immédiatement signée par tous les Pairs présens à la séance.

M. le Président rappelle ensuite à la Cour, qu'il

lui reste à statuer sur l'impression définitive du rapport, ainsi que sur celle du réquisitoire et des pièces de la procédure.

La Cour décide qu'il sera fait un tirage définitif du rapport et du réquisitoire du procureur-général. Elle décide également que les interrogatoires des accusés et toutes autres pièces que M. le Président jugera convenables, seront imprimés pour être distribués à la Cour.

Le procureur-général et ses substituts sont de nouveau introduits dans la chambre du conseil.

M. le Président prononce, en leur présence, l'arrêt que la Cour vient de rendre.

Il lève ensuite la séance.

Signé Pasquier, président;

E. Cauchy, *greffier en chef.*

ATTENTAT DES 12 ET 13 MAI 1839.

PROCÈS-VERBAL N° 5.

COUR DES PAIRS.

Audience publique du jeudi 27 juin 1839,

Présidée par M. le CHANCELIER.

L'AN 1839, le jeudi 27 juin, la Cour des Pairs, spécialement convoquée, s'est réunie pour l'examen et le jugement des accusations prononcées par son arrêt du 12 de ce mois.

Une ordonnance rendue le 13 de ce mois, par M. le Président de la Cour, et notifiée le même jour aux accusés, avait fixé l'ouverture des débats au 24 du courant; mais par autre ordonnance en date du 22 juin, également notifiée le jour de sa date aux accusés, l'ouverture de ces débats a été prorogée à aujourd'hui.

Les accusés Barbès, Nouguès, Bonnet, Roudil, Guilbert, Delsade, Mialon, Austen, Lemière, Walch, Philippet, Lebarzic, Dugas, Longuet, Martin, Marescal, Pierné et Grégoire, déjà détenus lors de l'arrêt du 12 juin, et l'accusé Bernard, arrêté le 21 de ce mois, ont été en conséquence transférés dans la maison de justice établie près la Cour.

La salle ordinaire des séances de la Chambre a été disposée pour les débats.

Le fauteuil de M. le Président a été transporté à

gauche de la séance de MM. les Pairs, sur une estrade préparée à cet effet.

A droite est le bureau destiné au procureur-général.

Au-dessous du bureau de M. le Président est celui du greffier en chef et de son adjoint.

Les tribunes qui entourent la salle reçoivent de nombreux assistans.

Avant d'entrer en audience publique, la Cour se réunit dans une des salles du Musée du Luxembourg, préparée pour servir de chambre du conseil.

A une heure, la Cour, précédée de ses huissiers et suivie du greffier en chef et de son adjoint, entre dans la salle d'audience où déjà le public et les accusés ont été introduits.

Immédiatement après la Cour sont introduits, précédés des huissiers du parquet, M. Franck Carré, procureur-général du Roi, et MM. Boucly et Nouguier, avocats-généraux, nommés par l'ordonnance royale du 14 mai dernier, pour remplir les fonctions du ministère public dans la présente affaire.

Me Arago, défenseur de l'accusé Barbès; Me Dupont, défenseur de l'accusé Bernard; Me Paillet, défenseur de l'accusé Nouguès; Me Blanc, défenseur de l'accusé Bonnet; Me Favre, défenseur de l'accusé Roudil; Me Lignier, défenseur de l'accusé Guilbert; Me Bertin, défenseur de l'accusé Delsade; Me Blot-Laquesne, défenseur de l'accusé Mialon; Me Genteur, défenseur de l'accusé Austen; Me Nogent de Saint-Laurent, défenseur de l'accusé

Lemière; Me Hemerdinger, défenseur de l'accusé Walch; Me Grevy, défenseur de l'accusé Philippet; Me Barre, défenseur de l'accusé Lebarzic; Me Benoist, défenseur de l'accusé Dugas; Me Ferdinand Barrot, défenseur de l'accusé Longuet; Me Barbier, défenseur de l'accusé Martin; Me Puybonnieux, défenseur de l'accusé Marescal; Me Madier de Montjau, défenseur de l'accusé Pierné; et Me Lafargue, défenseur de l'accusé Grégoire, sont présens au barreau.

MM. les Pairs ayant pris séance, et l'assemblée étant découverte, M. le Président proclame l'ouverture de l'audience.

Il invite le public admis à cette audience, à écouter dans un respectueux silence les débats qui vont avoir lieu.

Le greffier en chef, sur l'ordre de M. le Président, fait l'appel nominal des membres de la Cour, à l'effet de constater le nombre des Pairs présens, qui, seuls, peuvent prendre part au jugement.

Cet appel, fait par ordre d'ancienneté de réception, suivant l'usage de la Cour, constate la présence des 169 Pairs dont les noms suivent :

MM.

Le baron Pasquier, Chancelier de France, Président.
Le duc de Mortemart.
Le duc de Broglie.
Le duc de Montmorency.
Le maréchal duc de Reggio.
Le marquis de Jaucourt.
Le comte Klein.
Le duc de Castries.

MM.

Le duc de Caraman.
Le comte d'Haussonville.
Le comte Molé.
Le marquis de Mathan.
Le comte Ricard.
Le baron Séguier.
Le comte de Noé.
Le duc de Massa.
Le duc Decazes.

MM.
Le comte d'Argout.
Le comte Raymond de Berenger.
Le comte Claparède.
Le marquis de Dampierre.
Le baron Mounier.
Le comte Reille.
Le comte de Sparre.
Le marquis de Talhouët.
Le vice-amiral comte Verhuell.
Le comte de Germiny.
Le comte de La Villegontier.
Le baron Dubreton.
Le comte de Bastard.
Le marquis de Pange.
Le comte Portalis.
Le duc de Crillon.
Le comte Siméon.
Le comte Roy.
Le comte de Tascher.
Le comte Bourke.
Le comte d'Haubersart.
Le comte de Breteuil.
Le comte Dejean.
Le duc de Plaisance.
Le vicomte Dode.
Le vicomte Dubouchage.
Le duc de Brancas.
Le comte de Montalivet.
Le comte Cholet.
Le duc de Montébello.
Le comte Lanjuinais.
Le marquis de Laplace.
Le vicomte de Ségur-Lamoignon.
Le duc d'Istrie.
Le marquis de Lauriston.
Le duc de Périgord.
Le marquis de Crillon.
Le comte de Ségur.

MM.
Le marquis Barthélemy.
Le marquis d'Aux.
Le comte de Bondy.
Le baron Davillier.
Le comte Gilbert de Voisins.
Le prince de Beauvau.
Le comte d'Anthouard.
Le comte de Caffarelli.
Le comte Exelmans.
Le comte de Flahault.
Le vice-amiral comte Jacob.
Le vicomte Rogniat.
Le comte Philippe de Ségur.
Le baron de Lascours.
Le comte Roguet.
Girod (de l'Ain).
Le baron Atthalin.
Aubernon.
Besson.
Le président Boyer.
Le vicomte de Caux.
Cousin.
Le comte Desroys.
Le comte Dutaillis.
Le baron de Fréville.
Gautier.
Le comte Heudelet.
Le baron Malouet.
Le comte de Montguyon.
Le baron Thénard.
Tripier.
Le comte Turgot.
Le baron Zangiacomi.
Le comte de Ham.
Le comte Bérenger.
Le baron Berthezène.
Le comte de Colbert.
Le comte de La Grange.
Félix Faure.
Le comte de Labriffe.
Le comte Daru.

MM.
Le baron Neigre.
Le baron Saint-Cyr-Nugues.
Le baron Duval.
Le comte de Beaumont.
Le baron Brayer.
Le baron de Reinach.
Barthe.
Le comte d'Astorg.
Le baron Brun de Villeret.
De Cambacérès.
Le vicomte de Chabot.
Le marquis de Cordoue.
Le baron Feutrier.
Le baron Fréteau de Peny.
Le vicomte Pernety.
Le comte de La Riboisière.
Le marquis de Rochambeau.
Le comte de Saint-Aignan.
Le vicomte Siméon.
Le comte de Rambuteau.
Le baron Mortier.
De Bellemare.
Le baron de Morogues.
Le baron Voysin de Gartempe.
Le marquis d'Andigné de la Blanchaye.
Le marquis d'Audiffret.
Le comte de Monthion.
Le marquis de Belbeuf.
Le marquis de Chanaleilles.
Chevandier.
Le baron Darriule.
Le baron Delort.
Le baron Dupin.
Le comte Durosnel.
Le marquis d'Escayrac de Lauture.
Le comte d'Harcourt.
Le baron Jacquinot.

MM.
Kératry.
Le comte d'Audenarde.
Le vice-amiral Halgan.
Le comte Marchand.
Mérilhou.
Le comte de Mosbourg.
Odier.
Paturle.
Le baron de Vendeuvre.
Le baron Pelet.
Le baron Pelet de la Lozère.
Périer.
Le baron Petit.
Le vicomte de Préval.
Le baron de Schonen.
Le chevalier Tarbé de Vauxclairs.
Le vicomte Tirlet.
Le vicomte de Villiers du Terrage.
Le vice-amiral Willaumez.
Le baron de Gérando.
Le baron Rohault de Fleury.
Laplagne Barris.
Rouillé de Fontaine.
Le baron de Daunant.
Le marquis de Cambis-d'Orsan.
Le comte Harispe.
Le vicomte de Jessaint.
Le baron de Saint-Didier.
Le baron Voirol.
Le vice-amiral de Rosamel.
Maillard.
Le duc de La Force.
De La Pinsonnière.
Le baron Nau de Champlouis.
Gay-Lussac.
Le vicomte Schramm.

M. le Président expose qu'un grand nombre des

Pairs qui se trouvent absens de la séance lui ont fait parvenir leurs excuses fondées sur des raisons de service public ou de santé.

L'appel nominal achevé, M. le Président, pour se conformer à l'article 310 du Code d'instruction criminelle, demande à chacun des accusés quels sont ses nom, prénoms, âge, lieu de naissance, profession et domicile.

Les 19 accusés présens répondent à ces interpellations ainsi qu'il suit :

1°. Barbès (Armand), âgé de 29 ans, sans profession, né à la Pointe-à-Pitre, île de la Guadeloupe, présentement à la prison du Luxembourg, auparavant domicilié dans la commune de Fourton, près Carcassonne, département de l'Aude.

2°. Bernard (Martin), âgé de 30 ans, compositeur d'imprimerie, né à Montbrison (Loire), demeurant à Paris, rue Hautefeuille, n° 9.

3°. Nouguès (Pierre-Louis-Théophile), âgé de 23 ans, imprimeur, né à Paris, y demeurant, rue de la Bûcherie, n° 15.

4°. Bonnet (Jacques-Henri), âgé de 28 ans, graveur, né à Genève, demeurant à Paris, rue Bourg-l'Abbé, n° 16.

5°. Roudil (Louis), âgé de 19 ans, ouvrier en parapluies, né à Ruines (Cantal), demeurant à Paris, rue Michel-le-Comte, n° 28.

6°. Guilbert (Grégoire-Hippolyte), âgé de 37 ans, corroyeur, né à Breteuil (Oise), demeurant à Paris, rue Neuve-d'Angoulême, n° 10.

7°. Delsade (Joseph), âgé de 32 ans, tabletier, né

à Romain (Moselle), demeurant à Paris, place de la Rotonde, n° 84.

8°. Mialon (Jean-Antoine), âgé de 56 ans, terrassier, né au Petit-Fressanet (Haute-Loire), demeurant à Paris, quai Napoléon, n° 29.

9°. Austen (Rudolphe-Auguste-Florence), âgé de 23 ans, bottier, né à Dantzick, demeurant à Paris, rue de la Heaumerie, n° 6.

10°. Lemière (Jean-Louis), dit Albert, âgé de 23 ans, tabletier, né à Sèvres (Seine), demeurant à Paris, rue Guérin-Boisseau, n° 8.

11°. Walch (Joseph), âgé de 27 ans, menuisier, né à Sultz (Haut-Rhin), demeurant à Paris, rue Saint-Ambroise, n° 8.

12°. Philippet (Lucien-Firmin), âgé de 40 ans, cordier mécanicien, contre-maître de filature, né au Petit-Crève-Cœur (Oise), demeurant aux Batignolles, rue Saint-Louis, n° 30.

13°. Lebarzic (Jean-Baptiste), âgé de 23 ans, chauffeur dans une filature de coton, né à Saint-Mandé (Seine), demeurant à Paris, rue Lenoir, n° 9.

14°. Dugas (Florent), âgé de 34 ans, menuisier-mécanicien, né à Châteaudun (Eure-et-Loir), demeurant à Paris, rue Basfroy, n° 12.

15°. Longuet (Jules), âgé de 23 ans, commis-voyageur, né à Saint-Quentin (Aisne), demeurant à Paris, rue Quincampoix, n° 11.

16°. Martin (Pierre-Noël), âgé de 19 ans, cartonnier, né à Paris, y demeurant, rue de Bretagne, n° 2.

17°. Marescal (Eugène), âgé de 33 ans, ouvrier en

décors, né à Caen (Calvados), demeurant à Paris, rue de la Calandre, n° 22.

18°. Pierné (Aimé), âgé de 18 ans, chaussonnier, né à Sainte-Avol (Moselle), demeurant à Paris, rue de Montreuil, n° 31.

19°. Grégoire (Louis-Nicolas), âgé de 40 ans, fabricant de paillassons, né à Saint-Cloud (Seine-et-Oise), demeurant à Paris, rue des Lyonnais, n° 7.

M. le Président rappelle ensuite aux défenseurs des accusés les règles que leur prescrit, dans la défense, l'article 311 du Code d'instruction criminelle.

Puis il fait introduire dans la salle les témoins assignés pour déposer des faits énoncés dans l'acte d'accusation.

M. le Président avertit en ce moment les accusés d'être attentifs à ce qu'ils vont entendre, et il ordonne au greffier en chef de donner lecture,

1°. De l'arrêt de la Cour en date du 12 de ce mois qui prononce la mise en accusation de :

Barbès (Armand), Nouguès (Pierre-Louis-Théophile), Bonnet (Jacques-Henri), Roudil (Louis), Guilbert (Grégoire-Hippolyte), Delsade (Joseph), Mialon (Jean-Antoine), Austen (Rudolphe-Auguste-Florence), Lemière (Jean-Louis) dit Albert, Walch (Joseph), Philippet (Lucien-Firmin), Lebarzic (Jean-Baptiste), Dugas (Florent), Longuet (Jules), Martin (Pierre-Noël), Marescal (Eugène), Pierné

(Aimé), Grégoire (Louis-Nicolas), Bernard (Martin);

2°. De l'acte d'accusation dressé en conséquence par le procureur-général.

Le greffier en chef donne immédiatement lecture de ces deux pièces.

M. le Président rappelle aux accusés les chefs d'accusation énoncés dans l'arrêt de la Cour.

Le procureur-général présente la liste des témoins assignés à sa requête.

Le greffier en chef donne lecture de cette liste qui a été préalablement notifiée conformément à l'article 315 du Code d'instruction criminelle.

M. le Président ordonne ensuite aux témoins de se retirer dans les chambres qui leur sont destinées.

Cet ordre ayant été exécuté, Me Arago obtient la parole, et développe les motifs des conclusions suivantes qu'il dépose sur le bureau, tant au nom de l'accusé Bernard, qu'au nom des autres accusés dont les défenseurs ont apposé leur signature au bas de ces conclusions :

Conclusions pour les accusés Barbès, Bernard, et autres.

« Attendu, en droit, qu'il est de principe que tout délit un et indivisible nécessite l'indivisibilité de l'instruction et du jugement, c'est-à-dire l'indivisibilité de la procédure à l'égard de tous les individus prévenus dans le même temps d'être auteurs, fauteurs ou complices dudit délit indivisible ;

« Attendu, en fait, qu'il résulte des motifs textuels de l'arrêt de mise en accusation rendu par la Cour des Pairs, le 12 juin 1839, qu'un seul et même crime de complot et d'attentat pèse, tant sur les accusés compris dans ledit arrêt d'accusation, que sur tous les prévenus non encore compris audit arrêt.

« Que, dès lors, il en résulte que la procédure doit être indivisible à l'égard de tous ceux sur qui plane la prévention de ce crime un et indivisible ;

« Plaise à la Cour :

« Avant faire droit au fond, ordonner qu'il soit sursis à la continuation du procès et du jugement, jusqu'à ce que l'instruction générale ait été achevée, et qu'il ait été statué sur la prévention dans son ensemble, et relativement à tous les inculpés. »

Me Lafargue, au nom de l'accusé Grégoire, déclare s'opposer à ce qu'il soit fait droit aux conclusions qui précèdent.

Pareille déclaration est faite par Me Puybonnieux, au nom de l'accusé Marescal, et par Me Barre, au nom de l'accusé Lebarzic.

Me Lafargue, ayant obtenu la parole, fait valoir divers moyens à l'appui des conclusions suivantes qu'il dépose sur le bureau, tant en son nom qu'au nom de Me Puybonnieux.

Conclusions pour les accusés Grégoire et Marescal.

« Elles tendent à ce qu'il plaise à la Cour :

« Attendu que l'instruction est terminée en ce qui les concerne, et que la cause est à leur égard en état de recevoir une décision définitive ;

« Attendu qu'ils ne sauraient être tenus pour purger l'accusation qui pèse sur eux, d'attendre le résultat des instructions commencées contre des individus inculpés du même fait ou de faits connexes ;

« Attendu qu'il résulte des dispositions formelles de l'article 307 du Code d'instruction criminelle, qu'encore bien que divers accusés aient été l'objet d'une accusation pour le même fait, il est possible de les juger séparément, et sans qu'il soit nécessaire de joindre les actes d'accusation qui auraient pu être dressés contre chacun d'eux ;

« D'où il résulte que l'imputation à plusieurs accusés des mêmes faits, n'entraîne pas une indivisibilité nécessaire de la procédure ;

« Attendu qu'en considérant comme connexes les faits d'attentat imputés aux accusés ci-dessus, et ceux de même nature qui pourraient être attribués à d'autres inculpés, il n'y a pas davantage nécessité d'une jonction de ces affaires ;

« Qu'en effet, et d'après les dispositions formelles de l'article 226 du Code d'instruction criminelle, la Chambre des mises en accusation n'a le droit ou le devoir de joindre les procédures qu'à l'égard des accusés dont l'instruction est terminée ;

« Par ces motifs et autres, sans s'arrêter au sursis demandé, Ordonner qu'il sera passé outre aux débats. »

Le procureur-général est ensuite entendu : en terminant son discours, il donne lecture du réquisitoire suivant, qu'il dépose, signé de lui, sur le bureau.

RÉQUISITOIRE.

« Le procureur-général du Roi près la Cour des Pairs :

« Vu les conclusions présentées par les accusés Barbès, Bernard, Roudil et autres;

« Vu les articles 226, 227 et 307 du Code d'instruction criminelle;

« Attendu, en fait, que l'accusation formulée contre chacun d'eux, par l'arrêt du 12 de ce mois, ne comprend que des faits d'attentat essentiellement divisibles par leur nature, et qui n'ont entre eux et avec les faits du même genre qui peuvent être l'objet des autres procédures dont la Cour est saisie, d'autres liens que celui de la connexité ;

« Attendu, en droit, que la connexité peut être une cause légitime de jonction, dans les cas spécifiés par la loi, mais qu'elle ne rend pas par elle-même cette jonction nécessaire, que les procédures qui se trouvaient complètes et en état de recevoir jugement, ont dû être soumises à la Cour sans qu'on ait dû attendre que d'autres procédures fussent achevées;

« Requiert qu'il plaise à la Cour ordonner que, sans avoir égard à l'exception proposée par les accusés ci-dessus nommés, il soit passé outre aux débats.

« Fait à l'audience de la Cour des Pairs, le 27 juin 1839.

« *Le procureur-général du Roi,*

Signé « FRANCK CARRÉ. »

Me Dupont, au nom de l'accusé Barbès, demande à répliquer au procureur-général.

L'heure étant avancée, M. le Président continue l'audience à demain, pour entendre la suite des plaidoiries sur l'incident.

Signé PASQUIER, président;

E. CAUCHY, *greffier en chef.*

TTENTAT
S 12 ET 13 MAI
1839.

OCÈS-VERBAL
N° 6.

COUR DES PAIRS.

Audience publique du vendredi 28 juin 1839,

Présidée par M. le CHANCELIER.

LE vendredi 28 juin 1839, à midi, la Cour reprend son audience publique.

Les 19 accusés dénommés au procès-verbal de l'audience d'hier et leurs défenseurs sont présens.

Le greffier en chef, sur l'ordre de M. le Président, procède à l'appel nominal des membres de la Cour.

Leur nombre, qui était hier de 169, se trouve réduit à 168 par l'absence de M. le comte Bourke, retenu par indisposition.

A l'ouverture de l'audience, Me Dupont, défenseur de l'accusé Barbès, obtient la parole et présente de nouveaux développemens à l'appui des conclusions prises à l'audience d'hier, au nom des accusés Barbès, Bernard et autres, pour demander qu'il soit sursis à la continuation du procès et du jugement jusqu'à ce que l'instruction générale ait été achevée et qu'il ait été statué sur la prévention dans son ensemble, et relativement à tous les inculpés.

M. le procureur-général répond au défenseur,

et déclare persister dans le réquisitoire qu'il a soumis à la Cour à l'audience d'hier, pour demander qu'il soit passé outre aux débats.

Après de nouvelles répliques de Me Dupont et de Me Arago, la Cour ordonne qu'il en sera délibéré dans la Chambre du conseil.

Signé PASQUIER, président;

E. CAUCHY, *greffier en chef.*

ATTENTAT DES 12 ET 13 MAI 1839.

COUR DES PAIRS.

PROCÈS-VERBAL N° 7.

Séance secrète du vendredi 28 juin 1839,

Présidée par M. le CHANCELIER.

LE vendredi 28 juin 1839, à trois heures et demie de relevée, la Cour entre dans la Chambre du conseil pour délibérer,

1°. Sur les conclusions prises à l'audience d'hier par MMes Arago, Dupont, Barbier, Blanc, Blot-Lequesne, Hemerdinger, Bertin, Lignier, Grévy, Genteur, Nogent de Saint-Laurent, Benoist et Favre, défenseurs des accusés Barbès, Bernard, Martin, Bonnet, Mialon, Walch, Delsade, Guilbert, Philippet, Austen, Lemière, Dugas, Roudil, et tendantes à ce qu'il plaise à la Cour, avant faire droit au fond, ordonner qu'il sera sursis à la continuation du procès et du jugement, jusqu'à ce que l'instruction générale ait été achevée, et qu'il ait été statué sur la prévention dans son ensemble et relativement à tous les inculpés.

2°. Sur les conclusions prises à la même audience par Me Lafargue, défenseur de l'accusé Grégoire, et Me Puybonnieux, défenseur de l'accusé Marescal, et tendantes à ce qu'il plaise à la Cour, sans s'arrêter au sursis demandé, ordonner qu'il sera passé outre aux débats.

3°. Sur le réquisitoire présenté à la même audience par le procureur-général, et tendant, comme ces dernières conclusions, à ce qu'il soit passé outre aux débats.

Après une nouvelle lecture, tant des conclusions que du réquisitoire, M. le Président fait procéder à l'appel nominal sur la question de savoir s'il sera fait droit à la demande des accusés Barbès, Bernard et autres, ou s'il sera passé outre aux débats.

Un opinant expose qu'il ne trouve dans la loi aucun texte qui lui paraisse formellement applicable à la question plaidée devant la Cour. L'article 226 du Code d'instruction criminelle s'oppose à ce qu'il soit rendu plusieurs arrêts distincts d'accusation sur des délits connexes dont les pièces se trouveraient en même temps produites devant la Cour : mais tel n'est pas le cas qui se présente aujourd'hui : il ne s'agit pas davantage de joindre ensemble, comme le permet l'art. 307 du même Code, plusieurs actes d'accusation qui auraient été formés, à raison du même délit, contre différens accusés. La difficulté qui paraît arrêter la Cour est donc nouvelle : elle résulte d'événemens qui excèdent toutes les dimensions d'une insurrection ordinaire; c'est une vaste prise d'armes contre le Gouvernement, qu'il faut envisager maintenant sous le point de vue judiciaire; et à défaut d'articles de la loi, la Cour est obligée de procéder par induction, en s'attachant aux principes fondamentaux du droit criminel. Ce qui frappe surtout l'opinant, ce qui le détermine à ne pas admettre l'exception invoquée par le plus grand nombre des accusés, c'est la nécessité, en quelque sorte matérielle, où s'est trouvée la Cour, de fractionner l'affaire pour parvenir à la juger : mais en émettant l'avis qu'il y a lieu de passer outre aux débats sur les accusations déjà prononcées par l'arrêt du 12 juin, l'opinant déclare qu'il n'entend préjuger en aucune manière la question de compétence en ce qui concerne les faits relatifs à d'autres inculpés, et dont il n'a pas encore été rendu compte à la Cour; il demande donc que l'on écarte avec soin de la délibération actuelle, toute idée que l'arrêt à intervenir puisse devenir une sorte d'engagement pour statuer de la même manière sur d'autres parties du procès.

Un second opinant déclare que la marche suivie par la Cour lui paraît conforme, non seulement aux principes généraux du droit, mais aussi à la pratique ordinaire des tribunaux criminels : le grand nombre des accusés n'est pas la seule cause qui oblige les magistrats à scinder le jugement des affaires. Lorsqu'un des coaccusés du même crime se trouve en état de contumace, d'aliénation mentale ou dans telle autre position qui l'empêche de comparaître devant la cour d'assises, son absence n'est pas un obstacle à ce qu'il soit passé outre aux débats en ce qui concerne ses complices. Les conclusions mêmes qui ont été prises hier devant la Cour par le défenseur de l'accusé Barbès, semblent reconnaître cette nécessité, car elles ne tendent pas à ce que tous les prévenus de l'attentat du mois de mai dernier soient jugés ensemble, mais seulement à ce que l'instruction générale soit achevée avant qu'il soit procédé au jugement d'aucun d'eux. Mais de quel droit les accusés compris dans l'arrêt du 12 juin, peuvent-ils réclamer la mise en cause d'autres inculpés? Ils n'ont à répondre que des faits qui leur sont personnellement reprochés, et si les preuves recueillies par l'accusation sont insuffisantes, ce ne sont pas sans doute ces accusés qui peuvent avoir à s'en plaindre : ne sont-ils pas libres d'ailleurs de faire entendre comme témoins à décharge toutes personnes, prévenues ou non, qui pourraient contester les chefs d'accusation qui les concernent? La jonction des procédures est une faculté que l'article 307 du Code d'instruction criminelle donne seulement au procureur-général et au président de la cour d'assises, pour fortifier, s'il y a lieu, diverses accusations l'une par l'autre: mais aucune disposition ne confère un droit semblable aux accusés, et en effet comment ceux-ci pourraient-ils apprécier des procédures qui ne leur ont pas été communiquées? Quant au principe de l'indivisibilité des poursuites que les défenseurs ont fait valoir à l'appui de leurs conclusions, c'est un vaste sujet de dissertation pour des écoles, mais sur lequel il est difficile de trouver une jurisprudence positive établie par arrêts. Ceux qu'a cités le défenseur de Barbès se rapportent à des cas où il ne s'agissait pas de scinder le jugement, mais de disjoindre la juridiction, en renvoyant tels accusés devant un tribunal pendant que leurs complices auraient comparu devant d'autres juges : c'est aussi à ce but que tendait le projet de loi sur la disjonction si solennellement discuté par la Chambre des Députés, il y a deux ans. Mais qu'a de commun ce mode de procéder avec celui qu'on propose d'appliquer à l'attentat du mois de mai dernier? Il ne s'agit pas de renvoyer une partie des inculpés devant d'autres juges, mais de passer outre au jugement de ceux dont la procédure se trouve en état, sauf à s'occuper plus tard de ceux qui resteront encore en cause. Ce fractionnement de l'affaire ne doit donc pas détruire l'unité de juridiction : tout se borne à une simple appréciation de l'état actuel de la procédure, appréciation qui, suivant l'art. 307 du Code d'instruction criminelle et la jurisprudence de la cour de cassation, confirmée par un arrêt tout récent, ne peut appartenir qu'au ministère public et au président de la cour d'assises, expressément chargés de veiller à la bonne administration de la justice, et de peser d'une part les intérêts de la vindicte publique, de l'autre ceux de la défense, et par-dessus tout de la vérité.

Un troisième opinant fait observer qu'il serait contraire à tous les principes de perpétuer en quelque sorte l'instruction par un ajournement indéfini qui, pour attendre que la procédure fût terminée à l'égard de certains inculpés, laisserait dissiper les preuves à l'égard des autres. Ce n'est pas ainsi que procède la justice; elle commence par prononcer sur les faits qui lui paraissent suffisamment éclaircis, sauf à se saisir plus tard, s'il y a lieu, des autres procédures qui peuvent se compléter à leur tour.

Un quatrième opinant, en appuyant sur cette observation, estime que les accusés actuellement en cause ne seraient admissibles à demander le sursis que s'ils établissaient que la procédure est incomplète à leur égard; et alors même, comment auraient-ils droit de se plaindre d'un défaut de preuves qui ne pourrait que leur profiter?

Un cinquième opinant expose que ce qui a pu donner une apparence de fondement aux conclusions prises devant la Cour, c'est la mention faite dans l'arrêt du 12 juin, de l'article 89 du Code pénal qui s'applique exclusivement au crime de complot. Cette mention paraît en quelque sorte oiseuse, puisque l'arrêt n'énonce pas qu'il y ait charges suffisantes pour accuser les prévenus du chef de complot et motive seulement leur mise en accusation sur les charges relatives à l'attentat. L'opinant voudrait que la Cour s'expliquât sur ce point dans l'arrêt qu'elle va rendre aujourd'hui.

Un sixième opinant déclare qu'à ses yeux la Cour des Pairs n'est compétente que pour juger les attentats. Tous les autres faits accessoires ne peuvent rentrer dans sa juridiction qu'autant qu'ils se rattachent à ce crime principal; c'est donc avec raison que l'arrêt du 12 juin énonce seulement l'accusation d'attentat, car c'est là le mot caractéristique en matière de compétence : et l'unité du fait d'attentat est même tellement essentielle que la Cour, réunissant en un seul faisceau toutes les circonstances des crimes dont elle est saisie, ne parle que d'un seul attentat et non de plusieurs, ainsi qu'elle l'a déjà fait dans l'affaire d'avril. Ce raisonnement conduit l'opinant à penser que la Cour aurait dû être appelée à statuer en même temps sur tout l'ensemble des faits sur lesquels l'instruction a porté, sauf à diviser ensuite les accusés lorsqu'il se serait agi de procéder aux débats et au jugement. Cette marche, qu'il a déjà indiquée lors de la délibération sur l'arrêt de compétence, aurait été, à son avis, la meilleure en politique comme en principe de droit criminel. Il vote donc contre l'adoption du réquisitoire.

Un septième opinant fait observer que la division de l'affaire, quant à la mise en accusation et par suite quant au jugement, n'a rien qui s'écarte des formes ordinairement suivies ni qui ressemble à une disjonction prononcée quant à la compétence. Si l'unité de juridiction est une nécessité là où il y a connexité de délits et indivisibilité de poursuites, la jonction des procédures connexes n'est toujours qu'une faculté laissée par le Code à l'appréciation du procureur-général et du Président de la Cour.

Un huitième opinant rappelle à ce sujet de quelle manière le principe établi par l'article 307 du Code d'instruction criminelle a pris place dans notre droit. La loi de 1792 contenait un principe tout contraire: elle voulait qu'une fois l'acte d'accusation rédigé, les affaires sur lesquelles il avait été statué séparément quant à l'accusation, ne pussent être jointes quant au jugement. Les vices de ce système ne tardèrent pas à se faire sentir, mais pour les éviter on tomba d'abord dans un autre inconvénient. Une loi du 18 germinal an 4 ordonna que, lorsqu'il aurait été formé, à raison du même délit, deux ou plusieurs actes d'accusation contre différens accusés, la jonction des procédures pour le jugement serait obligatoire; le pouvoir discrétionnaire des magistrats ne pouvait donc intervenir pour approprier le mode de jugement à la nature des circonstances. Le Code d'instruction criminelle a évité ce double écueil, et sans adopter de système exclusif, il a donné au président de la cour d'assises une simple faculté dont il peut user ou ne pas user suivant les exigences de chaque affaire.

Un neuvième opinant estime que la marche suivie par la Cour a été parfaitement régulière. La première partie du rapport lui a exposé les caractères généraux de ce grand fait d'attentat qui, seul, pouvait motiver ici sa compétence. Mais cet attentat s'est composé, dans l'exécution, d'un grand nombre de faits particuliers, et parmi ces faits, l'acte d'accusation a spécifié seulement ceux dont les dix-neuf accusés traduits devant la Cour auront à répondre. L'opinant estime qu'en agissant ainsi, on n'a violé aucun principe de droit criminel: il demande seulement si ce ne serait pas par suite d'une erreur matérielle que la mention de l'article 89 du Code pénal, relatif au complot, serait restée comprise dans les citations de lois, lorsque le mot d'attentat est seul prononcé dans le dispositif de l'arrêt.

M. le Président expose que cette citation de l'article relatif au complot n'a pris tant d'importance dans les conclusions des défenseurs, que parce qu'ils ne se sont pas sans doute rendu un compte exact de la situation actuelle de la Cour quant à sa compétence. Depuis la loi de 1832 l'attentat paraît être le seul crime qui rentre directement dans la juridiction de la Cour des Pairs; le chef de complot ne peut donc plus être devant elle qu'un chef d'accusation subsidiaire, qui ne se rattache aux faits principaux d'attentat que par voie de complicité : mais cette distinction n'empêche pas qu'il ne soit quelquefois fort utile à la bonne administration de la just ce, de réserver à la Cour le droit de se saisir ainsi, en vertu de l'art. 89 du Code pénal, de certains actes de complicité qui ne constitueraient pas une part directement prise à l'exécution de l'attentat, mais qui pour cela n'en seraient pas moins coupables, qui le seraient même peut-être davantage s'ils avaient réellement donné ou préparé les moyens de le commettre. C'est ainsi qu'en caractérisant par son arrêt du 12 juin l'attentat qui motive sa compétence, la Cour a prudemment agi en mentionnant, à côté de ce fait principal, un texte de loi qui lui permît de comprendre dans les poursuites ceux-là mêmes qui, sans avoir personnellement exécuté l'attentat, s'en seraient rendus complices par voie de préparation ou de concert. Mais, quelle que soit à cet égard la distinction à établir entre les auteurs et les complices de l'attentat, la division du jugement n'en est pas moins possible en droit comme en fait; l'intérêt social le veut ainsi. N'est-il pas manifeste en effet qu'après le trouble jeté dans la société par un attentat qui a menacé d'ébranler ses bases, une juste répression est le premier besoin qu'éprouve cette société tout entière? Il est à désirer sans doute que justice puisse être complétement rendue en ce qui concerne tous les prévenus, mais la promptitude du jugement ne fait-elle pas quelquefois une impression plus salutaire que le grand nombre même des accusations, des condamnations prononcées, et n'est-elle pas par conséquent extrêmement désirable? or, on ne peut y arriver qu'au moyen de la division demandée. La liberté de la défense n'aura pas d'ailleurs à en souffrir, car les moyens donnés à chaque accusé pour combattre les charges dont il est personnellement l'objet, sont les mêmes dans l'une et dans l'autre hypothèse: il peut faire citer tous les témoins qu'il croit utiles à sa cause, et l'on ne voit pas en quoi sa position pourrait changer par suite d'un complément d'instruction sur des faits qui ne le concernent pas. Pourvu qu'on le mette à même de s'expliquer pleinement sur ce qui le concerne, peu doit lui importer ce que d'autres auront à démêler plus tard avec la justice.

L'appel nominal donne pour résultat, sur un nombre total de 167 votans, 166 voix pour qu'il soit passé outre aux débats.

M. le Président soumet à la Cour un projet d'arrêt pour formuler la décision qu'elle vient de prendre.

La délibération s'établit successivement sur chacun des paragraphes dont ce projet d'arrêt se compose.

Dans le cours de cette délibération, un Pair fait remarquer que le projet d'arrêt soumis à la Cour énonce qu'elle a statué, par son arrêt du 12 juin, sur l'instruction *des divers attentats* à la sûreté de l'État, commis dans les journées des 12 et 13 mai dernier. Il demande s'il ne serait pas plus conforme à la jurisprudence de la Cour et en même temps à l'exactitude judiciaire des faits, de considérer les crimes imputés aux divers accusés comme constituant *un seul et même attentat.*

Un Pair appuie le maintien de la rédaction qui suppose l'existence d'attentats multiples, quoique commis simultanément, parce qu'il y trouve l'avantage de permettre à la Cour de séparer dans ses décisions à venir ce qui peut se rapporter à des faits divers.

Un autre opinant estime qu'il pourrait se présenter telle affaire dans laquelle il n'y aurait qu'un seul attentat, bien qu'il y eût un grand nombre d'inculpés; mais, dans le procès déféré à la Cour, il lui semble difficile de réduire à un attentat unique tant de faits qui se sont passés dans des quartiers éloignés l'un de l'autre, à des heures et même à des jours différens.

M. le Président fait observer que s'il paraît y avoir unité dans le but des auteurs de l'insurrection armée des 12 et 13 mai, les faits imputés à chacun d'eux se divisent naturellement, quant à l'appréciation qui doit en être faite par la Cour;

et que, par conséquent, il importe peu que l'arrêt parle d'un seul attentat ou de plusieurs : le Président propose donc de maintenir la rédaction lue à la Cour, sauf la suppression du mot *divers*.

Cette proposition est mise aux voix et adoptée.

Aucun Pair ne réclamant le vote par appel nominal, la Cour est consultée par mains levées sur l'adoption de chaque paragraphe, ainsi que sur diverses modifications proposées par des membres.

Elle adopte ensuite, dans la même forme, l'ensemble du projet d'arrêt.

Cette délibération terminée, l'audience publique est reprise.

Signé PASQUIER, président;

E. CAUCHY, *greffier en chef.*

ATTENTAT DES 12 ET 13 MAI 1839.

PROCÈS-VERBAL N° 8.

COUR DES PAIRS.

Reprise de l'audience publique du vendredi 28 juin 1839,

Présidée par M. le CHANCELIER.

LE vendredi 28 juin 1839, à cinq heures trois quarts de relevée, la Cour, à l'issue de la chambre du conseil, reprend son audience publique pour vider le délibéré ordonné sur les conclusions prises à l'audience de ce jour, au nom des accusés Barbès, Bernard et autres et tendantes à ce qu'il fût sursis au jugement jusqu'à l'entier achèvement de l'instruction.

Les accusés et leurs défenseurs sont présens.

Le procureur-général ayant été introduit, M. le Président prononce l'arrêt dont la teneur suit :

ARRÊT DE LA COUR DES PAIRS.

« LA COUR DES PAIRS,

« Vu les conclusions de Mes Arago, Dupont, Barbier, Blanc, Blot-Lequesne, Hemerdinger, Bertin, Lignier, Grevy, Genteur, Nogent de Saint-Laurent, Adrien Benoist et Jules Favre, au nom des accusés Barbès, Bernard, Martin, Bonnet,

Mialon, Walch, Guilbert, Delsade, Philippet, Austen, Lemière, Dugas et Roudil, ainsi conçues :

« Attendu, en droit, qu'il est de principe que « tout délit un et indivisible nécessite l'indivisibi- « lité de l'instruction et du jugement, c'est-à-dire, « l'indivisibilité de la procédure à l'égard de tous « les individus prévenus dans le même temps d'être « auteurs, fauteurs ou complices dudit délit indi- « visible ;

« Attendu, en fait, qu'il résulte des motifs « textuels de l'arrêt de mise en accusation rendu « par la Cour des Pairs le 12 juin 1839, qu'un « seul et même crime de complot et d'attentat « pèse, tant sur les accusés compris dans ledit « arrêt d'accusation que sur tous les prévenus non « encore compris audit arrêt ;

« Que dès lors il en résulte que la procédure « doit être indivisible à l'égard de tous ceux sur « qui plane la prévention de ce crime un et indi- « visible ;

« Plaise à la Cour,

« Avant faire droit au fond, ordonner qu'il soit « sursis à la continuation du procès et du juge- « ment jusqu'à ce que l'instruction générale ait été « achevée, et qu'il ait été statué sur la prévention « dans son ensemble, et relativement à tous les in- « culpés. »

« Vu les conclusions de MM[es] Lafargue et Puybonnieux, au nom des accusés Marescal et Grégoire, ainsi conçues :

« Attendu que l'instruction est terminée en ce « qui les concerne, et que la cause est à leur égard « en état de recevoir une décision définitive;

« Attendu qu'ils ne sauraient être tenus, pour « purger l'accusation qui pèse sur eux, d'attendre « le résultat des instructions commencées contre « des individus inculpés du même fait ou de faits « connexes;

« Attendu qu'il résulte des dispositions formelles « de l'article 307 du Code d'instruction criminelle, « qu'encore bien que divers accusés aient été « l'objet d'une accusation pour le même fait, il est « possible de les juger séparément, et sans qu'il « soit nécessaire de joindre les actes d'accusation « qui auraient pu être dressés contre chacun « d'eux;

« D'où il résulte que l'imputation à plusieurs « accusés des mêmes faits n'entraîne pas une indi- « visibilité nécessaire de la procédure;

« Attendu qu'en considérant comme connexes « les faits d'attentat imputés aux accusés ci-dessus, « et ceux de même nature qui pourraient être at- « tribués à d'autres inculpés, il n'y a pas davan- « tage nécessité d'une jonction de ces affaires;

« Qu'en effet, et d'après les dispositions for- « melles de l'article 226 du Code d'instruction cri- « minelle, la chambre des mises en accusation n'a « le droit ou le devoir de joindre les procédures « qu'à l'égard des accusés dont l'instruction est « terminée;

« Par ces motifs et autres, sans s'arrêter au sur-

« sis demandé, ordonner qu'il sera passé outre aux « débats.»

« Vu le réquisitoire du procureur-général du Roi, ainsi conçu :

« Le procureur-général du Roi près la Cour des « Pairs :

« Vu les conclusions présentées par les accusés « Barbès, Bernard, Roudil et autres;

« Vu les articles 226, 227 et 307 du Code d'ins- « truction criminelle;

« Attendu, en fait, que l'accusation formulée « contre chacun d'eux par l'arrêt du 12 de ce mois, « ne comprend que des faits d'attentats essentiel- « lement divisibles par leur nature, et qui n'ont « entre eux, et avec les faits du même genre qui « peuvent être l'objet des autres procédures dont « la Cour est saisie, d'autres liens que ceux de la « connexité ;

« Attendu, en droit, que la connexité peut être « une cause légitime de jonction dans les cas spé- « cifiés dans la loi, mais qu'elle ne rend pas par « elle-même cette jonction nécessaire; que les pro- « cédures qui se trouvaient complètes et en état « de recevoir jugement, ont dû être soumises à la « Cour, sans qu'on ait dû attendre que d'autres « procédures fussent achevées ;

« Requiert qu'il plaise à la Cour ordonner que, « sans avoir égard à l'exception proposée par les « accusés ci-dessus nommés, il soit passé outre « aux débats. »

« Et après en avoir délibéré ;

« Attendu qu'en statuant par son arrêt du 12 juin sur l'instruction des attentats contre la sûreté de l'État, commis dans les journées des 12 et 13 mai dernier, la Cour a mis en accusation tous les inculpés, soit comme prévenus de délits distincts, soit comme prévenus de délits connexes, à l'égard desquels l'instruction était complète;

« Attendu qu'aucune disposition de loi n'impose au ministère public l'obligation d'attendre, pour saisir la Cour de la connaissance des premières procédures instruites, que l'instruction soit complète à l'égard de tous les prévenus du même fait; que rien dès lors n'obligeait la Cour à surseoir à statuer sur le sort des inculpés dont la cause était en état, jusqu'à ce que l'instruction fût complète à l'égard de tous les autres individus compromis dans les événemens des mêmes journées, et détenus par suite de ces événemens;

« Qu'il résulte seulement des dispositions de l'art. 226 du Code d'instruction criminelle, que les juges doivent statuer par un seul et même arrêt sur les délits connexes dont les pièces se trouvent en même temps produites devant eux;

« Qu'aux termes de l'art. 307 du même Code, lorsqu'à raison d'un même délit il a été formé plusieurs actes d'accusation contre différens accusés, la jonction de ces actes et des débats qui doivent s'ouvrir sur l'accusation est purement facultative, la loi s'en remettant sur ce point à la prudence du procureur-général et du président de la cour d'assises;

« Qu'il suit de là que lorsque cette jonction

n'est pas ordonnée, il est statué séparément sur chaque acte d'accusation;

« Attendu que du concert qui aurait été formé à l'avance entre les accusés pour commettre les délits qui leur sont imputés, il ne résulterait pas que ces délits fussent indivisibles, puisqu'aux termes de l'art. 227 du Code d'instruction criminelle, cette circonstance établit seulement leur connexité, et que, conformément à l'art. 307 précité, il peut être procédé, par des jugemens séparés, même à l'égard des accusés d'un seul et même délit;

« Attendu que ce concert constituerait pour ceux des accusés qui s'en seraient rendus coupables, un fait de complicité rentrant dans l'appréciation des crimes dont la Cour, par son arrêt du 12 juin, s'est réservé la connaissance;

« Sans s'arrêter à la demande d'un sursis présentée par les accusés sus-nommés;

« Ordonne qu'il sera passé outre aux débats. »

Cet arrêt prononcé, M. le Président continue l'audience à demain.

Signé PASQUIER, président;

E. CAUCHY, *greffier en chef.*

ATTENTAT DES 12 ET 13 MAI 1839.

PROCÈS-VERBAL N° 9.

COUR DES PAIRS.

Audience publique du samedi 29 juin 1839,

Présidée par M. le CHANCELIER.

Le samedi 29 juin 1839, à midi, la Cour reprend son audience publique pour le jugement des accusations prononcées par son arrêt du 12 de ce mois.

Le greffier en chef, sur l'ordre de M. le Président, procède à l'appel nominal des membres de la Cour.

Cet appel constate la présence de 166 Pairs sur 168 qui assistaient à la séance d'hier.

Les deux Pairs absens sont MM. le comte Ricard et le vicomte Siméon, retenus par l'état de leur santé.

Avant qu'il soit procédé à l'interrogatoire d'aucun accusé, Me Dupont annonce qu'il a de nouvelles conclusions préjudicielles à présenter au nom de l'accusé Bernard (Martin).

Elles sont ainsi conçues :

Conclusions pour l'accusé Bernard (Martin).

« Il plaira à la Cour :

« Attendu que l'arrêt de renvoi et l'acte d'accusation ont été signifiés à l'accusé Bernard (Martin) le vingt-deux juin mil huit cent trente-neuf;

« Attendu que les débats se sont ouverts devant la Cour des Pairs le vingt-sept dudit mois de juin;

« Attendu, dès lors, qu'il ne s'est pas écoulé un délai de cinq jours entre la signification des pièces et l'ouverture des débats;

« Attendu que, dans cet état, la procédure est irrégulière à l'égard de Bernard (Martin), puisqu'elle a lieu contrairement aux dispositions de l'article 296 du Code d'instruction criminelle;

« Dire et ordonner que l'accusé Bernard (Martin) sera distrait des débats.

Signé : « DUPONT, avocat; ARAGO, avocat. »

Après avoir donné lecture de ces conclusions, Me Dupont en développe les motifs devant la Cour.

L'un des avocats-généraux expose que sans entrer encore dans l'examen des principes invoqués par les deux défenseurs et qui tendraient à faire considérer comme applicable aux procédures suivies devant la Cour des Pairs, l'article 296 du Code d'instruction criminelle, il est une erreur matérielle qu'il importe de rectifier dans les conclusions qui viennent d'être lues à la Cour. Elles posent en fait que l'arrêt de renvoi et l'acte d'accusation n'auraient été signifiés à l'accusé Bernard (Martin) que le 22 de ce mois, tandis qu'il résulte au contraire des pièces que l'avocat-général fait passer sous les yeux de la Cour, que l'arrêt d'accusation du 12 juin et l'acte d'accusation dressé en conséquence ont été notifiés dès le 20 juin au domicile de l'accusé Bernard (alors absent); que cette signification a été faite de nouveau par huissier *parlant à sa personne* le 21 juin et que le même jour, 21 juin, cet accusé a subi devant M. le Chancelier l'interrogatoire dans lequel il a déclaré avoir fait choix d'un défenseur.

Me Dupont reconnaît que sur le point de fait, un renseignement inexact l'avait induit en erreur : mais il soutient qu'en droit, l'interrogatoire subi le 21 juin par l'accusé Bernard (Martin), n'a pas satisfait à la prescription de l'article 296 du Code d'instruction criminelle. Que porte en effet cet article? « Le juge, dit-il, avertira l'accusé que « dans le cas où il se croirait fondé à former une « demande en nullité, il doit faire sa déclaration « dans les cinq jours suivans et qu'après l'expira- « tion de ce délai, il n'y sera plus recevable. » Si la lettre de cet article ne peut pas être observée devant la Cour des Pairs en ce sens qu'il n'y a pas de cour de cassation au-dessus d'elle pour réformer ses arrêts, n'est-il pas au moins de toute justice qu'elle soit en quelque sorte sa cour de cassation à elle-même, et qu'on puisse en appeler devant elle des irrégularités qui pourraient exister dans l'arrêt de mise en accusation? Or, comment s'établira le délai dans lequel cet appel sera recevable si dans l'interrogatoire que M. le Président fait subir à l'accusé, il ne l'avertit point qu'aux termes de l'article 296, il a cinq jours pour se pourvoir? Cette formalité paraît donc indispensable à remplir, et cependant l'interrogatoire qu'a subi l'accusé Bernard ne fait aucune mention que M. le Président lui ait donné l'avertissement dont il s'agit. En conséquence le défenseur se croit fondé à soumettre à la Cour de nouvelles conclusions rectificatives, ainsi conçues:

Conclusions rectificatives pour l'accusé Bernard (Martin).

« Il plaira à la Cour :

« Attendu qu'il résulte des termes de l'art. 296 du Code d'instruction criminelle, que les débats, en matière criminelle, ne peuvent s'ouvrir régulièrement avant qu'il se soit écoulé un délai de cinq jours francs entre le jour de l'ouverture des débats et l'avertissement préalable que le président de la cour a dû donner à l'accusé, qu'il avait cinq jours pour se pourvoir contre l'arrêt de mise en accusation ;

« Attendu que les dispositions de cet article sont applicables aux procédures devant la Cour des Pairs, puisque cette Cour résume tous les pouvoirs judiciaires, et qu'elle doit être évidemment cour de réformation ou de cassation relativement aux arrêts d'instruction qu'elle a rendus non contradictoirement avec les accusés ;

« Attendu que l'accusé Bernard (Martin) n'a jamais été averti par le Président de la Cour qu'il avait cinq jours francs pour soumettre à la Cour ses moyens, s'il en avait, contre l'arrêt de renvoi du 12 juin 1839; que dès lors la procédure est irrégulière à l'égard dudit Bernard,

« Dire que l'accusé Bernard (Martin) sera distrait des débats.

« 29 juin 1839.

Signé « DUPONT, avocat. »

Le procureur-général observe que la demande faite au nom de l'accusé Bernard ne lui paraît pas plus admissible en principe de droit qu'en point de fait. La voie du recours en cassation n'étant pas ouverte contre les arrêts rendus par la Cour des Pairs, l'avertissement prescrit par l'article 296 du Code d'instruction criminelle ne saurait recevoir aucune application en ce qui concerne les accusés traduits devant cette Cour : aussi voit-on par ses précédens que jamais cet avertissement n'a été donné aux accusés dans l'interrogatoire que M. le Président leur fait subir avant l'ouverture des débats. Il y a plus, l'article 296 ayant été invoqué dans des conclusions prises incidemment à l'affaire du 25 juin 1836, la Cour, par arrêt du 8 juillet de la même année, a déclaré que « cet article n'était pas applicable à un arrêt de mise en accusation prononcé par la Cour des Pairs. » Mais s'ensuit-il que les accusés soient privés devant la Cour du droit de faire valoir les moyens qu'ils pourraient avoir à présenter contre un arrêt qui n'a pas été rendu contradictoirement avec eux? Non sans doute. Il en résulte au contraire que l'exercice de ce droit n'étant plus alors limité par le délai de cinq jours qu'a fixé pour les accusés traduits en cour d'assises l'article 296 du Code, les accusés traduits devant la Cour des Pairs peuvent faire valoir jusqu'à l'ouverture des débats leurs moyens préjudiciels contre l'arrêt d'accusation. Le procureur-général conclut en conséquence à ce que sans s'arrêter aux conclusions prises par le défenseur de Bernard (Martin), la Cour ordonne qu'il sera passé outre aux débats.

Me Dupont déclarant persister dans ses conclusions, la Cour ordonne qu'il en sera délibéré.

Elle se retire immédiatement dans la Chambre du conseil.

Signé PASQUIER, président;

E. CAUCHY, *greffier en chef.*

ATTENTAT
DES 12 ET 13 MAI
1839.

PROCÈS-VERBAL
N° 10.

COUR DES PAIRS.

Séance secrète du samedi 29 juin 1839,

Présidée par M. le CHANCELIER.

LE samedi 29 juin 1839, à une heure de relevée, la Cour entre dans la Chambre du conseil pour délibérer sur les conclusions préjudicielles prises à l'audience de ce jour, au nom de l'accusé Bernard (Martin), et tendantes à ce que cet accusé soit distrait des débats, sur le motif qu'il n'aurait pas été satisfait à son égard aux dispositions de l'article 296 du Code d'instruction criminelle.

M. le Président donne lecture à la Cour d'un projet d'arrêt qu'il a rédigé, et qui porte que, sans s'arrêter à l'exception présentée au nom de l'accusé Bernard, il sera passé outre aux débats.

Aucun Pair ne réclamant l'appel nominal, M. le Président consulte la Cour par mains levées.

La Cour adopte le projet d'arrêt formulé par M. le Président.

Elle rentre immédiatement en séance publique, pour la prononciation de cet arrêt.

Signé PASQUIER, président;

E. CAUCHY, *greffier en chef.*

ATTENTAT DES 12 ET 13 MAI 1839.

COUR DES PAIRS.

PROCÈS-VERBAL N° 11.

Reprise de l'audience publique du samedi 29 juin 1839,

Présidée par M. le CHANCELIER.

LE samedi 29 juin 1839, à une heure et demie de relevée, la Cour reprend son audience publique.

Les accusés et leurs défenseurs sont présens.

M. le Président prononce l'arrêt délibéré par la Cour dans la Chambre du conseil, et dont la teneur suit :

ARRÊT DE LA COUR DES PAIRS.

« LA COUR DES PAIRS,

« Vu les conclusions prises à l'audience par Mes Dupont et Arago, et tendantes à ce que l'accusé Bernard (Martin) soit distrait des débats ;

« Ouï le procureur-général en ses observations, et Me Dupont en ses plaidoiries et répliques ;

« Après en avoir délibéré ;

« Attendu que l'art. 296 du Code d'instruction criminelle, qui limite le délai pendant lequel les accusés traduits devant les cours d'assises, peuvent se pourvoir en cassation contre les arrêts de mise en accusation, est sans application devant la Cour des Pairs ;

« Attendu que l'avertissement donné par les présidens de cours d'assises aux accusés, qu'ils ont cinq jours pour se pourvoir en nullité, est une disposition restrictive, qui est sans objet devant la Cour des Pairs, puisqu'en tout état de cause les accusés sont admis à faire valoir tous moyens de nullité et autres;

« Attendu, en fait, que la signification faite au domicile de l'accusé Bernard (Martin) pendant son absence, ainsi que celle faite, le 21 juin, à la personne de Bernard (Martin) lui-même après son arrestation, et l'interrogatoire fait le même jour par le Président, ont été antérieurs de plus de cinq jours à l'ouverture des débats, et qu'ainsi ledit accusé a eu le délai fixé par l'arrêt du 12 juin, pour préparer sa défense;

« La Cour, sans s'arrêter à l'exception présentée au nom de Bernard (Martin), ordonne qu'il sera passé outre aux débats. »

Après la prononciation de cet arrêt, M. le Président annonce qu'il va procéder à l'interrogatoire de l'accusé Barbès.

Cet accusé expose qu'il est déterminé à ne répondre à aucune des questions qui lui seront adressées en ce qui concerne les faits qui lui sont personnels. « Si d'autres que moi, dit-il, n'étaient « pas intéressés dans cette affaire, je ne me lève- « rais que pour protester en quelques mots contre « vos prétentions judiciaires. J'en appellerais à vos « consciences, et vous reconnaîtriez que vous « n'êtes pas ici des juges venant juger des accu-

« sés, mais des hommes politiques venant disposer « du sort d'ennemis politiques. Cependant, comme « la journée du 12 mai vous a donné un grand « nombre de prisonniers, j'ai un devoir à remplir.

« Je déclare donc que tous ces citoyens, le 12 « mai, à trois heures, ignoraient notre projet « d'attaquer votre Gouvernement. Ils avaient été « convoqués par le comité sans être avertis du mo- « tif de la convocation : c'est lorsqu'ils sont ve- « nus sur le terrain, où nous avions eu le soin de « faire arriver des munitions, où nous savions « trouver des armes, que j'ai donné le signal, que « je leur ai mis les armes à la main, et que je leur « ai donné l'ordre de marcher. Ces citoyens ont « donc été entraînés, forcés, par une violence mo- « rale, de suivre cet ordre. Selon moi, ils sont in- « nocens. »

L'accusé ajoute qu'il pense que cette déclaration doit avoir quelque valeur aux yeux de la Cour, car pour son compte, il n'entend pas en bénéficier. Il déclare que c'est lui qui a préparé le combat, qu'il y a pris part, qu'il s'est battu contre les troupes du Gouvernement; mais en acceptant la responsabilité pleine et entière des faits généraux, il décline celle de certains actes qu'il n'a, dit-il, ni conseillés ni ordonnés. Parmi ces actes il cite l'assassinat du commandant du poste du quai aux Fleurs. « C'est là, dit-il, un acte dont je ne suis ni « coupable ni capable : si j'avais tué ce militaire, « je l'aurais fait dans un combat à armes égales, « avec un partage égal de champ, de rue, de so- « leil. Je ne l'ai pas assassiné : c'est une calomnie

« dont on veut flétrir un soldat de la cause du « peuple. »

L'accusé déclare ensuite que l'association dont il a fait partie était entièrement étrangère à la publication du *Moniteur Républicain*. Son intention était de livrer au Gouvernement un combat imprévu ; elle ne pouvait donc emboucher la trompette et sonner l'alarme.

Il termine enfin sa déclaration en expliquant quelques faits relatifs à deux de ses coaccusés.

M. le Président expose que malgré l'intention exprimée par l'accusé de ne répondre sur aucun des faits qui lui sont personnels, il n'en remplira pas moins son devoir en lui adressant les questions sur lesquelles il aurait à répondre, soit dans son intérêt, soit dans celui de ses coaccusés.

L'accusé garde le silence sur les diverses questions qui lui sont adressées par M. le Président.

M. le Président passe ensuite à l'interrogatoire de l'accusé Bernard (Martin).

Cet accusé déclare qu'il est dans l'intention de ne répondre à aucune des questions qui lui seront faites.

M. le Président observe que cette déclaration ne saurait l'empêcher d'adresser à l'accusé les questions sur lesquelles il serait de son intérêt de répondre.

Après avoir posé ces questions auxquelles l'accusé Bernard (Martin) ne répond pas, M. le Président lui fait représenter diverses pièces saisies à son domicile.

L'accusé refuse de s'expliquer sur ces pièces.

M. le Président annonce aux accusés qu'ils vont entendre les charges qui seront produites contre eux; et il donne l'ordre d'introduire les témoins assignés à la requête du procureur-général pour déposer des faits énoncés dans l'acte d'accusation, en ce qui concerne particulièrement les accusés Barbès et Bernard (Martin).

Ces témoins sont successivement appelés dans l'ordre de la liste présentée par le procureur-général. Chacun d'eux, avant de déposer, prête serment de parler sans haine et sans crainte, de dire toute la vérité et rien que la vérité.

Ils déclarent ainsi leurs noms, prénoms, âge, profession et domicile.

1°. Cugnet (Pierre-Cléry-Christophe), âgé de 33 ans, marchand de vin, demeurant à Paris, rue Saint-Martin, n° 10.

2°. Regnard (François-Ferdinand), âgé de 38 ans, marchand de vin, demeurant à Paris, rue Bourg-l'Abbé, n° 2.

3°. Oudart (Augustin-Joseph), âgé de 54 ans, expert-écrivain, demeurant à Paris, rue Montaigne, n° 8.

4°. Corbesier (Joseph), âgé de 42 ans, armurier, demeurant à Paris, rue Bourg-l'Abbé, n° 22.

5°. Crapelet (Georges-Adrien), âgé de 50 ans, imprimeur, demeurant à Paris, rue de Vaugirard, n° 9.

6°. Veuve Roux (Catherine Rouchon), âgée de 55 ans, passementière, demeurant à Paris, rue Quincampoix, n° 23.

7°. Bertrand (Jacques-Charlemagne), âgé de 46 ans, rouennier, demeurant à Paris, rue Quincampoix, n° 23.

8°. Leblond (Jean-Pierre), âgé de 49 ans, lieutenant de la garde municipale, caserné rue du Faubourg-Saint-Martin.

9°. Niclasse (Georges), âgé de 45 ans, maréchal des logis de la 2 compagnie à pied de la garde municipale, caserné rue du Faubourg-Saint-Martin.

10°. Godquin (Marcel-Laurent), âgé de 40 ans, libraire, à Paris, rue du Ponceau, n° 6, capitaine dans le 2e bataillon de la 6e légion de la garde nationale.

11°. Cahez (Louis), âgé de 29 ans, limonadier, demeurant à Paris, rue des Arcis, n° 64.

12°. Levraud (Benjamin-François), âgé de 65 ans, docteur en médecine, demeurant à Paris, quai Saint-Michel, n° 9.

13°. Gervisier (Louis), âgé de 23 ans, fusilier au 21e régiment de ligne.

14°. Grosmann (Martin), âgé de 31 ans, caporal au 21e régiment de ligne.

15°. Laquit (Jacques), âgé de 27 ans, soldat au 21e régiment de ligne, caserné à l'Avé Maria.

16°. Paulhan (Pierre), âgé de 23 ans, soldat au 21 régiment, caserné à l'Avé Maria.

17°. Bataille (Pierre-Michel), âgé de 22 ans, soldat au 21e régiment de ligne.

18°. Vaillant (Louis-Augustin), âgé de 44 ans, employé chez M. Tollard, demeurant à Paris, quai aux Fleurs, n° 21.

19°. Huignard (Hyacinthe), âgé de 24 ans, fusilier, 4e compagnie, 2e bataillon, au 25e de ligne, en subsistance à l'École-Militaire.

20°. Velche (Pierre), âgé de 23 ans, fusilier, 5e compagnie, 2e bataillon, au 21e régiment de ligne, en subsistance à l'École-Militaire.

21°. Conte (Jean-Pierre), âgé de 25 ans, caporal au 21e régiment de ligne, caserné à l'Avé Maria.

22°. Mesnage (Alexandre-Louis), âgé de 40 ans, marchand brossier, demeurant à Paris, rue de la Barillerie, n° 16.

23°. Meunier (Martin), âgé de 33 ans, bijoutier, demeurant à Paris, rue de la Calandre, n° 51.

Le procureur-général déclare renoncer à l'audition des témoins Lecuze et Lepage, également assignés à sa requête, et qui ont été empêchés de se rendre à l'audience.

Lors de l'audition des témoins Oudart et Crapelet, M. le Président a fait représenter à chacun d'eux les pièces sur lesquelles ils avaient été appelés à donner leur avis comme experts pendant le cours de l'instruction.

Ces pièces ont été représentées également aux accusés.

Incidemment à la déposition du sieur Bertrand, M. le Président a ordonné, en vertu de son pouvoir discrétionnaire, que la femme Laroche, portière de la maison n° 23, rue Quincampoix, fût appelée comme témoin devant la Cour.

Les témoins Bertrand et Godquin ayant demandé à se retirer après leurs dépositions, et aucune réclamation n'ayant été faite à cet égard ni par le procureur-général, ni par les accusés, l'autorisation réclamée par ces témoins leur a été accordée par M. le Président.

Après chaque déposition M. le Président a demandé aux témoins si c'était des accusés ici présens qu'ils entendaient parler; il a demandé également aux accusés s'ils voulaient répondre à ce qui venait d'être dit contre eux.

L'accusé Barbès ayant déclaré qu'il aurait eu beaucoup de choses à dire à ce sujet, mais que la position par lui prise dans ces débats ne lui permettait pas de se défendre, M. le Président lui a adressé la parole en ces termes :

« Accusé Barbès, je dois humainement vous avertir que si vous avez des moyens de repousser les dépositions faites contre vous, il serait contraire à la raison de ne pas les produire. Il n'est pas de situation politique qui puisse justifier votre silence. Celle que vous avez voulu prendre au commencement de ces débats ne saurait être admise. En aucun pays du monde il ne peut y avoir de situation qui autorise un citoyen à se mettre à la tête de gens armés, puis à descendre avec eux sur la place publique pour attaquer et tuer les soldats chargés de défendre le pays et de maintenir l'ordre et la paix. Puisque vous avez parlé de guerre (et certes je n'admets pas le droit d'une telle guerre), ignorez-vous donc qu'il existe un droit des gens, et que toute guerre, aux termes de ce droit, doit être précédée d'un avertissement quelconque, qui en dénonçant l'ouverture des hostilités, prévient l'ennemi contre lequel on se dispose à marcher, du danger qui le menace : et lorsqu'au lieu d'ennemis ce sont des concitoyens, des frères qu'on se dispose à attaquer, le devoir de cet avertissement ne devrait-il pas être encore cent fois plus étroit ? Eh bien! c'est sans nulle déclaration de guerre, sans le moindre avertissement préalable, que vous, qui vous dites homme politique, vous êtes descendu dans la rue, et en vous mettant à la tête de gens que, suivant vous-même, vous aviez sollicités et préparés pour le combat, vous avez marché aux assassinats dont le tableau vient d'être tracé devant la Cour. »

L'accusé a répondu qu'il n'avait pas la prétention de discuter ici sur des situations politiques, que son système était d'imiter l'Indien, qui lorsque la fortune de la guerre l'a fait tomber au pouvoir de son ennemi, présente sa tête à scalper sans avoir recours à des paroles oiseuses pour éviter la mort.

M. le Président fait ensuite introduire successivement quatre témoins assignés à la requête du procureur-général sur la demande des défenseurs des accusés Barbès et Bernard (Martin).

Ces témoins sont entendus dans la forme prescrite par le Code d'instruction criminelle, et dans l'ordre suivant :

1°. Guyot (Jules), âgé de 32 ans, docteur-médecin, demeurant à Paris, rue de la Victoire, n° 10.

2°. Lemonnier (Henry), âgé de 24 ans, étudiant,

demeurant à Paris, rue Saint-Dominique d'Enfer.

3°. Dufay (Marie-François-Dominique), âgé de 28 ans, commis, demeurant à Paris, rue.....

4°. Depeime (Jean-Baptiste), âgé de 33 ans, tourneur, demeurant à Paris, quai aux Fleurs, n° 21.

Me Arago demande que M. le Président veuille bien faire appeler, en vertu de son pouvoir discrétionnaire, les sieurs Marjolin, Pommier et Gros, entendus comme témoins dans l'instruction.

M. le Président fait droit à cette demande.

L'audience est ensuite continuée à demain dimanche, heure de midi.

Signé PASQUIER, président;

E. CAUCHY, *greffier en chef.*

ATTENTAT
DES 12 ET 13 MAI
1839.

PROCÈS-VERBAL
N° 12.

COUR DES PAIRS.

Audience publique du dimanche 30 juin 1839,

Présidée par M. le CHANCELIER.

LE dimanche 30 juin 1839, à midi, la Cour reprend son audience publique pour la suite des débats sur les accusations prononcées par l'arrêt du 12 juin dernier.

Les accusés et leurs défenseurs sont présens.

Le greffier en chef, sur l'ordre de M. le Chancelier, procède à l'appel nominal des membres de la Cour.

Leur nombre qui, à la dernière audience, était de 166, se trouve réduit à 163 par l'absence de MM. le vicomte Dubouchage, le marquis Barthélemy, et le baron de Fréville, qui se sont excusés à raison de leur santé.

M. le Président donne l'ordre de faire introduire les témoins Marjolin, Pommier et Gros, qui ont été appelés en vertu du pouvoir discrétionnaire, sur la demande faite hier par Me Arago.

Un seul de ces témoins, le sieur Pommier, étant présent, il est procédé à son audition, sans prestation de serment, conformément à l'article 269 du Code d'instruction criminelle.

Le témoin déclare s'appeler :

Pommier (François), âgé de 59 ans, employé à la *Gazette des Tribunaux*, demeurant à Paris, quai aux Fleurs, n° 11.

M. le Président procède ensuite à l'interrogatoire de l'accusé Nouguès.

L'accusé déclare qu'il répondra seulement en ce qui concerne les faits qui lui sont personnels; il dit que le 12 mai il a pris part à la lutte qui s'est engagée entre deux principes ennemis. Après la défaite de l'un de ces principes, il n'y a pas, à ses yeux, de jugement, il n'y a que des représailles : c'est donc à la générosité de la Cour, et non à sa justice qu'il en appelle, et il croit avoir ce droit, car si le principe pour lequel il combattait eût été vainqueur, il aurait été le premier à supplier pour qu'on épargnât les vaincus.

M. le Président lui adresse la parole en ces termes :

« Accusé Nouguès, il se peut que vous ayez de la générosité dans le caractère : mais, pour avoir sujet plus tard de mettre votre générosité en pratique, aviez-vous donc le droit de descendre en armes sur la place publique, d'attaquer des citoyens, des soldats, de les tuer avant qu'ils fussent en défense? Rien au monde ne pouvait vous donner ce droit barbare, vous autoriser à cet acte de sauvagerie féroce : car il a eu raison celui de vos coaccusés qui n'a pas craint de se comparer au sauvage qui présente sa tête à scalper. Il a eu raison, car il n'est pas de pays, tant soit peu civilisé, qui ne répudie les actes dont votre coaccusé ne se défend pas, qui ne flétrisse comme ils le méritent les principes sur lesquels il a osé s'appuyer, pour s'arroger le droit de commettre ces actes. Ce ne serait donc pas, accusé Nouguès, un bon moyen de vous recommander à la générosité de vos juges que de les professer aussi, ces principes odieux qui ne peuvent qu'attirer sur vous l'animadversion générale. Voyez donc, si vous voulez, s'il vous convient de continuer de vous y rallier. »

L'accusé répond que puisqu'il avoue les faits qui lui sont imputés, il croit avoir le droit de dire à quelle impulsion il a obéi.

M. le Président fait observer à l'accusé que, quand on veut convertir en droit un fait coupable, on l'aggrave par la cause même qu'on lui donne.

Par suite des réponses de l'accusé Nouguès aux questions qui lui sont adressées au sujet des faits qu'il avait déclarés dans l'instruction, M. le Président fait donner lecture à la Cour des interrogatoires de cet accusé, consignés dans la procédure écrite.

M. le Président interpelle notamment l'accusé Bernard (Martin), de s'expliquer sur les charges qui résulteraient contre lui de cet interrogatoire.

L'accusé Bernard répond qu'il n'a rien à dire.

Les témoins assignés à la requête du procureur-général, pour déposer des faits relatifs à l'accusé Nouguès, sont entendus séparément, après avoir prêté le serment prescrit par la loi.

Ils déposent dans l'ordre suivant :

1°. Henriet (Alexis), âgé de 25 ans, sergent au 28e de ligne, alors caporal, caserné au Faubourg du Temple ;

2°. Girard (François-Denis), âgé de 26 ans, sergent au 28e régiment de ligne, caserné rue du Faubourg du Temple ;

3°. Amy (Christian), âgé de 26 ans, fusilier, 2e compagnie, 2e bataillon, caserné Faubourg du Temple ;

4°. Vincent (Pierre), âgé de 23 ans, fusilier, 2e compagnie, 2e bataillon, caserné Faubourg du Temple ;

5°. Demoiselle Morel (Reine), âgée de 21 ans, couturière, demeurant à Ris (Seine-et-Oise) ;

6°. Morel (Louis-Alexandre), âgé de 22 ans, ébéniste, demeurant à Paris, rue du Faubourg-Montmartre, n° 62.

Incidemment à la déposition du témoin Amy, M. le Président ordonne, sur la demande du procureur-général, que le sieur Villement sera appelé à déposer aux débats.

La femme Laroche, assignée en vertu du pouvoir discrétionnaire de M. le Président, est entendue sans prestation de serment, dans la forme prescrite par l'article 269 du Code d'instruction criminelle.

Elle déclare s'appeler :

Femme Laroche (Julie Gremler), âgée de 40 ans, concierge, demeurant à Paris, rue Quincampoix, n° 23.

Les témoins Marjolin et Gros qui n'étaient pas

présens au commencement de la séance, sont entendus séparément dans la même forme que le précédent témoin.

M. le Président fait observer que le témoin Marjolin étant âgé de moins de 15 ans, il ne devrait pas prêter serment quand même il ne serait pas appelé en vertu du pouvoir discrétionnaire.

Les deux témoins déclarent s'appeler, le premier :

Marjolin (Eugène-Alexandre), âgé de 13 ans et demi, gaînier, demeurant à Paris, chez son père, rue de la Calandre, n° 27.

Le second :

Gros (Casimir), âgé de 24 ans, chef de station des Favorites, demeurant à Paris, place du Palais de Justice, n° 4.

M. le Président expose que par suite des dépositions faites hier par les témoins Guyot, Lemonnier, Dufay et Depeime, il a fait appeler, en vertu de son pouvoir discrétionnaire, les trois officiers de paix qui étaient de service à la Préfecture de police le 12 mai dernier.

Ces trois témoins sont entendus séparément sans prestation de serment, dans la forme prescrite par l'article 269 du Code d'instruction criminelle.

Ils déclarent ainsi leurs noms, prénoms, profession et domicile :

1°. Vassal (Charles), âgé de 34 ans, officier de paix, demeurant à Paris, à la Préfecture de police;

2°. Roussel (Charles), âgé de 42 ans, officier de paix, demeurant à Paris, rue de Jérusalem, n° 3;

3°. Figat (Pierre-François), âgé de 39 ans, officier de paix, demeurant à Paris, rue Chanoinesse, n° 22.

Après l'audition de ces témoins, M. le Président procède à l'interrogatoire de l'accusé Bonnet.

Cet interrogatoire terminé, M. le Président fait introduire les témoins assignés à la requête du procureur-général, pour déposer des faits relatifs à cet accusé.

Ces témoins déposent séparément, après avoir prêté le serment prescrit par la loi, et dans l'ordre suivant :

1°. Thuilliard (Nicolas-Arsène), âgé de 43 ans, cordonnier, demeurant à Paris, rue Bourg-l'Abbé, n° 16;

2°. Renault (Dominique-Prudent), âgé de 33 ans, quincaillier, demeurant à Paris, rue Bourg-l'Abbé, n° 9;

3°. Junod (Jean-Salomon), âgé de 24 ans, bijoutier, demeurant à Paris, rue des Deux-Portes-Saint-Sauveur, n° 7;

4°. Lamirault (Jacques), âgé de 35 ans, couverturier, tambour dans la garde nationale, 12e légion, demeurant à Paris, rue Saint-Jacques, n° 271.

Le témoin Peinjon, également assigné à la requête du procureur-général, étant absent, M. le Président fait appeler les témoins assignés à la même requête, mais sur la demande de l'accusé Bonnet.

Ces témoins sont entendus séparément, après avoir prêté le serment prescrit par la loi, et dans l'ordre suivant :

1°. Stroëlin (Jean-Baptiste-Alexandre), âgé de 25 ans, médecin attaché à l'hôpital Saint-Antoine ;

2°. Pisson (Jean-Baptiste), âgé de 29 ans, limonadier, demeurant à Paris, rue des Deux-Portes-Saint-Sauveur, n° 10 ;

3°. Volkart (Henri), âgé de 41 ans, marchand de vin, logeur, demeurant à Paris, rue des Cinq-Diamans, n°s 4 et 6 ;

4°. Ferdinand (Benoit), âgé de 27 ans, limonadier, demeurant à Paris, rue Saint-Denis, n° 267.

On annonce que le témoin Villement, appelé en vertu de l'ordre donné par M. le Président dans le cours de cette audience, est présent.

M. le Président fait introduire ce témoin qui est entendu dans la forme voulue par l'art. 269 du Code d'instruction criminelle.

Il déclare s'appeler :

Villement (André-Simon), âgé de 33 ans, lapidaire, demeurant à Paris, rue Pastourelle, n° 9.

L'heure étant avancée, M. le Président continue l'audience à demain, heure de midi.

Signé PASQUIER, président;

E. CAUCHY, *greffier en chef.*

ATTENTAT DES 12 ET 13 MAI 1839.

PROCÈS-VERBAL N° 13.

COUR DES PAIRS.

Audience publique du lundi 1er juillet 1839,

Présidée par M. le CHANCELIER.

LE lundi 1er juillet 1839, à midi, la Cour reprend son audience publique pour la suite des débats sur les accusations prononcées par l'arrêt du 12 juin dernier.

Les accusés et leurs défenseurs sont présens.

L'appel nominal auquel il est procédé par le greffier en chef, constate la présence de 161 Pairs sur 163 qui assistaient à la dernière audience.

Les deux Pairs absens sont MM. le comte de Tascher et le vicomte de Préval, qui se sont excusés à raison de leur santé.

M. le Président procède à l'interrogatoire des accusés Roudil et Guilbert.

Il donne ensuite l'ordre de faire introduire les témoins assignés à la requête du procureur-général pour déposer des faits relatifs à ces deux accusés.

Le premier de ces témoins, le sieur Rabeau, étant absent, M. le Président fait donner lecture de sa déposition, reçue le 8 juin dernier par M. Zangiacomi, juge d'instruction délégué.

Les autres témoins déposent séparément, après avoir prêté le serment prescrit par la loi et dans l'ordre suivant :

1°. Macler (Dominique), âgé de 38 ans, inspecteur de police, demeurant à la Préfecture;
2°. Fourcade (Jean), âgé de 35 ans, inspecteur de police, demeurant à la Préfecture;
3°. Lequien (André), âgé de 42 ans, libraire, demeurant à Paris, rue Saint-André-des-Arts, n° 55;
4°. Tascheret (Napoléon-Joseph), âgé de 33 ans, comptable, demeurant à Paris, rue Popincourt, n° 27.

La Cour entend ensuite, dans la même forme, les témoins assignés sur la demande des accusés Roudil et Guilbert et à la requête du procureur-général.

Les témoins déposent dans l'ordre suivant :

1°. Despierres (Pierre-Louis), âgé de 27 ans, fabricant de parapluies, demeurant à Paris, rue Michel-le-Comte, n° 28;
2°. Roudil (Pierre), âgé de 32 ans, marchand de vin, oncle de l'accusé, demeurant à Paris, rue de la Grande-Truanderie, n° 60;
3°. Mallet (André), âgé de 40 ans, corroyeur, demeurant à Paris, rue Neuve-d'Angoulême, n° 10;
4°. Quéton (Auguste-François), âgé de 20 ans,

menuisier, demeurant à Paris, rue Neuve-d'Angoulême, n° 10;

5°. Femme Bessières, âgée de 55 ans, logeuse, demeurant à Paris, rue de la Vannerie, n° 16.

Les témoins Migeon et Tonnelier, également assignés sur la demande de l'accusé Guilbert, étant absens, M. le Président annonce qu'il va passer à l'interrogatoire de l'accusé Mialon.

Me Arago demande que le témoin Lepeime soit entendu de nouveau.

M. le Président fait droit à cette demande.

Deux témoins assignés sur la demande du même défenseur et dont le domicile n'avait pas été trouvé d'abord, sont introduits.

Ils déposent séparément, dans la forme prescrite par la loi, et déclarent ainsi leurs noms, prénoms, âges, professions et domiciles :

1°. Dupouy (Charles), âgé de 25 ans, propriétaire, demeurant à Paris, rue Jacob, n° 23;

2°. Labédan (Philippe), âgé de 23 ans, employé des postes, demeurant à Paris, rue des Marais Saint-Germain, n° 23.

Il est ensuite procédé à l'interrogatoire de l'accusé Mialon.

La Cour entend séparément et dans l'ordre suivant, les témoins assignés à la requête du procureur-général, pour déposer des faits relatifs à cet accusé.

1°. Veuve Perrot (Catherine Frémy), âgée de

69 ans, portière, demeurant à Paris, quai Napoléon, n° 29;

2°. Bussy (Jean) âgé de 51 ans, manouvrier, né à Massa (Puy-de-Dôme), demeurant à Paris, rue de l'Hôtel de Ville, n° 126;

3°. Gilles (Claude-Christophe), âgé de 48 ans, maréchal des logis de la garde municipale à cheval, 2e compagnie, caserné Faubourg-Saint-Martin;

4°. Millet (Jean-Pierre-Emmanuel), âgé de 48 ans, limonadier, demeurant à Paris, rue aux Ours, n° 44;

5°. Morel (Louis), âgé de 39 ans, teinturier, demeurant à Paris, rue aux Ours, n° 46;

6°. Femme Brocard (Marie-Amadoff), âgée de 31 ans, corroyeur, demeurant à Paris, rue aux Ours, n° 20;

7°. Garnaud (Julien), âgé de 35 ans, fruitier, demeurant à Paris, rue aux Ours, n° 25;

8°. Marceau (Pierre-Eugène), âgé de 28 ans, bijoutier, demeurant à Paris, rue aux Ours, n° 18;

9°. Cottin (Guillaume), âgé de 45 ans, bijoutier, demeurant à Paris, rue aux Ours, n° 26;

10°. Méneau (Louis-Edouard), âgé de 38 ans, garnisseur d'instrumens de musique, demeurant à Paris, rue aux Ours, n° 26;

11°. Guyot (Edme), âgé de 39 ans, marchand miroitier, demeurant à Paris, rue aux Ours, n° 26;

12°. Bernier (Louis-Charles), âgé de 46 ans, marchand de vin, demeurant à Paris, rue Quincampoix, n° 93;

13°. Delehaye (Louis), âgé de 29 ans, ébéniste, né

à Valenciennes, demeurant à Paris, rue aux Ours, n° 18;

14°. Ragon (Jean Quintien), âgé de 61 ans, propriétaire, demeurant à Paris, rue aux Ours, n° 23;

15°. Jacquet (Benoist-Anne), âgé de 56 ans, pharmacien, demeurant à Paris, rue aux Ours, n° 22.

Les témoins assignés à la même requête, mais sur la demande de l'accusé Mialon, déposent séparément dans la forme prescrite par la loi et dans l'ordre suivant :

1°. Rozey (Pierre), âgé de 55 ans, boulanger, demeurant à Paris, rue d'Arcole, n° 11 ;

2°. Lefron (Pierre-François), âgé de 49 ans, gravatier, demeurant à Paris, rue Fontaine-au-Roi, n° 15;

3°. Lallemand (François), âgé de 39 ans, maçon, demeurant à Paris, rue de la Tour d'Auvergne, n° 22;

4°. Limouzin (Pierre-Charles), âgé de 66 ans, limonadier, demeurant à Paris, quai Napoléon, n° 29, même maison que Mialon.

M. le procureur-général annonce que le témoin Pellagot, également assigné sur la demande de l'accusé Mialon, est absent.

Le sieur Renouf, appelé en vertu du pouvoir discrétionnaire de M. le Président, est entendu sans prestation de serment, dans la forme prescrite par l'article 269 du Code d'instruction criminelle.

Il déclare s'appeler :

Renouf (Louis-Charles), âgé de 29 ans, imprimeur en indiennes, demeurant à Paris, rue Zacharie, n° 2 *bis*.

On annonce que le témoin Peinjon, assigné à la requête du procureur-général pour déposer des faits relatifs à l'accusé Bonnet, et qui n'avait pu être entendu à l'audience d'hier, se présente pour être entendu.

Le défenseur de l'accusé Bonnet n'étant pas présent en ce moment, le procureur-général déclare renoncer à l'audition du témoin Peinjon.

Il est ensuite procédé à l'audition du témoin Tonnelier, assigné sur la demande de l'accusé Guilbert, et qui n'avait pas été entendu dans la partie du débat spécialement relative à cet accusé.

Le témoin prête serment dans la forme voulue par la loi, et déclare s'appeler

Tonnelier (Paul-Nicolas), âgé de 40 ans, sellier, demeurant à Paris, rue de la Vannerie, n° 16.

L'heure étant avancée, M. le Président continue l'audience à demain.

Signé Pasquier, président;

E. Cauchy, *greffier en chef.*

ATTENTAT DES 12 ET 13 MAI 1839.

COUR DES PAIRS.

PROCÈS-VERBAL N° 14.

Audience publique du mardi 2 juillet 1839,

Présidée par M. le CHANCELIER.

Le mardi 2 juillet 1839, à midi, la Cour reprend son audience publique pour la suite des débats sur les accusations prononcées par l'arrêt du 12 juin dernier.

Les accusés et leurs défenseurs sont présens.

L'appel nominal, fait par le greffier en chef, constate la présence des 161 Pairs qui assistaient à l'audience d'hier.

M. le Président procède à l'interrogatoire de l'accusé Delsade.

Les témoins assignés à la requête du procureur-général, pour déposer des faits relatifs à cet accusé, sont ensuite introduits.

Ils déposent séparément, après avoir prêté le serment prescrit par la loi, et dans l'ordre suivant :

1°. Femme Viard (Sophie Zaepfel), âgée de 28 ans, marchande de vin, demeurant à Paris, quai des Orfévres, n° 28;

2°. Chambon (François), âgé de 15 ans, garçon

marchand de vin, demeurant à Paris, quai des Orfévres, n° 28;

3°. Gomont (Étienne-Julien), âgé de 41 ans, menuisier, demeurant à Paris, rue de l'Égout-Saint-Germain, n° 9;

4°. Carbonnier (Jean-Baptiste), âgé de 19 ans et demi, garçon marchand de vin, demeurant à Paris, rue Coquillière, n° 3;

5°. Femme Champagne (Flavie Chardeau), âgée de 44 ans, sans état, demeurant à Paris, rue Oblin, n° 11;

6°. Champagne (Pierre-Joseph), âgé de 56 ans, mouleur en tabletterie, demeurant à Paris, rue Oblin, n° 11;

7°. Terreville (René-Alexandre-Gustave), âgé de 37 ans, capitaine au 55e de ligne, caserné à l'École-Militaire;

8°. Berlureau (Jean), âgé de 23 ans, soldat au 55e de ligne, caserné à l'École-Militaire;

9°. Schnagon (Jacques), âgé de 24 ans, fusilier au 55e régiment de ligne, caserné à l'École-Militaire;

10°. Berthier (Jean-Marie-François), âgé de 42 ans, docteur en médecine, demeurant à Paris, rue de Paradis, n° 7, au Marais.

Incidemment à la déposition de la femme Viard, Me Bertin, défenseur de l'accusé Delsade, demande que le nommé Dorgal, actuellement détenu comme inculpé dans l'affaire des 12 et 13 mai, soit appelé devant la Cour; il demande également communication du dossier relatif à cet inculpé, et dans lequel doit se trouver sa confrontation avec la femme Viard.

M. le Président annonce qu'en vertu de son pouvoir discrétionnaire, il va donner l'ordre de faire amener à l'audience l'inculpé Dorgal; mais la communication d'un dossier étranger à la partie de la procédure dont la Cour est saisie, ne lui paraît pas possible en ce moment.

Le procureur-général expose que toute instruction devant rester secrète jusqu'à la mise en accusation, le défenseur de l'accusé Delsade ne peut être admis à prendre connaissance d'un dossier relatif à un inculpé qui n'est pas encore en cause; mais si le défenseur bornait sa demande à la confrontation de la dame Viard avec l'inculpé Dorgal, le procureur-général ne s'opposerait pas à ce que cette pièce lui fût communiquée.

Me Bertin déclare restreindre sa demande en communication à cette seule pièce.

Avant qu'il soit procédé à l'audition du témoin Chambon, M. le Président annonce que l'accusé Roudil s'étant trouvé indisposé, a demandé à sortir de l'audience, et à rester cependant compris dans les débats. Pour satisfaire à son égard au vœu de la loi, M. le Président ordonne que si pendant l'absence de cet accusé il est fait quelque déclaration qui le concerne, il en sera tenu note pour lui en être rendu compte.

Après l'audition du témoin Berthier, Me Bertin demande, au nom de l'accusé Delsade, que M. le Président fasse appeler, en vertu de son pouvoir discrétionnaire, les docteurs Lefèvre et Durocher qui ont visité l'accusé peu après son arrestation.

M. le Président donne l'ordre de faire citer ces deux témoins à la plus prochaine audience.

Parmi les témoins assignés à la requête du procureur-général, pour déposer des faits relatifs à l'accusé Delsade, se trouvait le sieur Durand, beau-frère de cet accusé.

L'accusé ne s'opposant pas à ce que ce témoin soit entendu, M. le Président fait procéder à son audition, sans prestation de serment.

Le témoin déclare s'appeler:

Durand (Louis-Jean), âgé de 29 ans, garçon de bureau à la Préfecture de police, demeurant à Paris, quai Bourbon, n° 53, île Saint-Louis.

M. le Président annonce qu'il a fait appeler, en vertu de son pouvoir discrétionnaire, le témoin Millet qui a concouru à l'arrestation de l'accusé Delsade.

Ce témoin est entendu dans la forme prescrite par l'article 269 du Code d'instruction criminelle.

Il déclare s'appeler :

Millet (   ), âgé de   , capitaine au 55e régiment, caserné à l'École-Militaire.

Le témoin Pernety, capitaine d'artillerie, assigné à la requête du procureur-général, n'étant pas présent, la Cour passe à l'audition des témoins assignés à la même requête, mais sur la demande de l'accusé Delsade.

Ces témoins déposent dans la forme prescrite par la loi et dans l'ordre suivant :

1°. Maréchal (Antoine), âgé de 53 ans, concierge, demeurant à Paris, place de la Rotonde, n° 84;
2°. Mouché (Louis-Étienne), âgé de 55 ans, teinturier-dégraisseur, demeurant à Paris, rue Hauteville, n° 22;
3°. Detré (Gervais), âgé de 40 ans, ciseleur, demeurant à Paris, rue Neuve-Ménilmontant, n° 10;
4°. Bretel (Charles), âgé de 34 ans, doreur sur métaux, demeurant à Paris, rue Saint-Claude, n° 9.

M. le Président procède ensuite à l'interrogatoire des accusés Lemière et Austen.

L'inculpé Dorgal, appelé sur la demande de l'accusé Delsade, en vertu du pouvoir discrétionnaire de M. le Président, est introduit.

Il est entendu sans prestation de serment et déclare s'appeler

Dorgal (Louis-Étienne), âgé de 29 ans, ébéniste, actuellement détenu à la Force, domicilié à Paris, rue de Crussol, n° 20 *bis*.

Incidemment à cette déclaration, l'un de MM. les avocats-généraux donne lecture à la Cour du procès-verbal constatant la confrontation de l'inculpé Dorgal avec la dame Viard.

La dame Viard, déjà entendue, est ensuite rappelée.

Le défenseur de l'accusé Delsade lui adresse diverses interpellations.

La Cour passe à l'audition des témoins assignés à la requête du procureur-général, pour déposer des faits relatifs à l'accusé Lemière.

Ces témoins déposent séparément, après avoir prêté le serment prescrit par la loi, et dans l'ordre suivant :

1°. Femme Loubry (Thérèse Fournier), âgée de 37 ans, femme de ménage chez M. Robin, demeurant à Paris, rue Guérin-Boisseau, n° 8;

2°. Boisset (Pierre-François), dit Charles, âgé de 20 ans, ébéniste en nécessaires, demeurant à Paris, rue Guérin-Boisseau, n° 8;

3°. Fille Guilleminot (Pauline), âgée de 23 ans, culottière, demeurant à Paris, rue Guérin-Boisseau, n° 8;

4°. Bienassé (Édouard), âgé de 36 ans, coiffeur, demeurant à Paris, rue Bourg-l'Abbé, n° 36;

5°. Vermillac (Jean-Marie), âgé de 18 ans et demi, garçon coiffeur, demeurant à Paris, chez M. Bienassé, rue Bourg-l'Abbé, n° 36;

6°. David (Louis), âgé de 42 ans, marchand d'outils, demeurant à Paris, rue Bourg-l'Abbé, n° 16;

7°. Loubers (Jean-Baptiste), âgé de 58 ans, propriétaire, demeurant à Paris, rue Bourg-l'Abbé, n° 23;

8°. Simon (Charles-Simon), âgé de 71 ans, marchand-épicier, demeurant à Paris, rue Sainte-Avoye, n° 44;

9°. Juilliard (Jean-Marie), âgé de 30 ans, marchand de nouveautés, demeurant à Paris, rue Saint-Denis, n° 162;

10°. Dussenty (Nicolas), âgé de 29 ans, sapeur au 53e régiment de ligne, caserné au quartier Marigny.

Il est procédé dans la même forme à l'audition d'un témoin assigné sur la demande de l'accusé Lemière, à la requête du procureur-général.

Ce témoin déclare s'appeler :

Femme Robin (Marie-Louise Maréchal), âgée de 26 ans, demeurant à Paris, rue Guérin-Boisseau, n° 8.

Le témoin Tiby, appelé en vertu du pouvoir discrétionnaire de M. le Président, est au contraire entendu sans prestation de serment. Il déclare se nommer :

Tiby (Louis), âgé de 20 ans, ébéniste, demeurant à Paris, rue de Bondy, n° 76.

M. le Président donne l'ordre d'introduire les témoins assignés à la requête du procureur-général, pour déposer des faits relatifs à l'accusé Austen.

Ces témoins déposent séparément, après avoir prêté le serment prescrit par la loi, et dans l'ordre suivant :

1°. Samson (Boniface), âgé de 34 ans, marchand

de vin, demeurant à Paris, rue Grénétat, n° 1;

2°. Duval (Louis-Philippe), âgé de 35 ans, marchand de vin, demeurant à Paris, rue Grénétat, n° 4;

3°. Tisserand (Émile), âgé de 41 ans, capitaine adjudant-major dans la garde municipale, caserné Faubourg-Saint-Martin;

4°. Gard (Jean-Baptiste-Joseph), âgé de 45 ans, cartonnier, demeurant à Paris, rue Phelippeaux, n 15, capitaine en second dans la 6e légion de la garde nationale;

5°. Pelletier (Jules-Alexis), âgé de 31 ans, propriétaire, demeurant à Paris, rue du Temple, n° 63;

6°. Deldine (Augustin-Anselme), âgé de 43 ans, brigadier de la garde municipale à pied, caserné Faubourg-Saint-Martin;

7°. Cazabonne (Félix), âgé de 36 ans, garde municipal, 6e compagnie à pied, à la caserne Saint-Martin;

8°. Gérardin (Auguste), âgé de 40 ans, docteur en médecine, demeurant à Paris, rue Saint-Dominique-Saint-Germain, n° 53;

9°. Lantin (François-Ferdinand), âgé de 37 ans, logeur, demeurant à Paris, rue de la Heaumerie, n° 6;

10°. Muller (Jacques), âgé de 45 ans, bottier, demeurant à Paris, rue Froidmanteau, n° 19.

Il est procédé, dans la même forme, à l'audition du témoin Prat, assigné à la même requête, mais sur la demande de l'accusé Austen.

Ce témoin déclare s'appeler :

Prat (Antoine), âgé de 34 ans, bottier, demeurant à Paris, rue de la Heaumerie, n° 6.

La Cour entend ensuite, dans la forme prescrite par l'article 269 du Code d'instruction criminelle, la déclaration du témoin Lefèvre, appelé en vertu du pouvoir discrétionnaire de M. le Président.

Il déclare ainsi ses noms, âge, profession et domicile :

Lefèvre (François), âgé de 51 ans, docteur-médecin, demeurant à Paris, rue Culture-Sainte-Catherine, n° 30.

L'heure étant avancée, M. le Président continue l'audience à demain, heure de midi.

Signé PASQUIER, président;

E. CAUCHY, *greffier en chef.*

ATTENTAT DES 12 ET 13 MAI 1839.

COUR DES PAIRS.

PROCÈS-VERBAL N° 15.

Audience publique du mercredi 3 juillet 1839,

Présidée par M. le CHANCELIER.

LE mercredi 3 juillet 1839, à midi, la Cour reprend son audience publique pour la suite des débats sur les accusations prononcées par l'arrêt du 12 juin dernier.

Les accusés, à l'exception de Roudil, sont présens, ainsi que leurs défenseurs.

Le greffier en chef, sur l'ordre de M. le Président, procède à l'appel nominal des membres de la Cour.

Leur nombre qui, à la dernière audience, était de 161, se trouve réduit à 160, par l'absence de M. le comte de Labriffe, retenu par l'état de sa santé.

M. le Président met sous les yeux de la Cour une lettre qu'il a reçue de l'accusé Roudil, et par laquelle celui-ci expose que sa santé n'étant pas encore rétablie, il prie la Cour de le dispenser d'assister à l'audience de ce jour. La partie du débat qui doit occuper cette audience paraissant étrangère aux faits qui le concernent personnellement, il demande que son absence ne soit pas considérée comme un motif de disjoindre sa cause de celle de ses coaccusés.

Me Favre, défenseur de l'accusé Roudil, déclare qu'il s'en rapporte à la sagesse de la Cour, sur le point de savoir s'il peut être fait droit à la demande contenue dans la lettre de cet accusé.

M. le Président annonce que la Cour se réserve de prendre plus tard à ce sujet telle délibération qu'il appartiendra.

Le défenseur de l'accusé Mialon demande que les sieurs Wolf et Voel soient appelés aux débats, en vertu du pouvoir discrétionnaire.

Des ordres sont donnés par M. le Président pour qu'il soit fait droit à cette demande.

M. le Président procède ensuite à l'interrogatoire des accusés Walch, Lebarzic, Philippet et Dugas.

Les témoins assignés à la requête du procureur-général, pour déposer des faits relatifs à ces quatre accusés, sont entendus séparément, après avoir prêté le serment prescrit par la loi et dans l'ordre suivant:

1°. Romazotti (Dagobert-Blaise), maréchal des logis dans la garde municipale, caserné aux Minimes;

2°. Femme Sevin (Marie-Joseph-Geneviève Devaux), âgée de 40 ans, portière, demeurant à Paris, rue Saint-Ambroise, n° 8;

3°. Veuve Roger (Joséphine Pinson), âgée de 34 ans, logeuse, demeurant à Paris, rue Saint-Ambroise, n° 8;

4°. Lafleur (François), âgé de 32 ans, filateur de

coton, demeurant à Paris, rue des Amandiers-Popincourt, n° 19;

5°. Femme Martin (Louise-Aimable Aubry), âgée de 23 ans, soigneuse à la filature du sieur Lafleur, demeurant à Paris, rue de Charonne, n° 89;

6°. Demoiselle Delille (Rosalie-Flore), âgée de 20 ans, soigneuse dans la fabrique de coton du sieur Lafleur, demeurant à Paris, rue de la Muette, n° 35;

7°. Lelandais (Pierre-Jacques-Michel), âgé de 40 ans, épicier, demeurant à Paris, rue Popincourt, n° 35;

8°. Farjas (Thomas), âgé de 50 ans, courtier-gourmet en vins, demeurant à Paris, rue Saint-Victor, n° 126;

9°. Darlot (Pierre), âgé de 49 ans, marchand de vin, demeurant à Paris, rue de Charenton, n° 119;

10°. Mabille (Pierre-François), âgé de 53 ans, peintre en meubles, demeurant à Paris, passage de la Boule-Blanche, rue de Charenton, n° 51;

11°. Bina (Marc), âgé de 38 ans, marchand de vin, demeurant à Paris, rue de Charenton, n° 51;

12°. Femme Dufay (Marie-Victoire Jorant), âgée de 48 ans, marchande de vin, demeurant à Paris, rue de Charenton, n° 117;

13°. Femme Cavé (Euphrasie-Hortense Emery), âgée de 24 ans, couturière, demeurant à Paris, rue de Charenton, n° 117;

14°. Nicolle (Marin-Pierre), âgé de 42 ans, épicier, demeurant à Paris, rue Lenoir, n° 9, Faubourg-Saint-Antoine;

15°. Pihet (Ponce-Auguste), âgé de 43 ans, mécanicien, demeurant à Paris, avenue Parmentier, n° 3;

16°. Mensier (Honoré-François-Joseph), âgé de 38 ans, mécanicien, demeurant à Paris, avenue Parmentier, n° 3;

17°. Pont (François-Joseph), âgé de 42 ans, marchand de vin traiteur, demeurant à Paris, avenue Parmentier, n° 3;

18°. Angé (Jean-Alphonse), âgé de 26 ans, menuisier-mécanicien chez M. Pihet, demeurant à Paris, rue Beauvau, n° 5, Faubourg-Saint-Antoine;

19°. Gaussen (Pierre-Pascal), âgé de 50 ans, contre-maître des menuisiers chez M. Pihet, demeurant à Paris, rue de la Muette, n° 15;

20°. Femme Minard (Victoire Lemaire), âgée de 39 ans, couturière et portière, demeurant à Paris, rue Basfroy, n° 12;

21°. Minard (Joseph), âgé de 38 ans, portier, demeurant à Paris, rue Basfroy, n° 12;

22°. Dame Gueraiche (Louise-Victoire Leramier), âgée de 41 ans, couturière, demeurant à Paris, rue Basfroy, n° 12.

Deux autres témoins assignés à la requête du procureur-général, savoir : Augustine-Marguerite Gueraiche et Héloïse Gueraiche, étant âgés de moins de 15 ans, M. le Président reçoit leurs déclarations sans prestation de serment.

Ces témoins déclarent ainsi qu'il suit leurs noms, prénoms, profession, âge et demeure.

Demoiselle Gueraiche (Augustine-Marguerite), âgée de 14 ans et demi, couturière, demeurant à Paris, rue Basfroy, n° 12;

Demoiselle Gueraiche (Héloïse), âgée de 12 ans, sans état, demeurant à Paris, chez ses père et mère, rue Basfroy, n° 12.

Le procureur-général renonce à l'audition des témoins femme Bina et femme Mabille qui, assignées à sa requête, ont été empêchées par maladie de se rendre à l'audience.

Sur la demande du défenseur de l'accusé, il est donné lecture à la cour des dépositions faites dans l'instruction par les témoins Charvot et Delehaye qui n'ont pu être cités à comparaître devant la cour.

M. le Président donne l'ordre d'introduire le témoin Pernety qui n'a pu être entendu dans la dernière audience.

Ce témoin prête serment dans la forme prescrite par la loi, et déclare s'appeler:

Pernety (Victor), âgé de 45 ans, capitaine d'artillerie, demeurant à Paris, rue de Grenelle-Saint-Germain, n° 50.

M. le Président fait représenter au témoin Pernety diverses armes saisies comme pièces à conviction et sur lesquelles il a été appelé dans l'instruction à donner son avis comme expert.

Il est ensuite procédé à l'audition du témoin

Gazan, appelé en vertu du pouvoir discrétionnaire de M. le Président.

Ce dernier témoin est entendu, sans prestation de serment, dans la forme voulue par l'art. 269 du Code d'instruction criminelle.

Il déclare s'appeler :

Gazan (Alexandre), âgé de 47 ans, chef d'escadron d'artillerie, demeurant à Paris, rue Guénégaud, n° 5.

Le témoin Durocher, appelé sur la demande de l'accusé Delsade, est entendu dans la même forme.

Il déclare se nommer :

Durocher (Jacques-Ange), âgé de 46 ans, docteur-médecin, demeurant à Paris, rue de la Vannerie, n° 42.

M. le Président expose que sur la demande de l'accusé Lebarzic, il a fait appeler comme témoin la femme de cet accusé, mais qu'aux termes de l'art. 322 du Code d'instruction criminelle, ce témoin ne peut être entendu que si le procureur-général et tous les accusés y consentent.

D'après le consentement donné à cette audition par le procureur-général et les accusés, la dame Lebarzic est entendue sans prestation de serment et à titre de simple déclaration.

Elle déclare s'appeler :

Femme Lebarzic (Louise-Marie-Reine Callier), cotonnière, âgée de 20 ans, demeurant à Paris, rue Lenoir, n° 1.

M. le Président donne ensuite l'ordre de faire introduire les témoins assignés à la requête du procureur-général sur la demande des accusés

Walch, Lebarzic, Philippet et Dugas.

Ces témoins déposent séparément, après avoir prêté le serment prescrit par la loi.

La Cour entend dans cette forme,

Sur la demande de Lebarzic,

1°. Vincent (Charles-Henry), âgé de 32 ans, fondeur, demeurant à Paris, rue Lenoir, n° 9;

2°. Vox (Gaspard), âgé de 43 ans, traiteur, demeurant à Paris, rue des Amandiers-Popincourt, n° 14;

3°. Montbayard (Auguste), âgé de 40 ans, cordonnier-portier, demeurant à Paris, rue Lenoir, n° 9.

Sur la demande de Philippet,

1°. Langlois-Longueville (François-Philéas), âgé de 47 ans, capitaine dans la garde municipale, caserne Tournon;

2°. Matignon (Jean-Louis), âgé de 49 ans, fabricant de cordes, demeurant à Paris, rue de Charonne, impasse des Suisses.

Sur la demande de Dugas,

1°. Désir (Désiré), âgé de 27 ans, ajusteur-mécanicien, demeurant à Paris, rue et impasse Popincourt, n° 30;

2°. Fulgence (Pierre), âgé de 34 ans, ouvrier mécanicien, demeurant à Paris, rue Saint-Ambroise-Popincourt;

3°. Coulon (Jean-Joseph), âgé de 45 ans, ouvrier mécanicien, dem. à Paris, rue Beauvau, n° 5;

4°. Mathieu (Joseph), âgé de 35 ans, menuisier, demeurant à Paris, place du Marché-Saint-Jean, n° 25.

Le témoin Jux, beau-frère de l'accusé Walch, est entendu sans prestation de serment, après que le procureur-général et les accusés ont déclaré ne pas s'opposer à son audition.

Il déclare s'appeler :

Jux (Remy), âgé de 35 ans, fruitier, demeurant à Paris, rue Saint-Ambroise-Popincourt, n° 3.

Le défenseur de l'accusé Walch déclare renoncer à l'audition du témoin Gallenfert, assigné sur sa demande.

Pareille déclaration est faite par le défenseur de l'accusé Dugas, en ce qui concerne les témoins Faulret, dame Menard, Gaillard, dame Gaillard, et Miroux; et par le défenseur de l'accusé Philippet, en ce qui concerne les témoins Doignie et Pavaire.

Me Puybonnieux, défenseur de l'accusé Marescal, demande que M. le Président fasse appeler, en vertu de son pouvoir discrétionnaire, les témoins Savignac, femme Detrace, et veuve Sébron.

M. le Président donne l'ordre de citer ces trois témoins.

L'heure étant avancée, l'audience est continuée à demain, heure de midi.

Signé Pasquier, président;

E. Cauchy, *greffier en chef.*

ATTENTAT DES 12 ET 13 MAI 1839.

PROCÈS-VERBAL N° 16.

COUR DES PAIRS.

Audience publique du jeudi 4 juillet 1839,

Présidée par M. le CHANCELIER.

LE jeudi 4 juillet 1839, à midi, la Cour reprend son audience publique pour la suite des débats sur les accusations prononcées par l'arrêt du 12 juin dernier.

Les 19 accusés détenus et leurs défenseurs sont présens.

L'appel nominal auquel il est procédé par le greffier en chef, constate la présence de 158 Pairs sur 160 qui assistaient à l'audience d'hier.

Les deux Pairs absens sont MM. le comte de Breteuil et le comte de Mosbourg, retenus par l'état de leur santé.

M. le Président expose que l'état de santé de l'accusé Roudil ayant permis de le ramener à l'audience, il va être procédé à une nouvelle audition du témoin Pernety qui n'avait pas été appelé hier à s'expliquer sur les fusils saisis comme pièce à conviction contre cet accusé.

Le témoin Pernety est en conséquence entendu de nouveau.

Après son audition, M. le Président procède à

l'interrogatoire des accusés Longuet, Martin, Marescal, Pierné et Grégoire.

Les témoins assignés à la requête du procureur-général pour déposer des faits relatifs à ces cinq accusés, sont successivement introduits.

Chacun d'eux prête, avant de déposer, le serment prescrit par la loi.

La Cour les entend dans l'ordre que voici :

1°. Winter (François-Léopold), âgé de 36 ans, secrétaire du commissariat de police du quartier Saint-Martin-des-Champs, demeurant à Paris, rue Saint-Louis, n° 18, au Marais;

2°. Perdereau (Antoine), âgé de 46 ans, marchand fripier, demeurant à Paris, place de la Rotonde du Temple, n° 14;

3°. Quelquejeu (Charles-François), âgé de 38 ans, pharmacien, demeurant à Paris, rue de Poitou, n° 13;

4°. Denizot (Denis), âgé de 33 ans, boulanger, demeurant à Paris, rue de Poitou, n° 17;

5°. Desgroux (Jean-Louis), âgé de 32 ans, charcutier, demeurant à Paris, rue de Poitou, n° 22;

6°. Gallois (Jean-Pierre-Bazilic), âgé de 32 ans, monteur en bronze, demeurant à Paris, rue d'Anjou, n° 4, au Marais;

7°. Lemaire (Pierre-Auguste), âgé de 37 ans, professeur de rhétorique, demeurant à Paris, rue des Quatre-Fils, n° 16;

8°. Vallois (Louis-Gabriel-Christophe), âgé de 42

ans, tabletier, demeurant à Paris, rue Saint-Martin, n° 237;

9°. Rancher de Saint-Léger (François-Laurent-Pierre), âgé de 39 ans, capitaine de voltigeurs au 2e bataillon du 28e de ligne, caserné à la Courtille;

10°. Lefèvre (Francisque-Hippolyte), âgé de 19 ans, commis-épicier, demeurant à Paris, rue d'Anjou, n° 19, au Marais;

11°. Porthault (Lubin-Joseph), âgé de 17 ans, tisserand, demeurant à Paris, Grande-Rue-de-Reuilly, n° 47;

12°. Raynaud (François), âgé de 24 ans, caporal au 28e de ligne, caserné à la Courtille;

13°. Courtade (Jean-Jacques), âgé de 23 ans, voltigeur au 2e bataillon du 28e de ligne, caserné à la Courtille;

14°. Dambeza (Jérôme), âgé de 32 ans, apprêteur pour les bijoutiers, demeurant à Paris, rue Saint-Martin, n° 208, sergent dans la 4e compagnie du 2e bataillon de la 5e légion;

15°. Puertas (Emmanuel), âgé de 47 ans, sellier, demeurant à Paris, rue du Temple, n° 101;

16°. Chennevière (Dominique-Antoine), âgé de 42 ans, tambour dans la 6e légion de la garde nationale, demeurant à Paris, rue Guérin-Boisseau, n° 20;

17°. Bouttevillain (Victor-Jean-François), âgé de 44 ans, bimbelotier, demeurant à Paris, rue Grénétat, n° 2, passage Saint-Denis;

18°. Jardin (Noël), âgé de 45 ans, traiteur, demeurant à Paris, rue de Bretagne, n° 52;

19°. Thillaye (André-Antoine-Théodore), âgé de 42 ans, docteur en médecine, demeurant à Paris, rue de Bretagne, n° 40;

20°. Advenel (Jean-Gabriel), âgé de 49 ans, négociant, demeurant à Paris, rue d'Orléans, n° 5, au Marais;

21°. Riquier (Louis-Alexandre), âgé de 34 ans, chef d'institution, demeurant à Paris, rue de la Verrerie, n° 14;

22°. Soury (Jean-Baptiste-François-Athanase), âgé de 43 ans, sculpteur, demeurant à Paris, rue de Chevreuse, n° 1;

23°. Hyon (François-Louis), âgé de 41 ans, fabricant de plaqué, demeurant à Paris, rue des Fontaines, n° 17;

24°. Douilliez (Jean-Baptiste-Albert), âgé de 44 ans, lieutenant dans la garde municipale, caserné aux Minimes;

25°. Huzé (Jean-Baptiste), âgé de 28 ans, fabricant de chaussons, demeurant à Paris, rue de Saintonge, n° 19;

26°. Fougère (Jean-Baptiste-Antoine), âgé de 31 ans, fabricant de plaqué, demeurant à Paris, rue Jean-Robert, n° 24;

27°. Vioujas (Henri), âgé de 27 ans, garde municipal à pied, 8e compagnie, caserné aux Minimes;

28°. Renniau (Jean), âgé de 40 ans, brigadier de la garde municipale, 4e compagnie à pied, caserné aux Minimes;

29°. Fournière (Jean-Baptiste), âgé de 36 ans, concierge, demeurant à Paris, rue des Quatre-Fils, n° 10;

30°. Deschamps (Jacques-Lamontagne), âgé de 35 ans, docteur en médecine, demeurant à Paris, rue des Quatre-Fils, n° 10;

31°. Sandemoy (Jean-Baptiste), âgé de 44 ans, négociant, demeurant à Paris, rue des Quatre-Fils, n° 10.

Le procureur-général déclare renoncer à l'audition des témoins Borel, Cauche, Nicol, Bonnaire, Berton, Poinçot, Loréal, femme Maldan, Olivier d'Angers, Becqueret, Chalu, Legentil, Seyès, Mouton et veuve Anfray, également assignés à sa requête pour déposer des mêmes faits.

Il est ensuite procédé à l'audition des témoins assignés à la requête du procureur-général, sur la demande des accusés Longuet, Martin et Marescal.

Ces témoins sont entendus séparément, après avoir prêté le serment prescrit par la loi.

La Cour entend dans cette forme,

Sur la demande de l'accusé Longuet,

1°. Fortinière (Gilbert-Constant), âgé de 23 ans, sellier, demeurant à Paris, cour Batave, n° 6;

2°. Guyard (Eugène), âgé de 29 ans, commis, demeurant à Paris, rue des Lombards, n°s 2 et 4;

3°. Garnier (Charles-Adrien), âgé de 29 ans, droguiste, demeurant à Paris, rue des Arcis, n° 55;

4°. Joly (Jacques), âgé de 40 ans, graveur-imprimeur, demeurant à Paris, rue Quincampoix, n° 11;

Sur la demande de l'accusé Marescal,

Femme Finot (Jeanne Lemenu), âgée de 60 ans, logeuse, demeurant à Paris, rue de la Calandre, n° 22;

Sur la demande de l'accusé Martin,

Morize (Jacques-Louis), âgé de 51 ans, négociant, demeurant à Paris, rue Michel-le-Comte, n° 24.

Trois autres témoins cités sur la demande de ce dernier accusé et en vertu du pouvoir discrétionnaire de M. le Président, sont entendus sans prestation de serment, dans la forme prescrite par l'article 269 du Code d'instruction criminelle.

Ces témoins sont:

1°. Savignac (Jean-Benoît), âgé de 37 ans, cartonnier, demeurant à Paris, rue du Petit-Lion-Saint-Sauveur, n° 2;
2°. Femme Detrace (Marie-Louise David), âgée de 43 ans, cartonnière, demeurant à Paris, rue de la Vieille-Monnaie, n° 18;
3°. Veuve Cebron (Rose Nicolas), âgée de 40 ans, marchande des quatre saisons, demeurant à Paris, marché des Enfans-Rouges, n° 2.

Il est procédé dans la même forme à l'audition d'un témoin appelé en vertu du pouvoir discrétionnaire de M. le Président, sur la demande de l'accusé Grégoire et qui déclare s'appeler :

Soufflot (François-Gabriel), âgé de 48 ans, capitaine dans la garde municipale, caserné aux Minimes.

Le défenseur de l'accusé Guilbert demande que le témoin Pernety soit entendu de nouveau au sujet d'un fait qui concerne cet accusé.

M. le Président fait droit à cette demande; le témoin Pernety dépose sous la foi du serment qu'il a déjà prêté.

L'audience est ensuite continuée à demain, heure de midi.

Signé PASQUIER, président;

E. CAUCHY, *greffier en chef.*

ATTENTAT DES 12 ET 13 MAI 1839.

PROCÈS-VERBAL N° 17.

COUR DES PAIRS.

Audience publique du vendredi 5 juillet 1839,

Présidée par M. le CHANCELIER.

LE vendredi 5 juillet 1839, à midi, la Cour reprend son audience publique pour la suite des débats sur les accusations prononcées par l'arrêt du 12 juin dernier.

Les accusés et leurs défenseurs sont présens.

L'appel nominal, fait par le greffier en chef, constate la présence des 158 Pairs qui assistaient à la séance d'hier.

A l'ouverture de l'audience, l'accusé Barbès obtient la parole et donne à la Cour de nouvelles explications sur les faits qui le concernent.

L'accusé Bernard (Martin) présente également à la Cour quelques observations.

Le procureur-général obtient la parole et développe les moyens de l'accusation en ce qui concerne les accusés Barbès, Bernard (Martin), Nouguès et Bonnet.

La parole est ensuite donnée à M. l'avocat-général Boucly, qui développe les charges particulières existant contre les accusés Roudil, Guilbert, Mialon, Walch, Lebarzic, Philippet et Dugas.

M. l'avocat-général Nouguier complète l'exposé des moyens de l'accusation en ce qui concerne les accusés Lemière, Austen, Delsade, Longuet, Martin, Marescal, Pierné et Grégoire.

M. le Président expose ensuite que divers témoins entendus dans le cours de l'instruction demandent l'autorisation de quitter l'audience.

Le procureur-général et les défenseurs des accusés déclarent consentir à ce qu'il soit fait droit à cette demande.

M. le Président annonce en conséquence que les témoins entendus sont autorisés à se retirer.

L'heure étant avancée, l'audience est continuée à demain pour entendre les défenseurs des accusés.

Signé PASQUIER, président;

E. CAUCHY, *greffier en chef.*

ATTENTAT DES 12 ET 13 MAI 1839.

PROCÈS-VERBAL N° 18.

COUR DES PAIRS.

Audience publique du samedi 6 juillet 1839,

Présidée par M. le CHANCELIER.

LE samedi 6 juillet 1839, à midi, la Cour reprend son audience publique pour la suite des débats sur les accusations prononcées par l'arrêt du 12 juin dernier.

Les accusés et leurs défenseurs sont présens.

Le greffier en chef, sur l'ordre de M. le Président, procède à l'appel nominal des membres de la Cour.

Leur nombre, qui à la dernière audience était de 158, se trouve réduit à 157, par l'absence de M. le baron Dupin.

M. le Président donne l'ordre d'introduire divers témoins appelés en vertu de son pouvoir discrétionnaire, sur la demande des accusés, et qui n'ont pu être entendus dans les précédentes audiences.

Ces témoins déposent séparément, sans prestation de serment, dans la forme prescrite par l'art. 269 du Code d'instruction criminelle.

Sont entendus dans cette forme :

Sur la demande de l'accusé Mialon,

1°. Godbœuf (Lucien), âgé de 27 ans, coiffeur, demeurant à Paris, rue aux Ours, n° 1;

2°. Bocquin (Adolphe), âgé de 12 ans et demi, coiffeur, demeurant à Paris, rue aux Ours, n° 1;

3°. Charlet (Charles-Nicolas), âgé de 50 ans, médecin, demeurant à Paris, rue aux Ours, n° 16;

4°. Delille (Placide), âgé de 40 ans, fabricant de chaussons, demeurant à Paris, rue aux Ours, n° 16;

5°. Darche (Pierre), âgé de 42 ans, entrepreneur de terrasse, demeurant à Paris, rue de la Lanterne, n° 2.

Le défenseur de l'accusé Mialon déclare renoncer à l'audition de la dame Bocquin, également appelée sur la demande de cet accusé.

La Cour entend, toujours dans la même forme, le témoin :

Grossonerie (Charles-Auguste), âgé de 49 ans, serrurier, demeurant à Paris, impasse Berthaud, n° 8,

Ce témoin a été appelé en vertu du pouvoir discrétionnaire, sur la demande de l'accusé Lemière.

En l'absence des témoins Belin, Benoist, Sozeron et Wanust, qui avaient été également cités par ordre de M. le Président, la parole est accordée aux défenseurs des accusés.

Me Arago est d'abord entendu dans sa plaidoirie pour l'accusé Barbès.

Il expose ensuite qu'il est également chargé de présenter la défense de l'accusé Bernard (Martin), mais il demande qu'avant de passer à cette plaidoirie, la Cour veuille bien lui accorder quelques instans de repos.

M. le Président, faisant droit à cette demande, donne la parole à Me Paillet, qui présente la défense de l'accusé Nouguès, puis à Me Jules Favre, défenseur de l'accusé Roudil.

Après cette plaidoirie, Me Arago obtient de nouveau la parole, et présente la défense de l'accusé Bernard (Martin).

Me Lignier est ensuite entendu dans l'exposé des moyens de défense de l'accusé Guilbert.

La Cour continue son audience à demain, dimanche, pour la suite des plaidoiries.

Signé Pasquier, président;

E. Cauchy, *greffier en chef.*

ATTENTAT DES 12 ET 13 MAI 1839.

COUR DES PAIRS.

PROCÈS-VERBAL Nº 19.

Audience publique du dimanche 7 juillet 1839,

Présidée par M. le CHANCELIER.

LE dimanche 7 juillet 1839, à midi, la Cour reprend son audience publique pour la suite des débats sur les accusations prononcées par l'arrêt du 12 juin dernier.

Les accusés et leurs défenseurs sont présens.

Le greffier en chef, sur l'ordre de M. le Président, procède à l'appel nominal des membres de la Cour.

Leur nombre qui, à la dernière audience, était de 157, se trouve réduit à 156 par l'absence de M. le comte Klein, retenu par l'état de sa santé.

La parole est donnée aux défenseurs pour la continuation des plaidoiries.

La Cour entend successivement la défense de l'accusé Bonnet, présentée par Mᵉ Blanc;

Celle de l'accusé Mialon, présentée par Mᵉ Blot-Lequesne;

Celle de l'accusé Delsade, présentée par Mᵉ Bertin;

Celle de l'accusé Lemière, présentée par Mᵉ Nogent de Saint-Laurent;

Celle de l'accusé Austen, présentée par Me Genteur.

M. le Président expose ensuite que pour suivre l'ordre naturel des faits tels qu'ils ont été soumis aux débats, la parole devrait être donnée à Me Hemerdinger, pour présenter la défense de l'accusé Walch; mais cet avocat ayant fait connaître que sa santé ne lui permettait pas de plaider aujourd'hui, M. le Président annonce que la Cour va passer à l'audition des défenseurs des derniers accusés.

La parole est accordée en conséquence à Me Ferdinand Barrot, qui présente la défense de l'accusé Longuet.

La Cour entend ensuite :

Me Barbier, pour l'accusé Martin.

Me Puybonnieux, pour l'accusé Marescal.

Me Madier de Montjau, pour l'accusé Pierné.

Et Me Lafargue, pour l'accusé Grégoire.

L'heure étant avancée, M. le Président continue l'audience à demain pour la suite des plaidoiries.

Signé Pasquier, président;

E. Cauchy, *greffier en chef.*

ATTENTAT DES 12 ET 13 MAI 1839.

COUR DES PAIRS.

PROCÈS-VERBAL N° 20.

Audience publique du lundi 8 juillet 1839,

Présidée par M. le CHANCELIER.

LE lundi 8 juillet 1839, à midi, la Cour reprend son audience publique pour la suite des débats sur les accusations prononcées par l'arrêt du 12 juin dernier.

Les accusés et leurs défenseurs sont présens.

L'appel nominal, fait par le greffier en chef, constate la présence des 156 membres qui assistaient à l'audience d'hier.

M. le Président accorde la parole aux défenseurs des accusés pour la suite des plaidoiries.

La Cour entend successivement la défense de l'accusé Walch, présentée par Me Hemerdinger;

Celle de l'accusé Lebarzic, présentée par Me Barre;

Celle de l'accusé Philippet, présentée par Me Grevy;

Et celle de l'accusé Dugas, présentée par Me Adrien Benoist.

M. le Président fait introduire le témoin Bernier, déjà entendu à l'audience du 1er de ce mois.

Ce témoin dépose sous la foi du serment qu'il a prêté.

M. le Président accorde ensuite la parole au procureur-général pour répliquer aux plaidoiries des défenseurs.

Après avoir reproduit quelques considérations générales, le procureur-général donne lecture à la Cour du réquisitoire suivant, qu'il dépose, signé de lui, sur le bureau.

RÉQUISITOIRE.

« Le procureur-général du Roi près la Cour des Pairs,

« Attendu qu'il résulte de l'instruction et des débats que, les 12 et 13 mai 1839, un attentat a été commis à Paris, ayant pour but : 1°. de détruire et de changer le Gouvernement; 2°. d'exciter les citoyens et habitans à s'armer contre l'autorité royale; 3°. d'exciter la guerre civile en armant et en portant les citoyens et habitans à s'armer les uns contre les autres;

« En ce qui touche l'accusé Lebarzic.

« Attendu qu'il ne paraît pas suffisamment établi que cet accusé se soit rendu coupable de l'attentat ci-dessus spécifié;

« Déclare s'en rapporter, à son égard, à la prudence de la Cour.

« En ce qui touche les accusés Barbès, Martin Bernard, Nouguès, Bonnet, Roudil, Guilbert, Delsade, Mialon, Austen, Lemière, Walch, Philippet, Dugas, Longuet, Martin, Marescal, Pierné et Grégoire;

« Attendu que de l'instruction et des débats résulte contre eux la preuve qu'ils se sont rendus coupables d'avoir commis l'attentat ci-dessus spécifié ;

« Crime prévu par les articles 87, 88 et 91 du Code pénal;

« En ce qui concerne Barbès;

« Attendu que de l'instruction et des débats il résulte la preuve que, dans l'exécution de l'attentat ci-dessus spécifié, il s'est rendu coupable d'un homicide volontaire, commis le 12 mai dernier, avec préméditation, sur la personne du lieutenant Drouineau;

« En ce qui touche Mialon, déjà condamné pour crime;

« Attendu que de l'instruction et des débats il résulte la preuve qu'il s'est rendu coupable d'un homicide volontaire, commis le 12 mai dernier, avec préméditation, sur la personne du maréchal des logis Jonas;

« Lesdits crimes prévus par les articles 295, 296, 297, 298, 302 et 56 du Code pénal;

« Requiert qu'il plaise à la Cour faire application aux susnommés, des articles précités, et les condamner aux peines portées par la loi;

« Déclarant toutefois, en ce qui touche les nommés Nouguès, Bonnet, Roudil, Guilbert, Delsade, Austen, Lemière, Walch, Philippet, Dugas, Longuet, Martin, Pierné, Marescal et Grégoire, s'en remettre à la haute sagesse de la Cour, pour faire droit aux réquisitions qui précèdent, et pour tempérer les peines, si la Cour le juge convenable.

« Fait à l'audience publique de la Cour des Pairs, le huit juillet mil huit cent trente-neuf. »

Signé « FRANCK CARRÉ. »

Me Dupont, défenseur des accusés Barbès et Bernard (Martin), demande à répliquer au nom de ces accusés.

Cette réplique entendue, M. le Président donne l'ordre d'introduire un témoin qu'il a fait appeler en vertu de son pouvoir discrétionnaire, sur la demande du défenseur de l'accusé Grégoire.

Ce témoin, qui est entendu sans prestation de serment, déclare s'appeler :

Defrenoy (Alexandre-Jacques), âgé de 55 ans, architecte, demeurant à Paris, rue du Temple, n° 101.

La Cour entend ensuite quelques nouvelles observations présentées par Me Arago.

Aucun autre défenseur ne réclamant la parole, M. le Président interpelle nominativement tous les accusés pour savoir s'ils ont quelque chose à ajouter à leur défense.

Les accusés Barbès, Austen, Mialon, Longuet et Martin présentent quelques observations.

Les autres accusés ayant répondu qu'ils n'avaient plus rien à dire, M. le Président déclare que les débats sont terminés.

La Cour ordonne qu'il en sera délibéré en Chambre du conseil.

L'audience publique est continuée au jour qui sera ultérieurement indiqué pour la prononciation de l'arrêt.

Signé PASQUIER, président;

E. CAUCHY, *greffier en chef.*

ATTENTAT DES 12 ET 13 MAI 1839.

PROCÈS-VERBAL N° 21.

COUR DES PAIRS.

Séance secrète du lundi 8 juillet 1839,

Présidée par M. le CHANCELIER.

LE lundi 8 juillet 1839, à cinq heures trois quarts après midi, la Cour entre dans la Chambre du conseil après la clôture des débats sur les accusations prononcées par l'arrêt du 12 juin dernier.

M. le Président expose que l'heure est trop avancée pour ouvrir aujourd'hui la délibération sur les conclusions du réquisitoire : mais il est une question d'ordre qui se présente avant tout à résoudre, et sur laquelle il serait à désirer que la Cour voulût bien se prononcer en ce moment. La gravité des décisions qu'elle peut avoir à prendre, fait sentir le besoin de redoubler de précautions pour empêcher qu'il puisse en transpirer quelque chose au dehors avant la prononciation de l'arrêt. Dans ce but, plusieurs Pairs ont paru désirer que toutes les questions résultant du réquisitoire fussent résolues, s'il était possible, dans une seule séance; mais d'après le nombre des accusés sur lesquels il faudra prononcer, il y a tout lieu de croire que la délibération durera plusieurs jours. Dans cette situation, la Cour jugera peut-être qu'il serait à propos de prononcer d'abord sur la culpabilité en ce qui concerne tous les accusés, avant d'aborder aucune des questions relatives à l'application de la peine. Rien dans la loi ni même dans les précédens de la Cour, ne s'oppose à ce que cet ordre de délibération soit adopté, et le Président y trouverait ce grand avantage de mieux assurer le secret de la partie des délibérations sur laquelle il est le plus à désirer que ce secret soit strictement gardé.

Un Pair déclare qu'il comprend toute la gravité du motif qui vient d'être allégué par M. le Président à l'appui de sa proposition; mais un scrupule judiciaire l'empêche de se ranger à cet avis. Il a vu jusqu'ici la Cour adopter une marche contraire dans les affaires qui présentaient par le nombre des accusés le plus d'analogie avec celle dont elle est saisie en ce moment; et en effet, on comprend que dans une longue délibération, il soit utile, pour la déduction logique des faits, que le vote sur la peine se trouve le plus rapproché possible des discussions relatives à la culpabilité.

Un autre Pair estime que ce dernier mode de délibération offre non seulement l'avantage d'être plus rationnel, mais aussi celui d'épargner un temps précieux, car il est sensible qu'une partie des considérations développées au sujet de la culpabilité, et tendant soit à l'aggraver, soit à l'amoindrir, doivent naturellement influer aussi sur l'application de la peine; et si les deux votes relatifs à chaque accusé sont séparés par un long intervalle, il y aura en quelque sorte deux discussions au lieu d'une sur les points controversés.

M. le Président fait observer que si les précédens tirés de l'affaire d'avril sont conformes à l'avis qui vient d'être exprimé par les derniers opinans, on peut aussi invoquer en faveur de la proposition qu'il a faite à la Cour, les déterminations prises lors du procès des anciens Ministres signataires des ordonnances du 25 juillet 1830, et lors du jugement de l'attentat du 27 décembre 1836.

Un Pair expose qu'il lui paraît difficile que la Chambre termine en une seule séance tous les votes relatifs à l'application de la peine; et si cette partie de la délibération doit se prolonger plusieurs jours, l'avantage que M. le Président se promettait de la séparation des deux votes aura disparu.

Un autre Pair fait remarquer que dans les jugemens ordinaires en cour d'assises cette séparation des votes a lieu de plein droit, car la délibération sur la peine ne peut commencer que lorsque toutes les questions relatives à la culpabilité ont été résolues par le jury.

Un troisième demande s'il ne serait pas possible à la Cour des Pairs, dans une circonstance aussi grave, de se réunir dès les premières heures de la matinée, et de prolonger la délibération sans désemparer jusqu'à ce que l'arrêt fût rendu.

M. le Président déclare qu'une telle manière de procéder lui paraîtrait essentiellement contraire à la bonne administration de la justice. Vouloir dépasser la mesure des forces humaines serait mal s'y prendre pour assurer au juge la liberté d'esprit dont il a besoin dans de si graves délibérations.

Un Pair fait observer que c'est surtout à l'égard des questions de culpabilité qu'il importe de délibérer sous les impressions de l'audience, car les considérations d'après lesquelles la Cour des Pairs prononce sur la peine étant plutôt tirées de la raison d'État que des circonstances particulières du procès, il y aurait, ce semble, moins d'inconvénient à ce que cette partie de la délibération fût plus éloignée du moment où les débats ont eu lieu.

Un des préopinans estime que ce ne sont pas seulement les souvenirs des débats qui sont précieux pour éclairer la conscience des juges lorsqu'il s'agit de statuer sur la peine, mais aussi ce que l'on peut appeler les souvenirs de la délibération elle-même, car, dans une affaire aussi grave, il est beaucoup de membres de cette Cour qui aiment à éclairer leurs propres réflexions par celles qui émanent de collègues dont ils apprécient l'expérience et les lumières.

Un autre Pair supplie la Cour de remarquer que si l'on a pu citer quelques précédens à l'appui de l'opinion qui tend à scinder en deux parts les délibérations sur la culpabilité et sur la peine, ces précédens se rapportent à des affaires où un petit nombre seulement d'accusés était traduit devant la Cour, tandis que toutes les analogies de l'affaire actuelle rappellent le souvenir de ces grands procès d'août 1820 et d'avril 1834, dans lesquels la peine a été appliquée à chaque accusé immédiatement après qu'il avait été déclaré coupable.

Plusieurs membres demandent que la Cour soit consultée sur l'ordre de délibération qu'il lui convient de suivre.

Un Pair déclare qu'il suffit que la conscience de quelques uns de ses collègues paraisse répugner à l'innovation que l'on propose, pour lui faire désirer que la Cour s'en tienne à l'ordre de délibération suivi dans les affaires analogues, sans même aller aux voix sur cette question incidente.

M. le Président expose qu'il est tout prêt à se ranger à ce dernier avis, car il n'a rien tant à cœur que de ne froisser aucune susceptibilité de conscience; mais cependant il persiste à croire que puisqu'on a parlé d'analogies, c'est à l'affaire des Ministres qu'il faut remonter pour trouver une situation dans laquelle il y ait eu autant d'intérêt à garder sur les délibérations de la Cour toute la rigueur du secret judiciaire.

Un Pair estime qu'en pareille matière les scrupules qui pourraient retenir quelques consciences, ne doivent pas empêcher la Cour d'adopter tel ordre de délibération qui lui paraîtrait le plus convenable, lorsque d'ailleurs la proposition qui lui a été faite ne s'écarte ni du droit commun ni des précédens. Il est de règle dans tous les tribunaux que l'avis de la majorité doit l'emporter sur les convictions qui se trouvent contraires à cet avis, et la Cour des Pairs ne peut abandonner ce principe sans lequel il n'y aurait pas d'assemblée délibérante.

L'opinant qui avait proposé de s'en tenir aux usages du procès d'avril, sans que la Cour prît aucune délibération formelle à cet égard, expose qu'il est loin de méconnaître le principe qu'on vient de lui opposer; mais il voulait éviter que la Cour, en tranchant la question par un vote formel, s'engageât en quelque sorte à suivre dans ses délibérations un ordre invariable qu'elle ne pourrait plus changer suivant le besoin des circonstances.

M. le Président répond que quelle que soit la décision qui pourra être prise par la Cour, cette décision n'engagera nullement l'avenir : il s'agit, en effet, uniquement, pour la Cour, d'apprécier les exigences de la position particulière dans laquelle elle se trouve en ce moment.

La mise aux voix de la proposition faite par M. le Président étant réclamée de toutes parts, la Cour est consultée par mains levées sur la question de savoir si elle entend procéder au vote sur la culpabilité en ce qui concerne tous les accusés, avant de s'occuper pour aucun d'eux de l'application de la peine.

Cette question est résolue par l'affirmative.

La séance est ensuite ajournée à demain, onze heures du matin, pour commencer la délibération sur les questions concernant la culpabilité des accusés.

Signé Pasquier, président;

E. Cauchy, *greffier en chef.*

ATTENTAT DES 12 ET 13 MAI 1839.

PROCÈS-VERBAL N° 22.

COUR DES PAIRS.

Séance secrète du mardi 9 juillet 1839,

Présidée par M. le CHANCELIER.

LE mardi 9 juillet 1839, à onze heures du matin, la Cour se réunit dans la Chambre du conseil pour délibérer sur le réquisitoire présenté par le procureur-général à l'audience d'hier.

L'appel nominal fait par le greffier en chef constate la présence des 156 membres qui ont assisté à toutes les audiences des débats.

M. le Président rappelle à la Cour que, d'après ses précédens, aucune décision touchant la culpabilité ou la peine ne peut être prise contre l'accusé qu'à la majorité des cinq huitièmes des voix, déduction faite de celles qui, suivant l'usage de la Cour, doivent se confondre pour cause de parenté ou d'alliance.

Il est immédiatement procédé à la formation du tableau comprenant ceux de MM. les Pairs présens à la séance dont les voix doivent se confondre en cas d'opinions conformes.

Suit la teneur de ce tableau:

TABLEAU des membres de la Cour dont les voix doivent se confondre en cas d'opinions conformes.

« Ne compteront que pour une voix,

« Comme frères :

« M. le comte de Ségur et M. le vicomte de Ségur-Lamoignon ;

« M. le duc de Crillon et M. le marquis de Crillon.

« Comme oncle et neveu propres :

« M. le comte Siméon et M. le comte Portalis ;

« M. le comte Philippe de Ségur et M. le comte de Ségur ;

« Le même et M. le vicomte de Ségur-Lamoignon.

« Comme beau-père et gendre :

« M. le comte Roy et M. le marquis de Talhouët ;

« Le même et M. le comte de La Riboisière.

« En cas d'opinions conformes entre MM. le comte Philippe de Ségur, le comte de Ségur et le vicomte de Ségur-Lamoignon, leurs trois voix ne seront comptées que pour deux.

« Il en sera de même en cas d'opinions conformes entre MM. le comte Roy, le marquis de Talhouët et le comte de La Riboisière. »

Ce tableau dressé, M. le Président fait donner une nouvelle lecture du réquisitoire présenté par le procureur-général.

Il est ensuite procédé à l'appel nominal dans l'ordre inverse de celui de réception, sur la première question relative à l'accusé Barbès, et ainsi posée :

« L'accusé Barbès est-il coupable d'avoir commis à Paris, au mois de mai dernier, un attentat dont le but était de détruire le Gouvernement, et d'exciter la guerre civile, en armant ou en portant les citoyens et habitans à s'armer les uns contre les autres? »

Cette question se trouvant résolue à l'unanimité par l'affirmative, et aucun Pair ne réclamant un second tour d'appel, M. le Président expose que la délibération va maintenant s'établir sur le deuxième chef d'accusation compris dans le réquisitoire à la charge de Barbès, et qui tend à ce que cet accusé soit déclaré coupable d'homicide volontaire commis avec préméditation sur la personne du lieutenant Drouineau.

Pour diviser à cet égard, dans le vote de la Cour, le fait de meurtre de la circonstance aggravante de préméditation, M. le Président propose de mettre successivement aux voix les deux questions suivantes :

« 1°. L'accusé Barbès est-il coupable d'avoir, dans l'exécution de l'attentat ci-dessus qualifié, et soit comme auteur, soit comme complice, en aidant et assistant les auteurs mêmes du crime, commis un homicide volontaire sur la personne du sieur Drouineau, lieutenant au 21e régiment de ligne ?

« 2°. Le même accusé est-il coupable d'avoir commis cet homicide volontaire avec préméditation ? »

Un Pair obtient la parole sur la position de la question. Sa mémoire ne lui rappelle pas que dans l'affaire d'avril 1834, où il y avait eu tant de faits particuliers de meurtre compris dans l'exécution d'un immense attentat, la Cour des Pairs ait jamais scindé, pour ainsi dire en deux parts, la culpabilité des accusés, en formulant une question d'homicide volontaire après la question générale d'attentat. Il lui semble même que cette position de questions accessoires avait été repoussée à cette époque par le motif que la compétence de la Cour des Pairs était uniquement fondée sur la coopération des accusés à l'attentat, et non sur tel ou tel autre crime qui pourrait leur être personnellement imputé : l'opinant demande pour quel motif la Cour s'écarterait aujourd'hui de ce principe.

M. le Président expose qu'en effet, lors du jugement de l'affaire d'avril, et à l'occasion du meurtre commis à Saint-Étienne sur la personne de l'agent de police Eyraud, il a été le premier à faire observer à la Cour que les charges qui pouvaient s'élever à cet égard contre tel ou tel accusé, ne devaient être envisagées que comme des élémens de complicité dans l'attentat. Mais la raison pour laquelle le Président s'opposait alors à la position d'une question accessoire, était tirée de ce que ni l'arrêt de mise en accusation, ni le réquisitoire de M. le procureur-général, n'appelaient la Cour à statuer sur une accusation d'homicide. Il en est tout autrement aujourd'hui, car, et l'arrêt du 12 juin dernier, et l'acte d'accusation, et le réquisitoire du procureur-général, énoncent, à la charge de l'accusé Barbès, qu'il aurait commis avec préméditation un homicide volontaire sur la personne du lieutenant Drouineau. Le Président ne pouvait donc se dispenser d'appeler sur ce chef d'accusation la délibération de la Cour, et de formuler des questions à cet égard.

Un Pair déclare que ce sera toujours avec regret qu'il verra poser une question de meurtre à côté d'une question d'attentat. Cette dernière accusation domine naturellement tous les actes coupables par lesquels des factieux ont pu tenter de réaliser leurs projets, et quelle que soit la gravité de tel ou tel fait d'homicide, ce n'est là, pour ainsi dire, qu'un accessoire de ce grand fait d'attentat qui motive à lui seul la compétence de la Cour.

Un troisième opinant fait observer qu'il peut être en effet regrettable que l'arrêt de mise en accusation ait été rédigé de cette manière; mais c'était au moment où cet arrêt a été rendu qu'il fallait faire valoir les raisons qui viennent d'être exposées à la Cour. Maintenant que deux chefs d'accusation ont été formulés dans l'arrêt, il est impossible qu'un de ces deux chefs soit passé sous silence dans le jugement. Il est d'ailleurs de principe, en droit criminel, que toute juridiction compétente pour connaître du crime principal, l'est également pour connaître des crimes connexes.

Un quatrième opinant rappelle que l'arrêt du 12 juin dernier n'est pas le premier qui ait admis une accusation de meurtre à côté d'une accusation d'attentat; le procès de Fieschi et de ses complices offre un précédent analogue, et si l'opinant ne s'est pas opposé lors de la mise en accusation de l'inculpé Barbès à l'admission du chef d'homicide volontaire commis avec préméditation, c'est qu'il se rappelait le précédent de 1835, et le peu de succès des observations présentées à cette époque pour faire écarter de l'arrêt de la Cour la qualification d'assassinat. Mais en appuyant la position des questions indiquées par M. le Président, l'opinant voudrait que les termes de la question relative à l'homicide fussent conformes à ceux de l'arrêt du 12 juin dernier, et qu'on en retranchât le chef de *complicité* qui, n'ayant été énoncé jusqu'ici dans aucun des actes judiciaires relatifs à l'accusé Barbès, ne s'est pas trouvé en quelque sorte compris dans le débat contradictoirement engagé entre l'accusation et la défense.

L'auteur des premières observations expose que le précédent qui vient d'être rappelé ne lui paraît pas entièrement applicable au cas actuel. Quelle que fût l'énormité de l'attentat du 28 juillet 1835, cet attentat n'avait pas le caractère de généralité des attentats d'avril 1834 et de mai dernier; c'était contre la vie et la personne du Roi que la main parricide de Fieschi avait spécialement dirigé ses coups; la société tout entière avait été sans doute mise en péril par son crime; mais cette attaque s'était résumée en quelque sorte dans un attentat individuel, et on comprend qu'après avoir qualifié cet attentat, la Cour des Pairs ait cru devoir mentionner séparément des homicides particuliers qui ne rentraient pas dans la définition du crime principal. Il en est autrement dans l'affaire dont la Cour est maintenant saisie. En commettant son attentat, Barbès ne s'est pas attaqué à tel ou tel individu, mais à la société tout entière; les faits particuliers d'homicide semblent donc ici virtuellement compris dans l'accusation principale. Il est vrai que l'arrêt du 12 juin a défini séparément le chef d'homicide, mais les énonciations d'un arrêt ne peuvent empêcher la Cour de revenir, dans son jugement, à ce qui lui paraît être la plus juste et la plus légale expression de sa conviction judiciaire.

Un cinquième opinant reconnaît que l'accusation d'attentat pourrait en effet absorber ici toutes les autres; mais il importe cependant à la bonne administration de la justice que les meurtres particuliers commis dans l'exécution de l'attentat, ne soient pas en quelque sorte passés sous silence lors du jugement, car si la société doit être vengée des crimes qui l'ont menacée dans son existence, il ne faut pas non plus que les crimes commis envers de simples citoyens puissent demeurer comme impunis; la question d'homicide volontaire ayant été posée par un précédent arrêt de la Cour, l'accusé lui-même est en droit de demander qu'elle soit judiciairement résolue.

Un des préopinans déclare que d'après le précédent qui vient d'être cité, et dans la position particulière où se trouve la Cour par suite de l'arrêt du 12 juin, il lui paraît difficile de ne pas poser explicitement la question d'homicide volontaire à l'égard de l'accusé Barbès; mais il ne voudrait pas qu'on pût induire de ce mode de procéder qu'aux yeux de la Cour la criminalité de l'attentat puisse être en quelque sorte aggravée par celle qui résulterait d'un assassinat. L'opinant repousse en effet de toutes ses forces cette distinction impie qui tendrait à faire des crimes politiques une classe à part, plus digne que les autres d'indulgence et de pitié, comme si les faits qui s'attaquent à la société tout entière dans son essence et dans ses bases, n'étaient pas les plus détestables comme les plus dangereux des crimes.

M. le Président expose que la nécessité de poser la question d'homicide volontaire ne paraissant plus douteuse, il s'agit seulement de savoir dans quels termes cette question doit être formulée. A cet égard, on a fait observer que l'arrêt d'accusation ne paraissait pas supposer que l'accusé Barbès eût pu se rendre coupable du meurtre qu'on lui impute à titre de complice, mais seulement à titre d'auteur. Les raisons ne manqueraient pas pour établir que le mot de complicité n'altérerait en aucune façon le sens réel et fondamental de la question qui a été posée, mais il suffit que ce mot ait soulevé quelque scrupule pour que le Président se prête volontiers à son retranchement. Toutefois, comme il est résulté des débats un fait nouveau, c'est à savoir que le lieutenant Drouineau ayant été percé de deux balles, sa mort a pu être causée par deux individus à la fois, il semble au moins nécessaire, pour mettre les termes de la question en harmonie avec la vérité des faits établis, de la rédiger de telle manière que la Cour ait à décider seulement si Barbès a été *l'un des auteurs* de l'homicide volontaire commis sur la personne du lieutenant Drouineau, car il ne faudrait pas qu'on pût conclure de la déclaration à intervenir qu'il en a été le seul auteur.

Un Pair appuie cette nouvelle manière de poser la question, en faisant observer que si le président de la cour d'assises a le droit, aux termes de l'art. 338 du Code d'instruction criminelle, d'ajouter aux questions résultant de l'acte d'accusation, celles qui se rapportent aux circonstances nouvellement révélées par les débats, alors même que ces circonstances sont aggravantes pour l'accusé, à plus forte raison doit-il être permis de modifier les termes de la question, lorsque cette modification, importante pour la vérité des faits, ne change rien à la situation judiciaire de l'accusé.

Un second opinant rappelle que dans les jugemens en cour d'assises, les questions qui doivent être résolues par les jurés sont posées en audience publique à la fin des débats, contradictoirement avec les accusés et leurs défenseurs. C'est à cette condition que le président de la cour d'assises peut exercer le droit que lui donne l'article du Code d'instruction criminelle cité par le préopinant; il n'y a donc pas d'argumentation rigoureuse à tirer de cet article pour ce qui concerne des questions posées après la clôture des débats en l'absence des défenseurs et des accusés. Sous ce rapport, le noble Pair est d'avis qu'il n'est pas possible d'ajouter ici aux questions résultant de l'acte d'accusation une question nouvelle, et en quelque sorte subsidiaire, comme serait celle de la complicité. Pour changer ainsi le caractère de l'accusation, il faudrait, à son avis, que le procureur-général et les défenseurs fussent mis à même de s'expliquer sur cette accusation nouvelle; mais quant à la simple substitution de ces mots : *Est-il coupable d'avoir été l'un des auteurs,* à ceux-ci : *Est-il coupable d'avoir été l'auteur,* l'opinant pense que ce n'est pas là étendre la question, mais seulement approprier ses termes à un fait révélé par l'accusé lui-même et sur lequel, par conséquent, il a été mis à même de se défendre, c'est à savoir l'existence de deux blessures qui ont pu causer simultanément la mort.

Plusieurs Pairs expriment la crainte que cette distinction de mots ne soit pas suffisamment comprise, et que la question de savoir si Barbès aurait été seulement l'un des auteurs du meurtre, ne se rapproche beaucoup de la question qui pourrait être posée au sujet de la complicité.

D'autres Pairs estiment qu'entre la qualification d'auteur et celle de complice, il y a toute la différence qui existe entre l'acte matériel par lequel le crime a été consommé et les faits indirects ou accessoires à l'aide desquels il a été seulement préparé.

Un nouvel opinant est d'avis qu'une fois la Cour entrée dans la Chambre du conseil, le plus sûr est de s'en tenir aux termes de l'arrêt de mise en accusation auxquels le procureur-général lui-même n'a rien changé dans son réquisitoire définitif. L'opinant insiste donc pour que la question soit posée, dans la forme ordinaire, en ces termes :

« L'accusé Barbès s'est-il rendu coupable, dans l'exécution de l'attentat ci-dessus qualifié, d'un homicide volontaire sur la personne du lieutenant Drouineau ? »

M. le Président met d'abord aux voix cette dernière rédaction qui n'est pas adoptée.

La Cour décide ensuite que la question sera posée dans les termes de la formule indiquée en dernier lieu par M. le Président, et ainsi conçue :

« L'accusé Barbès est-il coupable d'avoir été, dans l'exécution de l'attentat ci-dessus qualifié, l'un des auteurs de l'homicide volontaire commis sur la personne du lieutenant Drouineau ? »

Lors du premier tour d'appel nominal auquel il est procédé sur cette question, plusieurs Pairs déclarent réserver leur vote.

Tous les Pairs ayant opiné dans un second tour d'appel, la question posée par M. le Président se trouve résolue par l'affirmative, à la majorité de 126 voix contre 30.

Le troisième tour d'appel auquel il est procédé sur la demande de plusieurs Pairs, donne le même résultat que le second tour.

M. le Président pose dans les termes suivants la dernière question relative à l'accusé Barbès :

« L'accusé Barbès a-t-il causé cet homicide volontaire avec préméditation ? »

Cette question est affirmativement résolue à la majorité des cinq huitièmes, après deux tours d'appel nominal.

L'heure étant avancée, la suite de la délibération est ajournée à demain mercredi, onze heures.

Signé Pasquier, président;

E. Cauchy, *greffier en chef.*

ATTENTAT DES 12 ET 13 MAI 1839.

PROCÈS-VERBAL N° 23.

COUR DES PAIRS.

Séance secrète du mercredi 10 juillet 1839,

Présidée par M. le CHANCELIER.

LE mercredi 10 juillet 1839, à onze heures du matin, la Cour se réunit dans la Chambre du conseil, pour continuer ses délibérations sur le réquisitoire présenté par le procureur-général à l'audience du 8 de ce mois.

L'appel nominal auquel il est procédé par le greffier en chef, constate la présence des 156 Pairs qui ont assisté à toutes les audiences des débats.

M. le Président rappelle à la Cour qu'elle a terminé, dans sa séance d'hier, l'examen des questions relatives à la culpabilité de l'accusé Barbès : il ajoute que, d'après la décision prise par la Cour dans sa séance d'avant-hier, la délibération doit continuer maintenant sur les questions qui concernent la culpabilité des autres accusés.

La question relative à l'accusé Bernard (Martin) est posée en ces termes :

« L'accusé Bernard (Martin) est-il coupable « d'avoir commis à Paris, au mois de mai dernier, « un attentat dont le but était de détruire le Gou-

« vernement, et d'exciter la guerre civile, en ar-
« mant ou en portant les citoyens et habitans à
« s'armer les uns contre les autres? »

Il est procédé à deux tours d'appel nominal sur cette question, qui est résolue par l'affirmative, à la majorité de 155 voix contre une.

Aucun Pair ne réclamant un troisième tour d'appel, la Cour passe à la délibération sur l'accusé Nouguès.

La question de culpabilité posée à son égard dans les mêmes termes qu'en ce qui concerne l'accusé Bernard (Martin), est affirmativement résolue à l'unanimité des voix, après un seul tour d'appel nominal.

La question est posée dans les mêmes termes, en ce qui concerne l'accusé Bonnet.

Plusieurs Pairs ayant réservé leur vote lors du premier appel nominal, M. le Président observe qu'un second tour d'appel est nécessaire, bien que l'épreuve ait été favorable à l'accusé.

Le second tour d'appel nominal auquel il est immédiatement procédé, donne pour résultat la solution négative de la question relative à l'accusé Bonnet.

Cet accusé est, en conséquence, déclaré non coupable.

La même question est successivement posée en ce qui touche les accusés Roudil, Guilbert et Delsade.

Ces trois accusés sont déclarés coupables d'attentat, à l'unanimité des voix, et d'après le résultat d'un seul tour d'appel pour chacun d'eux, aucun Pair n'ayant réclamé un second tour.

Avant de statuer sur la question relative à l'accusé Guilbert, la Cour a entendu la lecture d'une lettre adressée à M. le Président par le défenseur de cet accusé, et d'un certificat produit à sa décharge.

La délibération s'établit ensuite sur l'accusé Mialon.

Cet accusé étant compris dans le réquisitoire, sous le chef d'attentat et sous celui d'homicide volontaire commis avec préméditation, trois questions sont successivement posées à son égard, dans les termes suivans :

Première question. — « L'accusé Mialon est-il « coupable d'avoir commis à Paris, au mois de « mai dernier, un attentat dont le but était de dé« truire le Gouvernement et d'exciter la guerre ci« vile en armant ou en portant les citoyens et ha« bitans à s'armer les uns contre les autres? »

Deuxième question. — « Le même accusé est-il « coupable d'avoir, dans l'exécution dudit atten« tat, commis un homicide volontaire sur la per« sonne du sieur Jonas, maréchal des logis de la « garde municipale? »

Troisième question. — Ledit accusé a-t-il com« mis cet homicide volontaire avec prémédita« tion? »

Ces trois questions, mises aux voix séparément, sont successivement résolues par l'affirmative, savoir : la première à l'unanimité des voix, la seconde et la troisième à la majorité des cinq huitièmes.

La délibération s'établit ensuite sur l'accusé Austen.

La question d'attentat, la seule qui résulte à l'égard de cet accusé des conclusions du procureur-général, est résolue à l'unanimité par l'affirmative.

Aucun Pair ne réclamant un deuxième tour d'appel nominal, la Cour s'en tient au résultat du premier tour.

La délibération est prise dans la même forme en ce qui concerne l'accusé Lemière, lequel est déclaré coupable d'attentat, au premier tour d'appel nominal.

La question d'attentat ayant été posée, dans les mêmes termes, au sujet de l'accusé Philippet, la Cour le déclare coupable à la majorité des cinq huitièmes, après qu'il a été procédé à deux tours d'appel nominal.

L'heure étant avancée, M. le Président propose à la Chambre de renvoyer la suite de la délibération à demain.

Un Pair demande si, en reprenant la délibération ce soir même, il ne paraîtrait pas possible de terminer aujourd'hui ce qui concerne la culpabilité, de telle manière que la Chambre pût consacrer entièrement sa séance de demain aux votes sur l'application de la peine.

M. le Président fait observer qu'il reste encore à la Cour à statuer sur la culpabilité de huit accusés, et que cette délibération pourrait durer plus long-temps qu'on ne le pense. On avait cru d'abord qu'un seul jour pourrait suffire pour vider toutes les questions relatives à la culpabilité, et déjà deux séances ont été consacrées tout entières à cette première partie du jugement, sans que l'on soit près d'en atteindre le terme. Dans cette position le Président ne saurait se résoudre à proposer à la Cour de se réunir ce soir, car il craindrait d'abuser des forces de ses collègues, sans aucun avantage réel quant au résultat.

Plusieurs Pairs, en appuyant l'avis de M. le Président, estiment que pour se conformer à l'esprit qui a dicté sa décision d'avant-hier, la Cour devrait consacrer exclusivement sa séance de demain à terminer l'examen des questions concernant la culpabilité, pour n'avoir plus à s'occuper, dans sa séance d'après-demain, que du vote sur l'application de la peine.

Cette proposition étant appuyée de toutes parts, la Cour s'ajourne à demain jeudi, pour terminer sa délibération en ce qui concerne la culpabilité.

Signé Pasquier, président;

E. Cauchy, *greffier en chef.*

ATTENTAT DES 12 ET 13 MAI 1839.

PROCÈS-VERBAL N° 24.

COUR DES PAIRS.

Séance secrète du jeudi 11 juillet 1839,

Présidée par M. le CHANCELIER.

LE jeudi 11 juillet 1839, à onze heures du matin, la Cour se réunit dans la Chambre du conseil pour continuer sa délibération sur le réquisitoire présenté par le procureur-général à l'audience du 8 de ce mois.

L'appel nominal auquel il est procédé par le greffier en chef constate la présence de 155 Pairs sur 156 qui assistaient à la séance d'hier.

Le Pair absent est M. le vice-amiral Willaumez, retenu par l'état de sa santé.

Avant que la délibération soit reprise, un Pair fait observer qu'à la fin de la dernière séance, la Cour avait paru décidée à ne s'occuper aujourd'hui que de terminer les votes relatifs à la culpabilité : l'opinant craindrait que s'il en était ainsi, ce qui reste à accomplir de la tâche judiciaire de la Cour ne se trouvât réparti d'une manière trop inégale entre la séance de demain et celle d'aujourd'hui. Il propose donc de laisser à la délibération son libre cours et de la continuer aujourd'hui jusqu'à l'heure accoutumée, en statuant, si le temps le permet, sur les premières questions de pénalité qui sont à résoudre.

Un autre Pair déclare qu'il lui paraîtrait étrange de revenir ainsi sur ce qui avait été décidé hier d'un assentiment unanime, mais si la Cour devait entrer dès aujourd'hui dans la partie de sa délibération qui touche la pénalité, il demanderait qu'il fût statué d'abord sur l'application de la peine en ce qui concerne les accusés les moins chargés, car il y a, dans une délibération de cette nature, certaines questions plus délicates et plus graves pour lesquelles il est besoin d'une préparation particulière et d'une sorte de recueillement intérieur dans la méditation et le silence.

Un troisième opinant fait observer que les membres de la Cour ont eu tout le temps de réfléchir avec maturité aux diverses questions qui concernent soit la culpabilité, soit l'application de la peine. Il ne pense donc pas que l'ordre naturel des délibérations de la Cour doive être changé.

Le préopinant déclare que si, contre son attente, la délibération devait s'ouvrir aujourd'hui même sur l'application de la peine aux accusés déclarés coupables d'attentat avec homicide, sa conscience ne se croirait pas en état de prononcer immédiatement, et que par conséquent il se trouverait forcé de prier M. le Président de rayer son nom de la liste des juges.

M. le Président expose que son devoir l'oblige à rétablir ici un principe de droit sanctionné par la raison comme par les précédens de la Cour. C'est que le juge ne s'appartient pas à lui-même, et ne saurait avoir par conséquent le choix de rester au procès ou de s'abstenir. Son opinion est acquise soit à la vindicte publique soit à l'accusé ; il ne peut donc refuser de voter dans un sens ou dans l'autre, car ses doutes comme sa conviction doivent tourner au profit d'une impartiale justice.

Un Pair demande à soumettre à la Cour une observation préalable. A ses yeux, la motion qui vient d'être faite est prématurée, car on ne peut savoir en ce moment combien d'heures seront employées à délibérer sur la culpabilité des huit accusés dont la Cour ne s'est pas encore occupée: l'opinant propose donc d'achever d'abord cette partie du jugement avant de s'occuper de régler l'ordre des délibérations ultérieures.

Conformément à ce dernier avis, la Cour décide qu'elle reprendra immédiatement sa délibération sur les questions relatives à la culpabilité.

M. le Président rappelle que les huit accusés sur lesquels il reste à statuer en ce moment, sont compris dans l'acte d'accusation sous un seul chef, celui d'attentat.

La question est posée à l'égard de chacun d'eux dans les termes suivants:

« L'accusé est-il coupable d'avoir commis à Paris, au mois de mai dernier, un attentat dont le but était de détruire le Gouvernement, et d'exciter la guerre civile en armant ou en portant les citoyens et habitants à s'armer les uns contre les autres? »

Cette question, en ce qui concerne l'accusé Walch, est résolue par l'affirmative à la majorité des cinq huitièmes, et après qu'il a été procédé à deux tours d'appel nominal.

Avant de poser la question relative à l'accusé Lebarzic, M. le Président fait observer qu'en ce qui touche cet accusé le procureur-général a déclaré, dans son réquisitoire, s'en remettre à la prudence de la Cour.

La question d'attentat est négativement résolue à l'égard de Lebarzic.

Il est, en conséquence, déclaré non coupable.

Le double appel nominal auquel il est ensuite procédé en ce qui concerne l'accusé Dugas, donne également pour résultat la solution négative de la question posée à son égard.

La Cour le déclare non coupable.

Pareille déclaration de non culpabilité est rendue en ce qui concerne l'accusé Grégoire, après deux tours d'appel nominal et après qu'il a été donné lecture à la Cour de plusieurs pièces produites par cet accusé depuis la clôture des débats.

La Cour déclare, au contraire, coupables d'attentat, les accusés Longuet, Martin, Marescal et Pierné.

Cette déclaration est faite à la majorité des cinq huitièmes, et après qu'il a été procédé à deux tours d'appel nominal en ce qui concerne chaque accusé.

Diverses pièces produites depuis la clôture des débats au nom de l'accusé Longuet ont été lues à la Cour avant le vote sur cet accusé.

M. le Président expose que la Cour ayant terminé sa délibération sur les questions relatives à la culpabilité, le moment est venu de statuer sur la motion faite au commencement de la séance, et qui tendrait à ce que la Cour s'occupât dès aujourd'hui des questions relatives à l'application de la peine.

Cette motion étant presque unanimement appuyée, la Cour décide qu'elle passera immédiatement à la délibération sur les questions de pénalité.

Un Pair fait observer que sur les quinze accusés qui ont été déclarés coupables, il en est douze à l'égard desquels le procureur-général a déclaré s'en rapporter à la haute sagesse de la Cour pour tempérer, s'il y a lieu, les peines portées par la loi. L'opinant pense que la Cour devrait s'occuper d'abord de ces accusés dans la délibération qui va s'ouvrir.

M. le Président expose qu'il est deux groupes de faits qui semblent se détacher du reste de l'affaire: ce sont ceux qui concernent d'une part, les accusés Philippet et Walch; de l'autre, les accusés Longuet, Martin, Marescal et Pierné. M. le Président propose à la Cour de statuer aujourd'hui sur l'application de la peine à ces six accusés et de renvoyer le reste de sa délibération à demain.

La Cour adopte cette proposition.

La délibération s'établit en conséquence sur la question de savoir à quelle peine sera condamné l'accusé Philippet.

Un Pair fait observer que la réponse à cette question n'est pas aussi simple que celle qui peut être faite sur les questions de culpabilité : le droit qui appartient à la Cour des Pairs de modérer les peines, impose à chacun de ses membres le devoir d'apprécier à la fois les circonstances du fait et les précédens de la Cour: pour éclairer à ce sujet la religion des membres nouvellement reçus, ne conviendrait-il pas d'inviter soit M. le Président, soit le Rapporteur à s'expliquer le premier sur la peine?

M. le Président répond que cette demande a été faite plusieurs fois, mais qu'elle a toujours été repoussée par ce motif qu'il faut éviter avant tout que le poids d'aucune autorité puisse influencer les déterminations de l'assemblée dans des circonstances aussi graves : et c'est ce qu'on aurait lieu de craindre si le Président de la Cour ou le Rapporteur, qu'on pourrait supposer, attendu la grande part qu'ils ont prise à l'instruction, plus instruits que les autres membres de la Cour de tous les détails de l'affaire, opinaient les premiers; quant au Président, c'est surtout lorsqu'il s'agit d'émettre un avis d'où peut dépendre l'honneur ou la vie d'un accusé, qu'il doit tenir à l'avantage de n'avoir à s'exprimer que le dernier : c'est un droit dont il ne lui conviendrait en aucune façon de se dessaisir. Cet ordre de délibération ne peut d'ailleurs avoir aucun inconvénient, puisqu'au premier tour d'appel, les Pairs qui ne se croient pas suffisamment éclairés, sont autorisés par l'usage à réserver leur vote, sauf à opiner au réappel.

Il est en conséquence procédé à l'appel nominal dans la forme ordinaire, en ce qui concerne l'application de la peine à l'accusé Philippet.

Plusieurs Pairs qui avaient réservé leur vote lors du premier tour d'appel sont réappelés avant qu'il soit procédé au deuxième tour.

M. le Président met sous les yeux de la Cour le résultat des votes émis dans le premier tour d'appel, en faisant observer que chaque Pair conserve au deuxième tour d'appel, comme au premier, la faculté d'opiner pour les peines qu'il juge convenables, sans qu'il y ait ballottage entre les deux peines qui ont obtenu le plus de suffrages.

Le second tour d'appel donne 128 suffrages sur 155 pour l'application, à l'accusé Philippet, de la peine de six années de détention.

Ce nombre de votes étant supérieur à la majorité des cinq huitièmes et personne ne réclamant un troisième tour d'appel, la Cour condamne l'accusé Philippet à six années de détention.

Il est procédé dans la même forme en ce qui concerne les autres accusés.

Le premier tour d'appel nominal sur l'application de la peine à l'accusé Walch, donne pour résultat la condamnation de cet accusé à deux années d'emprisonnement.

M. le Président fait observer qu'en cas de condamnation à de simples peines correctionnelles, pour attentat contre la sûreté de l'État, l'usage de la Cour des Pairs est de fixer le temps pendant lequel le condamné devra demeurer à l'expiration de sa peine, sous la surveillance de la haute police, aux termes de l'article 49 du Code pénal.

On demande dans quelles limites de temps cette fixation doit se renfermer.

Un Pair répond que l'article 49 du Code pénal n'établit aucune règle à cet égard; qu'à la vérité il semble résulter du principe posé par l'article 48 du même Code que le temps de la surveillance doit être égal à la durée de la peine, mais la Cour des Pairs ne se regarde pas comme obligée à se renfermer dans cette limite, car dans l'affaire d'avril, par exemple, des condamnations à une seule année d'emprisonnement ont été accompagnées d'un renvoi sous la surveillance de la haute police pour cinq années. On peut en donner pour raison que lorsque la Cour des Pairs condamne à l'emprisonnement un accusé déclaré coupable d'attentat, elle fait descendre en réalité la peine de trois degrés, et qu'ainsi il y a encore atténuation immense dans une condamnation qui change à la fois le caractère de la peine principale et abrége sa durée, bien qu'elle allonge, comparativement à la durée de cette peine, celle de la mise en surveillance.

D'après le résultat du second tour d'appel nominal, l'accusé Walch est condamné à deux années d'emprisonnement, après lesquelles il sera renvoyé pendant cinq années sous la surveillance de la haute police.

La délibération s'établit sur l'application de la peine à l'accusé Longuet.

Les voix se trouvent réparties ainsi qu'il suit au deuxième tour d'appel nominal.

Pour cinq années d'emprisonnement et dix années de surveillance.	54 voix.	155
Pour cinq années d'emprisonnement et cinq années de surveillance	93	
Pour trois années d'emprisonnement	7	
Pour une année d'emprisonnement	1	

Aucun Pair ne réclamant un troisième tour

d'appel, la Cour condamne l'accusé Longuet à cinq années d'emprisonnement, et ordonne qu'après l'expiration de sa peine il restera pendant cinq années sous la surveillance de la haute police.

Les accusés Martin et Marescal sont également condamnés, savoir : le premier à cinq années d'emprisonnement, lesquelles seront suivies de dix années de surveillance, et le second à trois années d'emprisonnement et à cinq années de surveillance.

Chacune de ces condamnations est prononcée à la majorité des cinq huitièmes et après deux tours d'appel nominal.

La délibération relative à l'accusé Pierné donne, au second tour d'appel nominal, le résultat suivant :

Pour trois années d'emprisonnement et cinq années de surveillance.	79 voix.	155
Pour deux années d'emprisonnement et cinq années de surveillance	76	

La majorité des cinq huitièmes n'étant pas acquise à la peine la plus sévère, et aucun Pair ne réclamant un troisième tour d'appel, la Cour condamne l'accusé Pierné à deux années d'emprisonnement, et ordonne qu'il restera pendant cinq années, après l'expiration de sa peine, sous la surveillance de la haute police.

La Cour ayant ainsi appliqué la peine aux six accusés dont elle avait décidé qu'elle s'occuperait aujourd'hui, la suite de la délibération est ajournée à demain.

M. le Président propose à l'assemblée de se réunir demain à neuf heures du matin pour être en mesure de prononcer l'arrêt dans la journée.

La Cour adopte cette proposition.

Signé PASQUIER, président;

E. CAUCHY, *greffier en chef.*

ATTENTAT
DES 12 ET 13 MAI
1839.

PROCÈS-VERBAL
N° 25.

COUR DES PAIRS.

Séance secrète du vendredi 12 juillet 1839,

Présidée par M. le CHANCELIER.

LE vendredi 12 juillet 1839, à neuf heures du matin, la Cour se réunit dans la Chambre du conseil pour continuer sa délibération sur le réquisitoire présenté par le procureur-général à l'audience du 8 de ce mois.

Le greffier en chef, sur l'ordre de M. le Président, procède à l'appel nominal des membres de la Cour.

Cet appel constate la présence des 155 Pairs qui assistaient à la séance d'hier.

La délibération s'établit sur la question de savoir quelle peine sera appliquée à l'accusé Barbès, précédemment déclaré coupable d'attentat à la sûreté de l'État et d'homicide volontaire commis avec préméditation sur la personne du sieur Drouineau, lieutenant au 21e régiment de ligne.

Il est successivement procédé à trois tours d'appel nominal sur cette question.

Le troisième tour d'appel donne le résultat suivant :

Pour la peine de mort.	134 voix	155
Pour la peine de la déportation.	21	

En conséquence la Cour condamne l'accusé Barbès à la peine de mort.

M. le Président fait observer que les cinq accusés suivans n'ont été déclarés coupables que sur un seul chef, celui d'attentat.

Il est procédé à deux tours d'appel nominal sur chacun de ces accusés, aucun Pair n'ayant réclamé un troisième tour.

Ces appels nominaux donnent les résultats suivans :

La Cour, à la majorité des cinq huitièmes, condamne :

L'accusé Martin Bernard à la peine de la déportation ;

L'accusé Nouguès à la peine de six années de détention ;

Les accusés Roudil et Guilbert, chacun à la peine de cinq années de détention ;

L'accusé Delsade à la peine de quinze années de détention.

La délibération s'établit sur l'accusé Mialon, déclaré coupable d'attentat et d'homicide volontaire sur la personne du sieur Jonas, maréchal des logis de la garde municipale.

Dans le cours de l'appel nominal auquel il est procédé sur cet accusé, plusieurs Pairs votent pour que la peine des travaux forcés à perpétuité lui soit appliquée.

D'autres Pairs font observer que cette peine n'a pas encore été prononcée par la Cour des

Pairs : ils rappellent que dans les délibérations sur l'affaire d'avril 1834, il a même été avancé qu'aux termes du Code pénal, la peine des travaux forcés n'était pas au nombre de celles qui pouvaient être applicables au crime d'attentat.

Diverses observations sont présentées de part et d'autre sur le droit et sur la convenance d'appliquer la peine dont il s'agit.

Plusieurs opinans exposent qu'en fait, deux circonstances tout-à-fait spéciales à la position de l'accusé Mialon permettent à la Cour de prononcer contre cet accusé la peine des travaux forcés à perpétuité, sans qu'aucun principe de droit, ou même sans qu'aucune raison tirée des précédens, puisse s'y opposer. La première de ces circonstances c'est que l'accusé Mialon a déjà été condamné précédemment à une peine afflictive et infamante (celle de la réclusion); la seconde, c'est qu'il a été déclaré coupable par la Cour des Pairs, non seulement d'attentat, mais aussi d'homicide volontaire commis avec préméditation : or, pour ce qui concerne la récidive, il résulte de l'article 56 du Code pénal, que la peine des travaux forcés à perpétuité peut être appliquée à la place de la déportation, lorsque l'accusé en récidive se trouve convaincu d'un crime qui emporterait cette dernière peine, et l'on sait que la déportation est une de celles qui, en cas de circonstances atténuantes, peuvent être prononcées contre l'attentat. Il résulte, en second lieu, de l'article 463 du Code pénal, que la peine de mort encourue par l'auteur d'un meurtre volontaire commis avec préméditation, peut se convertir en la peine des travaux forcés à perpétuité, lorsqu'il existe des circonstances atténuantes. Sous ce double rapport, la Cour paraît entièrement libre d'appliquer à l'accusé Mialon telle peine qu'elle voudra choisir.

Un Pair déclare que sans vouloir entrer ici dans une discussion de principe qui pourrait paraître inopportune, puisque, dans le cas particulier, toutes les opinions sont d'accord, il se réserve néanmoins d'établir, si l'occasion s'en présentait, que l'article 463 du Code pénal et les distinctions qu'on voudrait en tirer au sujet des peines applicables à l'attentat, ne sauraient empêcher la Cour des Pairs d'exercer en toute liberté son pouvoir modérateur et suprême en ce qui touche le choix des pénalités.

Un autre Pair déclare faire également des réserves en faveur de l'opinion qui tend à considérer la peine des travaux forcés comme ne pouvant être celle de l'attentat.

Un troisième opinant estime que, même avec ces réserves, il ne serait pas sans inconvénient d'appliquer la peine des travaux forcés à un justiciable de la Cour des Pairs. On a déjà rappelé que, dans le procès d'avril 1834, la Cour n'avait pu se résoudre à prononcer cette peine contre un accusé dont le crime présentait cependant le caractère de la plus froide atrocité, car il était convaincu de tentative de meurtre à main armée sur la personne d'un soldat pris et blessé : mais de graves considérations empêchèrent alors la Cour de prononcer une condamnation contraire au principe même de sa compétence : depuis cette époque, deux précédens législatifs sont venus fortifier à cet égard les précédens judiciaires. La commission spéciale chargée par la Chambre des Pairs de lui présenter un projet de loi sur ses formes de procéder, a exclu à dessein les travaux forcés de la nomenclature des peines qui pourraient être appliquées par la Cour : et cette exclusion s'est reproduite dans le projet de loi présenté par le Gouvernement à la session suivante. Des motifs de l'ordre le plus élevé avaient déterminé les commissaires de la Chambre à lui proposer cette dérogation au droit commun : ils avaient considéré que la juridiction de ce haut tribunal était faite surtout pour certaines classes de personnes qui auraient rempli dans la société les fonctions les plus éminentes, et que ce serait avilir en quelque sorte ces hautes dignités, que de rendre ceux qui les auraient exercées passibles, dans telle ou telle hypothèse, de la peine de la réclusion ou de celle des travaux forcés. Cette considération serait sans doute de peu de poids auprès de ceux qui voudraient faire passer la société tout entière sous le même niveau, mais elle ne sera pas sans gravité aux yeux d'une assemblée dont la mission est de maintenir ce qui reste encore de force et de dignité au pouvoir.

Un quatrième opinant fait observer que les nomenclatures de peines auxquelles il vient d'être fait allusion, ne se sont encore produites qu'à l'état de simple projet : non seulement elles n'ont pas été transformées en loi, mais elles n'ont pas même été soumises à l'épreuve de la discussion. La Cour n'a donc pas à s'en préoccuper en ce moment : et sans apprécier ici des considérations qui sont plus du domaine du législateur que de celui du juge, elle n'a qu'à faire à l'accusé traduit devant elle l'application de la peine que son crime paraît mériter.

Un cinquième opinant déclare que lorsque les commissions judiciaires de la Chambre rédigeaient les projets de loi qui viennent d'être rappelés, elles étaient loin de prévoir à quelle nature d'affaires et à quelle classe d'hommes le malheur des temps devait faire descendre sa juridiction.

Un sixième opinant ajoute qu'une pensée d'humanité sociale dominait alors tous les autres motifs que l'on pouvait tirer de la nature de la compétence de la Cour et du haut rang de quelques uns de ses justiciables : cette pensée, c'était celle qui tendait à classer, pour ainsi dire à part, les faits politiques, comme devant être l'objet de pénalités particulières : des considérations qui ne manquaient pas de gravité portaient alors un grand nombre d'esprits à croire que certaines peines infamantes devaient être exclues lorsqu'il s'agissait de punir cette classe de crimes ou de délits; mais, après l'expérience de ces derniers temps, la Chambre y regarderait sans doute à deux fois avant de faire passer en loi une théorie de cette nature, et cette discussion même est une preuve du danger qu'il pourrait y avoir à restreindre, par des entraves législatives, le libre arbitre qui doit appartenir à la juridiction des Pairs de France. Loin de regretter qu'ici la Cour admette un principe contraire à ses précédens, l'opinant croit l'occasion utile à saisir pour montrer qu'il ne doit y avoir en cette matière d'autre limite au choix des peines que la justice et le bon sens.

M. le Président déclare qu'il s'associe pleinement aux considérations exposées par les deux derniers opinans : il pense comme eux que ce serait mal comprendre les exigences de la situation politique et judiciaire dans laquelle se trouve la Cour, que de lui imposer, au nom de certaines convenances, des entraves qui n'existent ni dans sa jurisprudence ni dans la loi. Ces convenances ont pu frapper plus ou moins vivement de bons esprits à d'autres époques ; mais ainsi qu'on l'a si bien rappelé tout à l'heure, il n'entrait pas alors dans les probabilités admises, que la Cour des Pairs pût se trouver en présence d'accusés de la classe de ceux que la force des choses a fait dans ces derniers temps comparaître devant elle. Mais il faut se résoudre à prendre la société telle qu'elle existe, et puisqu'il est prouvé par une déplorable expérience que les plus grands dangers peuvent venir aujourd'hui de l'individu le plus obscur, puisque les illusions qu'on s'était faites à cet égard sont nécessairement dissipées, il importe que la Cour se réserve le droit de parcourir l'échelle entière des pénalités, car par suite de l'exclusion inopportune dont telle ou telle peine infamante serait l'objet, on pourrait se voir réduit à n'avoir plus à appliquer, dans des circonstances données, qu'une peine bien plus terrible encore, et ce système, loin de profiter à l'humanité, n'aurait fait que mettre les consciences moins à l'aise.

Le premier tour d'appel nominal donne le résultat suivant :

Pour la peine de mort........... 14 voix.
Pour la peine des travaux forcés à perpétuité.................... 136 voix.
Pour la peine de la déportation.... 4 voix.
Pour la peine de 10 années de travaux forcés................ 1 voix.

Au second tour d'appel nominal, l'avis qui tend à appliquer à l'accusé Mialon la peine des travaux forcés à perpétuité, obtient 154 voix sur 155.

En conséquence, la Cour condamne cet accusé à la peine des travaux forcés à perpétuité.

Un Pair fait observer qu'aux termes de l'art. 22 du Code pénal, la condamnation aux travaux forcés à perpétuité est une de celles qui entraînent comme accessoire l'exposition publique du condamné : l'opinant ne pense pas qu'il soit dans l'intention de la Cour des Pairs que cette disposition de la loi soit ici exécutée, mais il croit nécessaire que l'arrêt explique ce qui devra être fait à cet égard.

Un autre Pair répond que bien que l'exposition publique soit en quelque sorte une suite légale de la condamnation aux travaux forcés à perpétuité, cette peine accessoire n'est cependant appliquée qu'autant que l'arrêt de condamnation l'ordonne expressément : lorsqu'un arrêt ne contient pas cet ordre formel, le procureur-général ne saurait prendre sur lui de faire exposer le condamné. L'opinant conclut de cette observation que la Cour n'a pas besoin de dispenser formellement Mialon de l'exposition publique ; il suffit pour empêcher l'exécution de l'article 22 du Code pénal, que l'arrêt à intervenir garde le silence à cet égard.

Un troisième opinant ajoute que le procureur-général étant obligé de se renfermer, quant à l'exécution, dans les termes de l'arrêt, il n'est pas à craindre que Mialon soit exposé si la Cour ne l'ordonne pas; le procureur-général n'aurait dans ce cas qu'un seul moyen de pourvoir à l'exécution de la loi, ce serait de provoquer la cassation s'il s'agissait d'un arrêt de cour d'assises, mais ce qu'a décidé la Cour des Pairs étant irrévocable, il en résulte qu'en n'ordonnant pas l'exposition du condamné, elle aura suffisamment pourvu à ce que cette exposition n'ait pas lieu.

Ces observations étant appuyées de toutes parts, la délibération s'établit sur l'accusé Austen.

Après un double appel nominal, la Cour, à la majorité des cinq huitièmes, condamne cet accusé à la peine de quinze années de détention.

Il est procédé, dans la même forme, pour l'application de la peine à l'accusé Lemière.

La Cour condamne cet accusé à la peine de cinq années de détention.

Toutes les questions relatives à la culpabilité ou à l'application de la peine se trouvant ainsi résolues, M. le Président soumet à la Cour un projet d'arrêt dans lequel sont formulées les décisions qui viennent d'être prises.

Ce projet d'arrêt est mis aux voix et adopté par mains levées.

Les 155 Pairs qui ont pris part à la délibération apposent immédiatement leur signature sur la minute de l'arrêt.

La Cour rentre ensuite en audience publique pour vider le délibéré ordonné dans la séance du 8 de ce mois.

Signé Pasquier, président;

E. Cauchy, *greffier en chef.*

ATTENTAT DES 12 ET 13 MAI 1839.

COUR DES PAIRS.

PROCÈS-VERBAL N° 26.

Audience publique du vendredi 12 juillet 1839,

Présidée par M. le CHANCELIER.

LE vendredi 12 juillet 1839, à neuf heures du soir, la Cour reprend son audience publique pour vider le délibéré ordonné dans l'audience du 8 de ce mois.

Aucun accusé n'est présent.

Plusieurs défenseurs sont au barreau, tous ayant été prévenus de s'y rendre.

Le procureur-général et les avocats-généraux qui l'accompagnent sont introduits.

Le greffier en chef, sur l'ordre de M. le Président, fait l'appel nominal des membres de la Cour.

Cet appel constate la présence des 155 Pairs qui ont assisté à toutes les audiences du débat et à toutes les séances de délibération en Chambre du conseil.

L'appel nominal achevé, M. le Président prononce l'arrêt dont la teneur suit :

ARRÊT DE LA COUR DES PAIRS.

« LA COUR DES PAIRS,

« Vu l'arrêt du 12 juin dernier, ensemble l'acte d'accusation dressé en conséquence contre :

« Barbès (Armand),
« Bernard (Martin),
« Nouguès (Pierre-Louis-Théophile),
« Bonnet (Jacques-Henri),
« Roudil (Louis),
« Guilbert (Grégoire-Hippolyte),
« Delsade (Joseph),
« Mialon (Jean-Antoine),
« Austen (Rudolphe-Auguste-Florence),
« Lemière (Jean-Louis),
« Walch (Joseph),
« Philippet (Lucien-Firmin),
« Lebarzic (Jean-Baptiste),
« Dugas (Florent),
« Longuet (Jules),
« Martin (Pierre-Noël),
« Marescal (Eugène),
« Pierné (Aimé),
« Grégoire (Louis-Nicolas);

« Ouï les témoins en leurs dépositions et confrontations avec les accusés;

« Ouï le procureur-général du Roi en ses dires et réquisitions, lesquelles réquisitions par lui déposées sur le bureau de la Cour sont ainsi conçues :

« Le procureur-général du Roi près la Cour « des Pairs,

« Attendu qu'il résulte de l'instruction et des « débats que, les 12 et 13 mai 1839, un attentat « a été commis à Paris ayant pour but : 1°. de dé- « truire et de changer le Gouvernement; 2°. d'ex- « citer les citoyens et habitans à s'armer contre « l'autorité royale; 3°. d'exciter la guerre civile, « en armant et en portant les citoyens et habi- « tans à s'armer les uns contre les autres.

« En ce qui touche l'accusé Lebarzic :

« Attendu qu'il ne paraît pas suffisamment éta- « bli que cet accusé se soit rendu coupable de « l'attentat ci-dessus spécifié;

« Déclare s'en rapporter, à son égard, à la pru- « dence de la Cour.

« En ce qui touche les accusés Barbès, Martin « Bernard, Nouguès, Bonnet, Roudil, Guilbert, « Delsade, Mialon, Austen, Lemière, Walch, « Philippet, Dugas, Longuet, Martin, Marescal, « Pierné et Grégoire ;

« Attendu que de l'instruction et des débats il « résulte contre eux la preuve qu'ils se sont ren- « dus coupables d'avoir commis l'attentat ci-dessus « spécifié,

« Crime prévu par les articles 87, 88 et 91 du « Code pénal.

« En ce qui concerne Barbès :

« Attendu que de l'instruction et des débats il « résulte la preuve que, dans l'exécution de l'attentat ci-dessus spécifié, il s'est rendu coupable « d'un homicide volontaire commis, le 12 mai der- « nier, avec préméditation, sur la personne du « lieutenant Drouineau.

« En ce qui touche Mialon, déjà condamné pour « crime :

« Attendu que de l'instruction et des débats il « résulte la preuve qu'il s'est rendu coupable d'un « homicide volontaire commis, le 12 mai dernier, « avec préméditation, sur la personne du maré- « chal des logis Jonas ;

« Lesdits crimes prévus par les articles 295, « 296, 297, 298, 302 et 56 du Code pénal.

« Requiert qu'il plaise à la Cour faire appli- « cation aux susnommés des articles précités, et « les condamner aux peines portées par la loi.

« Déclarant toutefois, en ce qui touche les « nommés Nouguès, Bonnet, Roudil, Guilbert, « Delsade, Austen, Lemière, Walch, Philippet, « Dugas, Longuet, Martin, Pierné, Marescal et « Grégoire, s'en remettre à la haute sagesse de la « Cour, pour faire droit aux réquisitions qui pré- « cèdent, et pour tempérer les peines, si la Cour « le juge convenable.

« Fait à l'audience publique de la Cour des « Pairs, le 8 juillet 1839.

Signé « FRANCK CARRÉ. »

« Après avoir entendu Barbès et Bernard (Martin), et Mes Arago et Dupont, leurs défenseurs; Nouguès et Me Paillet, son défenseur; Bonnet et Me Blanc, son défenseur; Roudil et Me Jules Favre, son défenseur; Guilbert et Me Lignier, son défenseur; Delsade et Me Bertin, son défenseur; Mialon et Me Blot-Lequesne, son défenseur; Austen et Me Genteur, son défenseur; Lemière et Me Nogent-Saint-Laurent, son défenseur; Walch et Me Hemerdinger, son défenseur; Philippet et Me Grevy, son défenseur; Lebarzic et Me Barre, son défenseur; Dugas et Me Adrien Benoît, son défenseur; Longuet et Me Ferdinand Barrot, son défenseur; Martin et Me Barbier, son défenseur; Marescal et Me Puybonnieux, son défenseur; Pierné et Me Madier de Montjau, son défenseur; Grégoire et Me Lafargue, son défenseur, dans leurs moyens de défense, lesdits accusés interpellés en outre, conformément au 3e paragraphe de l'article 335 du Code d'instruction criminelle;

« Et après en avoir délibéré :

« En ce qui concerne :

« Bonnet (Jacques-Henri),
« Lebarzic (Jean-Baptiste),
« Dugas (Florent),
« Grégoire (Louis-Nicolas),

« Attendu qu'il n'y a pas preuve suffisante qu'ils se soient rendus coupables de l'attentat ci-après qualifié;

« Déclare :

« Bonnet (Jacques-Henri),

« Lebarzic (Jean-Baptiste),
« Dugas (Florent),
« Grégoire (Louis-Nicolas),

« Acquittés de l'accusation portée contre eux ;

« Ordonne qu'ils seront sur-le-champ mis en liberté, s'ils ne sont retenus pour autre cause.

« En ce qui concerne :

« Barbès (Armand),
« Bernard (Martin),
« Nouguès (Pierre-Louis-Théophile),
« Roudil (Louis),
« Guilbert (Grégoire-Hippolyte),
« Delsade (Joseph),
« Mialon (Jean-Antoine),
« Austen (Rudolphe-Auguste-Florence),
« Lemière (Jean-Louis),
« Philippet (Lucien-Firmin),
« Walch (Joseph),
« Longuet (Jules),
« Martin (Pierre-Noël),
« Marescal (Eugène),
« Pierné (Aimé),

« Attendu qu'ils sont convaincus d'avoir commis à Paris, au mois de mai dernier, un attentat dont le but était de détruire le Gouvernement, et d'exciter la guerre civile, en armant ou en portant les citoyens et habitans à s'armer les uns contre les autres ;

« En ce qui concerne

« Barbès (Armand) ;

« Attendu qu'il est convaincu d'avoir été, dans l'exécution de l'attentat ci-dessus qualifié, et avec préméditation, l'un des auteurs de l'homicide volontaire commis sur la personne du sieur Drouineau, lieutenant au 21e régiment de ligne;

« En ce qui concerne

« Mialon (Jean-Antoine), déjà condamné pour crime ;

« Attendu qu'il est convaincu d'avoir, le 12 mai dernier, commis, avec préméditation, un homicide volontaire sur la personne du sieur Jonas, maréchal des logis de la garde municipale ;

« Déclare :

« Barbès (Armand),
« Bernard (Martin),
« Nouguès (Pierre-Louis-Théophile),
« Roudil (Louis),
« Guilbert (Grégoire-Hippolyte),
« Delsade (Joseph),
« Mialon (Jean-Antoine),
« Austen (Rudolphe-Auguste-Florence),
« Lemière (Jean-Louis),
« Philippet (Lucien-Firmin),
« Walch (Joseph),
« Longuet (Jules),
« Martin (Martin-Pierre-Noël),
« Marescal (Eugène),
« Pierné (Aimé),

« Coupables du crime d'attentat prévu par les articles 87, 88 et 91 du Code pénal, ainsi conçus :

« Article 87 du Code pénal : L'attentat dont le « but sera, soit de détruire, soit de changer le « Gouvernement ou l'ordre de successibilité au « trône, soit d'exciter les citoyens ou habitans à « s'armer contre l'autorité royale, sera puni de « mort.

« Art. 88 : L'exécution ou la tentative consti- « tueront seules l'attentat.

« Art. 91 : L'attentat dont le but sera, soit « d'exciter la guerre civile, en armant ou en por- « tant les citoyens ou habitans à s'armer les uns « contre les autres, soit de porter la dévastation, « le massacre et le pillage dans une ou plusieurs « communes, sera puni de mort.

« Le complot ayant pour but l'un des crimes « prévus au présent article, et la proposition de « former ce complot, seront punis des peines por- « tées en l'article 89, suivant les distinctions qui y « sont établies. »

« Déclare, en outre, lesdits

« Barbès (Armand),
« Mialon (Jean-Antoine);

« Coupables d'homicide volontaire, commis avec préméditation, crime prévu par les articles 295, 296 et 302 du Code pénal, ainsi conçus :

« Art. 295 : L'homicide commis volontaire- « ment est qualifié meurtre.

« Art. 296 : Tout meurtre commis avec pré- « méditation ou de guet-apens est qualifié assas- « sinat.

« Art. 302 : Tout coupable d'assassinat, de « parricide, d'infanticide et d'empoisonnement, « sera puni de mort, sans préjudice de la disposi- « tion particulière contenue en l'article 13 relati- « vement au parricide. »

« Et attendu que les peines doivent être proportionnées à la gravité de la participation de chacun des accusés aux crimes dont ils sont reconnus coupables,

« Condamne :

« Barbès (Armand) à la peine de mort ;

« Bernard (Martin), à la peine de la déportation ;

« Mialon (Jean-Antoine), à la peine des travaux forcés à perpétuité ;

« Delsade (Joseph), Austen (Rudolphe-Auguste-Florence), chacun à quinze années de détention ;

« Nouguès (Pierre-Louis-Théophile), Philippet (Lucien-Firmin), chacun à six années de détention ;

« Roudil (Louis), Guilbert (Grégoire-Hippolyte), Lemière (Jean-Louis), chacun à cinq années de détention ;

« Ordonne, conformément à l'art. 47 du Code pénal, qu'après l'expiration de leur peine, tous les condamnés à la peine de la détention ci-dessus dénommés, seront, pendant toute leur vie, sous la surveillance de la haute police ;

« Condamne :

« Martin (Pierre-Noël), Longuet (Jules),

« Chacun à cinq années d'emprisonnement;

« Marescal (Eugène),

« A trois années d'emprisonnement;

« Walch (Joseph), Pierné (Aimé),

« Chacun à deux années d'emprisonnement ;

« Ordonne que lesdits Martin, Longuet, Marescal, Walch et Pierné, resteront, à partir de l'expiration de leur peine, sous la surveillance de la haute police, savoir :

« Martin, pendant dix années, Longuet, Marescal, Walch, Pierné, pendant cinq années.

« Condamne lesdits

« Barbès (Armand),
« Bernard (Martin),
« Nouguès (Pierre-Louis-Théophile),
« Roudil (Louis),
« Guilbert (Grégoire-Hippolyte),
« Delsade (Joseph),
« Mialon (Jean-Antoine),
« Austen (Rudolphe-Auguste-Florence),
« Lemière (Jean-Louis),
« Philippet (Lucien-Firmin),
« Walch (Joseph),
« Longuet (Jules),
« Martin (Pierre-Noël),

« Marescal (Eugène),
« Pierné (Aimé),

« Solidairement aux frais du procès; desquels frais la liquidation sera faite conformément à la loi, tant pour la portion qui doit être supportée par les condamnés, que pour celle qui doit demeurer à la charge de l'État;

« Ordonne que le présent arrêt sera exécuté à la diligence du procureur-général du Roi, imprimé, publié et affiché partout où besoin sera, et qu'il sera lu et notifié aux accusés par le greffier en chef de la Cour. »

Immédiatement après la prononciation de cet arrêt, M. le Président lève l'audience.

Signé PASQUIER, président;

E. CAUCHY, *greffier en chef.*

ATTENTAT DES 12 ET 13 MAI 1839.

PROCÈS-VERBAL N° 27.

COUR DES PAIRS.

Audience publique du lundi 15 juillet 1839,

Présidée par M. le CHANCELIER.

LE lundi 15 juillet 1839, à une heure de relevée, la Cour se réunit en audience publique, sur une convocation de M. le Chancelier.

M. le Président donne communication à la Cour d'une lettre qu'il a reçue hier de M. le Garde des sceaux, Ministre de la justice, et qui est ainsi conçue :

« MONSIEUR LE CHANCELIER,

« Sa Majesté, par décision à la date de ce jour
« 14 juillet 1839, a daigné commuer en la peine
« des travaux forcés à perpétuité la peine de mort
« prononcée par la Cour des Pairs contre l'accusé
« Armand Barbès, le 12 juillet dernier.

« Je vous prie de vouloir bien convoquer pour
« demain 15 juillet la Cour des Pairs, pour qu'il
« soit procédé à l'entérinement des Lettres de
« grâce, qui seront déposées au greffe par M. le
« procureur-général.

« Agréez, M. le Chancelier, l'assurance de ma « haute considération.

« *Le Garde des sceaux Ministre de la justice et des cultes,*

Signé « TESTE. »

Cette lecture achevée, M. le Président propose à la Cour de donner audience au ministère public.

La Cour adopte cette proposition.

En conséquence M. Franck Carré, procureur-général et MM. Boucly et Nouguier, avocats-généraux, nommés par l'ordonnance du Roi du 14 mai dernier, sont introduits.

Le procureur-général ayant obtenu la parole s'exprime ainsi :

« MESSIEURS LES PAIRS,

« Nous avons l'honneur d'apporter à la Cour « les Lettres-patentes de Sa Majesté, par lesquelles « elle a daigné commuer la peine de mort pro- « noncée le 12 de ce mois contre Armand Barbès. « Le Roi, dans son inépuisable clémence, n'a pu « résister aux larmes d'une famille qui lui deman- « dait la vie d'un de ses membres : il a voulu que « le sang du coupable ne fût pas versé.

« Puissent ces hommes qui, dans la fureur de « leurs passions, se montrent si ardens et si prompts « à disposer de la vie de leurs concitoyens, com- « prendre cette modération de la puissance qui « tempère la justice par la miséricorde !

« Nous requérons, pour le Roi, qu'il plaise à la « Cour nous donner acte de la présentation des « Lettres de commutation de peine accordées à Ar- « mand Barbès, ordonner qu'il en sera fait lecture « par le greffier en chef de la Cour, et qu'elles se- « ront entérinées pour recevoir leur pleine et en- « tière exécution. »

« Au parquet de la Cour des Pairs, le 15 juillet 1839.

« *Le procureur-général du Roi,*

Signé « FRANCK CARRÉ. »

M. le Président ordonne au greffier en chef de donner lecture à la Cour des Lettres de commutation de peine déposées sur le bureau de la Cour par le procureur-général.

Le greffier en chef procède à cette lecture en ces termes :

LETTRES DE COMMUTATION DE PEINE.

« LOUIS-PHILIPPE, ROI DES FRANCAIS,

« A tous présens et à venir, salut.

« Nous avons reçu l'humble supplication de la « famille d'Armand Barbès, contenant que par arrêt « du 12 juillet 1839, rendu par la Cour des Pairs, « il a été condamné à la peine de mort pour crime « d'attentat contre la sûreté de l'État, et d'homi- « cide volontaire commis avec préméditation.

« Dans ces circonstances, elle a recours à notre « indulgence.

« A ces causes, et sur le rapport de notre « Garde des sceaux, Ministre secrétaire d'État au « département de la justice;

« Voulant préférer miséricorde à la rigueur « des lois,

« Nous avons, en vertu de l'art. 58 de la Charte « constitutionnelle,

« Fait grâce et remise audit Armand Barbès « de la peine prononcée contre lui par l'arrêt sus- « daté ;

« Avons commué et commuons cette peine en « celle des travaux forcés à perpétuité, sans expo- « sition.

« Nos Lettres-patentes de commutation seront, « par notre procureur-général, nommé près la « Cour des Pairs par ordonnance du 14 mai 1839, « présentées à ladite Cour, pour qu'elles soient en- « térinées et qu'elles reçoivent exécution.

« FAIT à Neuilly, le 14 juillet 1839.

Signé LOUIS-PHILIPPE.

Par le Roi :

« *Le Garde des sceaux, Ministre secrétaire d'État* « *au département de la justice et des cultes,*

Signé « TESTE. »

Cette lecture faite, M. le Président, après avoir consulté la Cour, prononce l'arrêt dont la teneur suit :

ARRÊT DE LA COUR DES PAIRS.

« LA COUR DES PAIRS,

« Ouï le procureur-général du Roi en ses dires et réquisitions :

« Après qu'il a été fait lecture par le greffier en chef des Lettres de commutation de peine accordées par le Roi, ensuite de l'arrêt de la Cour du 12 de ce mois, et dont la teneur suit :

« LOUIS-PHILIPPE, ROI DES FRANÇAIS,

« A tous présens et à venir, salut.

« Nous avons reçu l'humble supplication de la « famille d'Armand Barbès, contenant que, par « arrêt du 12 juillet 1839, rendu par la Cour des « Pairs, il a été condamné à la peine de mort pour « crime d'attentat contre la sûreté de l'État, et « d'homicide volontaire commis avec prémédi- « tation.

« Dans ces circonstances, elle a recours à notre « indulgence.

« A ces causes, et sur le rapport de notre Garde « des sceaux Ministre secrétaire d'État au départe- « ment de la justice ;

« Voulant préférer miséricorde à la rigueur des « lois,

« Nous avons, en vertu de l'art. 58 de la Charte « constitutionnelle,

« Fait grâce et remise audit Armand Barbès de « la peine prononcée contre lui par l'arrêt susdaté ;

« Avons commué et commuons cette peine en « celle des travaux forcés à perpétuité, sans expo-« sition.

« Nos Lettres-patentes de commutation seront, « par notre procureur-général, nommé près la « Cour des Pairs par ordonnance du 14 mai 1839, « présentées à ladite Cour, pour qu'elles soient en-« térinées et qu'elles reçoivent exécution.

« FAIT à Neuilly, le 14 juillet 1839.

Signé « LOUIS-PHILIPPE.

Par le Roi :

« *Le Garde des sceaux Ministre secrétaire d'État* « *au département de la justice et des cultes*,

Signé « TESTE. »

« Ordonne que lesdites Lettres seront transcrites sur ses registres, déposées dans ses archives, et que mention en sera faite en marge de l'arrêt de condamnation.

« Ordonne que le présent arrêt sera notifié au condamné, à la diligence du procureur-général. »

Après la prononciation de cet arrêt, l'audience est levée.

Signé PASQUIER, président;

E. CAUCHY, *greffier en chef.*

ATTENTAT DES 12 ET 13 MAI 1839.

PROCÈS-VERBAL N° 28.

COUR DES PAIRS.

Séance secrète du mardi 30 juillet 1839,

Présidée par M. le CHANCELIER.

LE mardi 30 juillet 1839, à quatre heures de l'après-midi, à l'issue de la séance législative, la Chambre se forme en Cour de justice, dans la chambre du conseil, sur une convocation de M. le Chancelier.

L'appel nominal, auquel il est procédé par le greffier en chef, constate la présence des 103 Pairs dont les noms suivent :

MM.
Le baron Pasquier, Chancelier de France, Président.
Le duc de Montmorency.
Le duc de Castries.
Le comte Ricard.
Le baron Séguier.
Le comte de Noé.
Le duc Decazes.
Le comte Claparède.
Le vicomte d'Houdetot.
Le baron Mounier.
Le comte Reille.
Le comte de Sparre.
Le comte de La Villegontier.
Le comte de Bastard.
Le comte Portalis.
Le duc de Crillon.

MM.
Le comte Siméon.
Le comte Dejean.
Le vicomte Dubouchage.
Le comte Cholet.
Le comte Lanjuinais.
Le marquis de Laplace.
Le duc de La Rochefoucauld.
Le marquis de Crillon.
Le comte de Ségur.
Le marquis Barthélemy.
L'amiral baron Duperré.
Le comte de Bondy.
Le baron Davillier.
Le comte Gilbert de Voisins.
Le comte de Caffarelli.
Le comte d'Erlon.
Le vicomte Rogniat.

MM.
Le baron de Lascours.
Le comte Roguet.
Girod (de l'Ain).
Le baron Atthalin.
Le président Boyer.
Le comte Desroys.
Le duc de Fezensac.
Le baron de Fréville.
Gautier.
Le comte Heudelet.
Le baron Malouet.
Le comte de Montguyon.
Le comte d'Ornano.
Le baron Thénard.
Le comte Bérenger.
Le baron Berthezène.
Le comte Daru.
Le comte de Preissac.
Le baron Saint-Cyr-Nugues.
Le comte de Beaumont.
Le baron Brayer.
Le marquis de Rumigny.
Le comte d'Astorg.
Le baron Aymard.
De Cambacérès.
Le vicomte de Chabot.
Le comte Corbineau.
Le marquis de Cordoue.
Le baron Feutrier.
Le baron Fréteau de Peny.
Le vicomte Pernety.
Le comte de La Riboisière.
Le comte de Saint-Aignan.
Le vicomte Siméon.
Le baron Mortier.
Le marquis d'Andigné de la Blanchaye.

MM.
Le marquis d'Audiffret.
Le comte de Monthion.
Le marquis de Belbeuf.
Le marquis de Chanaleilles.
Le baron Darriule.
Le baron Delort.
Le baron Dupin.
Le comte Durosnel.
Le marquis d'Escayrac de Lauture.
Le vicomte d'Abancourt.
Kératry.
Le comte d'Audenarde.
Le vice-amiral Halgan.
Mérilhou.
Odier.
Paturle.
Périer.
Le baron Petit.
Le chevalier Tarbé de Vauxclairs.
Le vicomte Tirlet.
Le vice-amiral Willaumez.
Le baron de Gérando.
Laplagne Barris.
Rouillé de Fontaine.
Le vicomte Sébastiani.
Le comte Harispe.
Le vicomte de Jessaint.
Le baron de Voirol.
Le vice-amiral de Rosamel.
Maillard.
Le baron Dupont-Delporte.
Le baron Nau de Champlouis.
Gay-Lussac.
Le vicomte Schramm.

M. le Président expose qu'au moment où la clôture de la session législative va rendre plus difficile de réunir la Cour des Pairs, il a dû s'occuper des moyens de satisfaire à tous les besoins de l'instruction ordonnée par l'arrêt du 15 mai dernier et qui, suivant toute apparence, ne pourra être complétement achevée avant plusieurs mois. L'un de ces besoins, le plus impérieux même aux yeux de la justice et de l'humanité, est la mise en liberté des individus contre lesquels la procédure n'aurait pas produit des charges suffisantes pour que le ministère public jugeât à propos de provoquer leur mise en accusation. Un conseil spécial de douze Pairs a été délégué à cet effet par la Cour, dans son arrêt du mois de mai dernier, mais plusieurs membres de ce conseil se sont déjà trouvés empêchés par des causes légitimes d'excuse, et il est à craindre que, dans l'intervalle des deux sessions, le nombre de ces empêchemens ne vienne à s'accroître de manière à rendre plus difficiles, si ce n'est impossibles, les réunions du conseil. Dans cette prévision, M. le Président propose à la Cour de désigner quelques membres suppléans pour remplacer au besoin les Pairs commis par l'arrêt du 15 mai dernier.

Cette proposition ne donnant lieu à aucune réclamation, la Cour, conformément à ses derniers usages, charge son Président de lui proposer le nombre de membres qu'il avisera pour suppléer, au besoin, les Pairs composant le conseil des mises en liberté.

M. le Président propose de porter à huit le nombre des membres suppléans du conseil des mises en liberté et de désigner à cet effet,

MM.

Le comte de Noé.
Le comte d'Argout.
Le comte Gilbert de Voisins.
Le vicomte Siméon.
Aubernon.
Le baron Brayer.
Le baron Fréteau de Peny.
Périer.

Il est immédiatement procédé à un scrutin de liste pour la nomination dont il s'agit.

Les fonctions de scrutateurs sont remplies, suivant l'usage, par deux de MM. les Pairs commis par M. le Président pour l'assister dans l'instruction.

Le résultat du dépouillement donne, sur un nombre total de 103 votans, la majorité absolue des suffrages pour la nomination des huit Pairs proposés par M. le Président.

M. le Président donne aussitôt lecture d'un projet d'arrêt qu'il a préparé pour formuler la décision qui vient d'être prise.

Ce projet ne donne lieu à aucune observation; la Cour l'adopte par mains levées pour la teneur suivante:

ARRÊT DE LA COUR DES PAIRS.

« LA COUR DES PAIRS,

« Vu son arrêt du 15 mai dernier portant, entre autres dispositions :

« La Cour ordonne que, dans le cours de l'in-
« struction prescrite par ledit arrêt, les fonctions
« attribuées à la chambre du conseil par l'article 128
« du Code d'instruction criminelle, seront remplies
« par M. le Président de la Cour, celui de MM. les
« Pairs commis par lui pour faire le rapport,
« et MM. :

« Le marquis de Laplace,
« Le comte Philippe de Ségur,
« Le comte de Ham,
« Félix Faure,
« Le baron Dupin,
« Le comte de Mosbourg,
« Le baron Pelet de la Lozère,
« Le vicomte de Villiers du Terrage,
« Le vice-amiral Halgan,
« Laplagne Barris,
« Rouillé de Fontaine,
« Maillard,

« que la Cour commet à cet effet, lesquels se con-
« formeront d'ailleurs, pour le mode de procéder,
« aux dispositions du Code d'instruction crimi-
« nelle, et ne pourront délibérer s'ils ne sont au
« nombre de sept au moins. »

« Voulant pourvoir à ce que l'exécution de cette disposition de l'arrêt ne soit pas entravée par l'effet d'empêchemens qui pourraient survenir;

« Commet : MM.

« Le comte de Noé,
« Le comte d'Argout,
« Le comte Gilbert de Voisins,
« Le vicomte Siméon,
« Aubernon,
« Le baron Brayer,
« Le baron Fréteau de Peny,
« Périer,

pour suppléer, au besoin, ceux des Pairs commis par l'arrêt susdaté, qui se trouveraient empêchés.»

M. le Président lève la séance.

Signé PASQUIER, président;

E. CAUCHY, *greffier en chef.*

ATTENTAT DES 12 ET 13 MAI 1839.

COUR DES PAIRS.

PROCÈS-VERBAL N° 29.

Séance secrète du lundi 16 décembre 1839,

Présidée par M. le CHANCELIER.

LE lundi 16 décembre 1839, à midi, la Cour des Pairs se réunit en Chambre du conseil, en vertu d'une convocation faite sur l'ordre de M. le Président, pour entendre la suite du rapport de ses commissaires instructeurs sur l'affaire dont le jugement lui a été déféré par l'ordonnance royale du 14 mai dernier.

Le greffier en chef, sur l'ordre de M. le Président, procède à l'appel nominal.

Cet appel, fait par ordre d'ancienneté de réception, conformément à l'usage de la Cour, constate la présence des cent quarante et un Pairs, ayant voix délibérative, dont les noms suivent :

MM.

Le baron Pasquier, Chancelier de France, Président.
Le duc de Montmorency.
Le maréchal duc de Reggio.
Le comte Lemercier.
Le duc de Castries.
Le marquis de La Guiche.
Le marquis de Louvois.
Le comte Molé.

MM.

Le comte Ricard.
Le baron Séguier.
Le comte de Noé.
Le duc de Massa.
Le duc Decazes.
Le comte d'Argout.
Le comte Claparède.
Le vicomte d'Houdetot.
Le baron Mounier.

MM.
Le comte Mollien.
Le comte de Pontécoulant.
Le comte de Sparre.
Le marquis de Talhouët.
Le vice-amiral comte Verhuell.
Le comte de Germiny.
Le comte de Bastard.
Le comte Portalis.
Le duc de Crillon.
Le comte Siméon.
Le comte Roy.
Le comte de Vaudreuil.
Le comte de Tascher.
Le maréchal comte Molitor.
Le comte d'Haubersart.
Le comte de Breteuil.
Le comte Dejean.
Le comte de Richebourg.
Le vicomte Dode.
Le duc de Brancas.
Le comte Cholet.
Le duc de Montébello.
Le comte Lanjuinais.
Le marquis de Laplace.
Le duc de La Rochefoucauld.
Le v[te] de Ségur-Lamoignon.
Le comte de Ségur.
Le marquis de Barthélemy.
Le comte de Bondy.
Le baron Davillier.
Le comte Gilbert de Voisins.
Le comte d'Anthouard.
Le comte de Caffarelli.
Le comte Exelmans.
Le vice-amiral comte Jacob.
Le vicomte Rogniat.
Le baron de Lascours.
Le comte Roguet.
Le c[te] de La Rochefoucauld.
Le baron Girod (de l'Ain).
Le baron Atthalin.

MM.
Aubernon.
Besson.
Le président Boyer.
Le vicomte de Caux.
Cousin.
Le comte Desroys.
Le comte Dutaillis.
Le baron de Fréville.
Gautier.
Le comte Heudelet.
Humblot-Conté.
Le baron Malouet.
Le comte de Montguyon.
Le comte d'Ornano.
Le vice-amiral baron Roussin.
Le baron Thénard.
Le baron Zangiacomi.
Le comte de Ham.
Le baron de Mareuil.
Le comte Bérenger.
Le baron Berthezène.
Le comte de Colbert.
Le comte Guéhéneuc.
Le comte de La Grange.
Félix Faure.
Le comte Daru.
Le baron Neigre.
Le comte de Beaumont.
Le baron Brayer.
Barthe.
De Cambacérès.
Le vicomte de Chabot.
Le marquis de Cordoue.
Le baron Feutrier.
Le baron Fréteau de Peny.
Le marquis de La Moussaye.
Le vicomte Pernety.
De Ricard.
Le comte de La Riboisière.
Le comte de Saint-Aignan.
Le vicomte Siméon.

MM.
Le comte de Rambuteau.
Le comte Bresson.
Le marquis d'Andigné de la Blanchaye.
Le marquis d'Audiffret.
Le comte de Monthion.
Bessières.
Le baron Darriule.
Le baron Delort.
Le baron Dupin.
Le comte Durosnel.
Le marquis d'Escayrac de Lauture.
Le comte d'Harcourt.
Le vicomte d'Abancourt.
Kératry.
Le comte d'Audenarde.
Le vice-amiral Halgan.
Mérilhou.
Le comte de Mosbourg.
Odier.
Le baron de Vendeuvre.

MM.
Le baron Pelet.
Le baron Pelet de la Lozère.
Périer.
Le baron Petit.
Poisson.
Le vicomte de Préval.
Le baron de Schonen.
Le cher Tarbé de Vauxclairs.
Le vicomte Tirlet.
Le vte de Villiers du Terrage.
Le vice-amiral Willaumez.
Le baron de Gérando.
Laplagne-Barris.
Le baron de Daunant.
Le vicomte de Jessaint.
Le baron de Saint-Didier.
Le vice-amiral de Rosamel.
Maillard.
Le duc de La Force.
Le baron Nau de Champlouis.
Gay-Lussac.
Le vicomte Schramm.

M. le Président expose qu'il a reçu de plusieurs des Pairs qui n'ont pu se rendre à la séance de ce jour, des lettres d'excuse fondées sur l'état de leur santé ou sur les fonctions publiques qu'ils ont à remplir.

Les Pairs excusés sont : MM. le marquis d'Aragon, le baron Aymard, le comte Baudrand, le baron Bignon, le comte Bonet, le marquis de Cambis, Chevandier, le maréchal duc de Conégliano, le maréchal duc de Dalmatie, l'amiral baron Duperré, le comte Gazan, le comte Guilleminot, Humann, le baron Jacquinot, le comte de La Villegontier, le comte de Lezay-Marnésia, le maréchal marquis Maison, le comte de Montalivet, le baron de Morogues, le marquis de Pange, le baron Portal, le duc de Praslin, le marquis de Rochambeau, le baron de Reinach, le maréchal duc de Tarente, le comte Turgot, le baron Voysin de Gartempe et Villemain.

MM. le duc Decazes, le comte de Bastard, Barthe, Mérilhou et le baron de Daunant, délégués par ordonnance de M. le Président, en date du 16 mai dernier, pour l'assister et le suppléer au besoin dans l'instruction, prennent place au bureau, à la droite et à la gauche de M. le Président.

Avant d'accorder la parole au rapporteur, M. le Président annonce qne, pour mettre les membres de la Cour à même de suivre avec plus de facilité la lecture du rapport, il en a fait tirer des épreuves imprimées qui, si la Cour l'autorise, vont être distribuées à chacun de MM. les Pairs présents à la séance.

La Cour ordonne que les épreuves dont il s'agit seront immédiatement distribuées à tous ses membres.

Cette distribution faite, M. Mérilhou, rapporteur, obtient la parole. Après avoir rendu compte des résultats généraux de l'instruction poursuivie et complétée depuis le rapport fait à la Cour le 11 juin dernier, ainsi que de l'arrestation du nommé Blanqui, mis en accusation par l'arrêt du 12 du même mois, le rapporteur expose les faits particuliers concernant les inculpés sur lesquels il n'a encore été pris aucune décision judiciaire, et dont les noms suivent :

Quignot (Louis-Pierre-Rose),
Nétré (Jean), *absent,*
Moulines (Eugène),
Quarré (Alexandre-Basile-Louis),
Charles (Jean),
Bonnefond (Pierre),
Piéfort (François),
Focillon (Louis-Xavier-Auguste),
Espinousse (Jean-Léger),
Hendrick (Joseph-Hippolyte),
Dubourdieu (Jean),
Dugrospré (Pierre-Eugène),
Galichet (Nicolas),
Mayer (Daniel),
Simon (Jean-Honoré),
Hubert (Constant-Georges-Jacques),
Lombard (Louis-Honoré),
Huard (Camille-Jean-Baptiste),
Béasse (Jean-François),
Pétremann (Émile-Léger),
Bordon (Jean-Maurice),
Évanno (Jean-Jacques),
Lehéricy (Pierre-Joseph),
Dupouy (Bertrand),
Fombertaux (Antoine),
Mérienne (Joseph-Ange),
Duhem (Paul-Étienne-Hippolyte),
Druy (Charles),
Bonnefond (Jean-Baptiste), *absent,*
Pornin (Bernard),
Herbulet (Jean-Nicolas),
Vallière (François),

Argout (Jean-Frédéric), *absent*,
Élie (Charles-Étienne),
Godard (Charles),
Pâtissier (Pierre-Joseph),
Gérard (Benjamin-Stanislas),
Bouvrand (Auguste),
Buisson (Louis-Médard, dit Pieux),
Flotte (Benjamin-René-Louis),
Wasmuth (Jean-Joseph),
Et Lapierre (Jean-François).

Le rapporteur ayant achevé la lecture de son travail, M. le Président propose à la Cour de donner audience au ministère public.

La Cour fait droit à cette proposition; en conséquence, M. Franck Carré, procureur-général du Roi, et MM. Boucly et Nouguier, avocats-généraux, désignés, par l'ordonnance royale du 14 mai dernier, pour remplir les fonctions du ministère public dans la présente affaire, sont introduits.

Ils prennent place dans le parquet à la droite de M. le Président.

Le procureur-général ayant obtenu la parole, donne lecture à la Cour du réquisitoire suivant, qu'il dépose, signé de lui, sur le bureau.

RÉQUISITOIRE.

« Le procureur-général du Roi près la Cour des Pairs :

« Vu les pièces de la procédure instruite contre les nommés :

1°. Argout (Jean-Frédéric), *absent*,
2°. Béasse (Jean-François),
3°. Bonnefond (Jean-Baptiste), *absent*,
4°. Bonnefond (Pierre),
5°. Bordon (Jean-Maurice),
6°. Bouvrand (Auguste),
7°. Buisson (Louis-Médard, dit Pieux),
8°. Charles (Jean),
9°. Druy (Charles),
10°. Dubourdieu (Jean),
11°. Dugrospré (Pierre-Eugène),
12°. Duhem (Paul-Étienne-Hippolyte),
13°. Dupouy (Bertrand),
14°. Élie (Charles-Étienne),
15°. Espinousse (Jean-Léger),
16°. Évanno (Jean-Jacques),
17°. Flotte (Benjamin-René-Louis),
18°. Focillon (Louis-Xavier-Auguste),
19°. Fombertaux (Antoine),
20°. Galichet (Nicolas),
21°. Gérard (Benjamin-Stanislas),
22°. Godard (Charles),
23°. Hendrick (Joseph-Hippolyte),
24°. Herbulet (Jean-Nicolas),
25°. Huard (Camille-Jean-Baptiste),
26°. Hubert (Constant-Georges-Jacques),
27°. Lapierre (Jean-François),
28°. Lehéricy (Pierre-Joseph),
29°. Lombard (Louis-Honoré),
30°. Mayer (Daniel),
31°. Mérienne (Joseph-Ange),
32°. Moulines (Eugène),

33°. Nétré (Jean), *absent*,
34°. Pâtissier (Pierre-Joseph);
35°. Pétremann (Émile-Léger),
36°. Piéfort (François),
37°. Pornin (Bernard),
38°. Quarré (Alexandre-Basile-Louis),
39°. Quignot (Louis-Pierre-Rose),
40°. Simon (Jean-Honoré),
41°. Vallière (François),
42°. Wasmuth (Joseph),

« Inculpés d'être auteurs ou complices des attentats commis à Paris les 12 et 13 mai 1839;

« Ensemble l'arrêt du 12 juin dernier, par lequel la Cour des Pairs s'est déclarée compétente;

« Requiert qu'il plaise à la Cour lui donner acte de ce qu'il s'en remet à sa prudence à l'égard des inculpés Galichet, Mayer, Fombertaux, Mérienne, Bouvrand, Duhem, Wasmuth et Lapierre;

« Et, en ce qui concerne le nommé Flotte;

« Attendu que s'il ne résulte pas contre lui, de l'instruction, charges suffisantes d'être auteur ou complice des crimes dont la Cour des Pairs est saisie, les faits établis par cette instruction peuvent donner lieu néanmoins à des poursuites, à raison de crimes ou délits prévus par la loi, qui rentreraient dans la compétence des tribunaux ordinaires;

« Requiert qu'il plaise à la Cour déclarer qu'il n'y a lieu à suivre contre Flotte, et donner acte au procureur-général de ses réserves, à l'effet de renvoyer ledit inculpé devant qui de droit, le mandat décerné contre lui, subsistant;

« En ce qui touche les nommés Quignot, Nétré, Moulines, Quarré, Charles, Dubourdieu, Dugrospré, Bonnefond (Jean-Baptiste) et Pornin;

« Attendu que des pièces de l'instruction résulte contre eux prévention suffisamment établie d'avoir commis l'attentat à la sûreté de l'État, qualifié par l'arrêt de la Cour du 12 juin dernier, en prenant part, soit au concert qui l'a précédé et préparé, soit aux faits qui l'ont consommé.

« En ce qui concerne les nommés Bonnefond (Pierre), Piéfort, Focillon, Espinousse, Hendrick, Simon (Jean-Honoré), Hubert, Lombard, Huard, Béasse, Pétremann, Bordon, Évanno, Lehéricy, Dupouy, Druy, Argout, Herbulet, Vallière, Élie, Godard, Pâtissier, Gérard et Buisson;

« Attendu que des pièces de l'instruction résulte contre eux prévention suffisamment établie d'avoir commis l'attentat à la sûreté de l'État, qualifié par l'arrêt susdaté, en prenant part aux faits qui l'ont consommé,

« Crimes prévus par les articles 87, 88, 89 et 91 du Code pénal;

« Requiert qu'il plaise à la Cour décerner ordonnance de prise de corps, contre les nommés Quignot, Nétré, Quarré, Charles, Moulines, Bonnefond (Pierre), Piéfort, Focillon, Espinousse, Hendrick, Dubourdieu, Dugrospré, Simon, Hubert, Lombard, Huard, Béasse, Pétremann, Bordon, Evanno, Lehéricy, Dupouy, Druy, Bonnefond aîné, Pornin, Argout, Herbulet, Vallière, Élie, Godard, Pâtissier, Gérard et Buisson.

« Ordonner en conséquence la mise en accusation desdits inculpés, et les renvoyer devant la Cour pour y être jugés conformément à la loi.

« Fait au parquet de la Cour des Pairs, le 16 décembre 1839.

Le Procureur-général du Roi près la Cour des Pairs,

Signé « FRANCK CARRÉ. »

Lecture faite de ce réquisitoire, le procureur-général et ses substituts se retirent.

M. le Président propose à la Cour, attendu l'heure avancée, d'ajourner à demain sa délibération sur les questions résultant du réquisitoire.

Cette proposition étant adoptée, M. le Président lève la séance.

Signé PASQUIER, président;

E. CAUCHY, *greffier en chef.*

ATTENTAT DES 12 ET 13 MAI 1839.

PROCÈS-VERBAL N° 30.

COUR DES PAIRS.

Séance secrète du mardi 17 décembre 1839,

Présidée par M. le CHANCELIER.

LE mardi 17 décembre 1839, à midi, la Cour des Pairs se réunit, en Chambre du conseil, pour délibérer sur le réquisitoire présenté par le procureur-général dans la séance secrète d'hier.

Le greffier en chef, sur l'ordre de M. le Président, procède à l'appel nominal des membres de la Cour.

Leur nombre qui, dans la dernière séance, était de 141, se trouve réduit à 136, par l'absence de MM. le marquis de la Guiche, le comte de Sparre, le marquis de Barthélemy, le comte Guéhéneuc et le vicomte de Jessaint, retenus par l'état de leur santé.

M. le Président expose qu'ordinairement la première question qui se présente à résoudre après l'exposé des résultats de l'instruction, est celle qui concerne la compétence de la Cour, mais dans l'état actuel du procès relatif à l'attentat des 12 et 13 mai dernier, cette question se trouve déjà résolue. L'arrêt du 12 juin 1839 contient en effet une déclaration de compétence fondée, suivant les principes adoptés par la Cour, sur l'appréciation des *faits généraux* de l'attentat dont il avait été dès lors rendu compte à la Cour. Cette appréciation de faits a dû précéder toutes celles qui concernaient les personnes, car, dans la présente affaire, c'était à raison de la nature des faits et non à raison de la qualité des personnes que la compétence pouvait s'établir. Or, les complémens d'instruction qui ont eu lieu depuis cette époque n'ont rien changé aux caractères de gravité qui avaient déterminé la Cour à se réserver la connaissance de cette affaire. M. le Président pense donc que, sans ramener la discussion sur un point déjà décidé et qui embrasse tout l'ensemble du procès, il n'y a lieu de s'occuper que des faits particuliers à chaque prévenu.

Un Pair fait observer que si les motifs énoncés, à l'appui de la déclaration de compétence, dans l'arrêt du 12 juin dernier, ont été tirés des caractères généraux de l'attentat déféré à la Cour, ces caractères n'ont pas été cependant envisagés séparément des inculpés auxquels on imputait d'avoir pris part à cet attentat : c'est ce qui résulte des termes mêmes dans lesquels l'arrêt a été rédigé. On pourrait donc s'appuyer sur cet arrêt pour soutenir que la question de compétence n'a été jugée que relativement à la portion de l'affaire dont il avait été rendu compte à la Cour au mois de juin dernier, et qu'elle doit être maintenant agitée de nouveau en ce qui concerne les procédures mises en état depuis cette époque. Mais en énonçant ce scrupule, le noble Pair n'entend que faire en quelque sorte une réserve pour l'avenir, car il ne pense pas qu'au fond la compétence de la Cour puisse être aujourd'hui contestée; il n'aurait vu dans une délibération nouvelle sur cette question que l'accomplissement d'une simple formalité, mais d'une formalité conservatrice des droits de la Cour et dont on pourrait plus tard reconnaître l'utilité dans des circonstances différentes de celles qui se présentent en ce moment.

Un autre Pair craindrait au contraire qu'il n'y eût quelque chose de fâcheux dans un précédent qui introduirait un vote itératif sur la question de compétence. La qualité des personnes n'a été pour rien dans les considérations qui ont déterminé la Cour à se déclarer compétente, car c'est à raison de la nature des faits qu'une ordonnance du Roi l'a saisie, et l'arrêt du 12 juin a jugé que ces faits étaient assez graves pour que la Cour dût en retenir la connaissance. Ce point une fois décidé, peu importe à quelles personnes peut s'étendre l'accusation : un certain nombre d'inculpés ont été envoyés en jugement au mois de juin dernier; d'autres figurent maintenant au procès : mais l'attentat à raison duquel chacun d'eux est poursuivi reste toujours le même; il n'y a donc pas à revenir sur la question de compétence quant à cette première appréciation qu'en fait la Cour d'office, et pour le maintien de ses droits; et ce ne serait plus désormais que sur la demande des accusés que cette question pourrait se reproduire.

Un troisième opinant rappelle que, dans le texte de l'arrêt rendu par la Cour le 12 juin, la déclaration de compétence porte à la vérité sur l'appréciation des faits, mais des faits *imputés aux inculpés dénommés dans les réquisitoires* présentés à cette époque par le procureur-général : il paraît difficile en effet, que les résultats d'une instruction soient judiciairement appréciés, abstraction faite des personnes auxquelles ils s'appliquent. Par ce motif, l'opinant inclinerait à croire que la question de compétence doit être posée de nouveau en ce qui concerne la partie de l'instruction qui n'était pas complète au mois de juin et qui l'est aujourd'hui.

M. le Président persiste à penser que l'arrêt qui a déclaré la compétence de la Cour ne peut être scindé dans sa disposition, et qu'il y a chose jugée à cet égard, non seulement pour la partie du procès rapportée au mois de juin, mais pour toute la suite de l'affaire. Les considérations qui influent sur la déclaration de compétence sont d'un ordre tout différent de celles qui déterminent la mise en accusation de tel ou tel inculpé. Lorsqu'elle a retenu la connaissance de l'attentat des 12 et 13 mai, la Cour, ses procès-verbaux en font foi, s'est préoccupée surtout du caractère anti-social de cet attentat; elle n'a pas eu à descendre à ce sujet dans le débat des charges individuelles, et c'est ainsi que la compétence a été jugée avant même qu'aucun débat eût été engagé. Il est, du reste, une considération propre à lever tous les scrupules qui pourraient exister encore dans quelques esprits. C'est que la déclaration de compétence dont il s'agit ici, n'ôte rien au droit des accusés; car ils seront toujours, chacun individuellement et tous ensemble, recevables à contester la juridiction de la Cour, s'ils croient avoir quelque déclinatoire à présenter.

Ces explications données, M. le Président expose que, par respect pour les doutes exprimés par quelques Pairs, il va consulter la Cour sur le point de savoir si elle entend que la question de compétence soit de nouveau posée.

La Cour, consultée par mains levées, se prononce par la négative.

M. le Président annonce en conséquence qu'il va être passé outre à la délibération sur les questions résultant du réquisitoire.

Avant de poser ces questions, M. le Président rappelle à la Cour que, d'après ses usages, la mise en accusation est prononcée à la majorité absolue des voix, mais en calculant le nombre des votes de telle manière qu'il soit fait déduction des voix qui doivent se confondre pour cause de parenté ou d'alliance.

Il est immédiatement procédé à la formation du tableau des Pairs présents à la séance, entre lesquels il y aura lieu à confusion de votes en cas d'opinions conformes.

M. le Président propose ensuite à la Cour de commencer sa délibération par ceux des inculpés dénommés au réquisitoire à l'égard desquels le procureur-général a déclaré s'en rapporter à sa prudence.

Cette proposition étant adoptée, la délibération s'établit d'abord sur l'inculpé Galichet (Nicolas).

La question est posée en ces termes à son égard :

« Y a-t-il charges suffisantes pour mettre en accusation Nicolas Galichet, comme ayant commis à Paris, au mois de mai dernier, un attentat dont le but était, soit de détruire, soit de changer le Gouvernement, soit d'exciter les citoyens ou habitans à s'armer contre l'autorité royale, soit d'exciter la guerre civile en armant ou en portant les citoyens ou habitans à s'armer les uns contre les autres ? »

L'appel nominal ayant été ouvert sur cette question, elle est résolue par la négative.

La Cour ordonne en conséquence que

Galichet (Nicolas)

sera mis en liberté, s'il n'est retenu pour autre cause.

La question est posée dans les mêmes termes en ce qui concerne chacun des autres inculpés au nom desquels le procureur-général a déclaré s'en rapporter à la prudence de la Cour.

Les appels nominaux auxquels il est successivement procédé donnent les résultats suivants.

La Cour déclare qu'il n'y a pas charges suffisantes pour accuser :

Mayer (Daniel),
Fombertaux (Antoine),
Mérienne (Joseph-Ange),
Duhem (Paul-Étienne-Hippolyte),

Wasmuth (Joseph),
Lapierre (Jean-François).

Elle déclare au contraire qu'il y a charges suffisantes pour accuser :

Bouvrand (Auguste).

Avant de passer à la délibération sur ceux des inculpés à l'égard desquels le procureur-général a conclu à la mise en accusation, M. le Président remet sous les yeux de la Cour la partie du réquisitoire qui se rapporte au nommé Flotte.

La Cour déclare qu'il n'y a pas lieu à suivre devant elle contre

Flotte (Benjamin-René-Louis);

mais, par les motifs énoncés au réquisitoire, elle renvoie cet inculpé devant qui de droit à la diligence du procureur-général.

La délibération s'établit ensuite sur les inculpés compris dans la disposition du réquisitoire tendante à la mise en accusation.

Par le résultat des appels nominaux auxquels il est procédé dans cette séance, la Cour déclare qu'il y a charges suffisantes pour mettre en accusation du chef d'attentat :

Quignot (Louis-Pierre-Rose),
Nétré (Jean), *absent*,
Moulines (Eugène),
Quarré (Alexandre-Basile-Louis),
Charles (Jean),

Dubourdieu (Jean),
Buisson (Louis-Médard, dit Pieux),
Et Druy (Charles).

L'heure étant avancée, la suite de la délibération est ajournée à demain.

M. le Président lève la séance.

Signé PASQUIER, président;

E. CAUCHY, *greffier en chef*.

ATTENTAT DES 12 ET 13 MAI 1839.

COUR DES PAIRS.

PROCÈS-VERBAL N° 31.

Séance secrète du mercredi 18 décembre 1839,

Présidée par M. le CHANCELIER.

LE mercredi 18 décembre 1839, à midi, la Cour des Pairs se réunit en Chambre du conseil pour continuer sa délibération sur le réquisitoire présenté par le procureur-général dans la séance d'avant-hier.

Le greffier en chef, sur l'ordre de M. le Président, procède à l'appel nominal des membres de la Cour.

Leur nombre qui, dans la dernière séance était de 136, se trouve réduit à 128 par l'absence de

MM. le comte Molé,
le comte de Noé,
le comte de Pontécoulant,
le vicomte Rogniat,
Aubernon,
le vice-amiral baron Roussin,
Bessières,
et le vice-amiral Rosamel.

La délibération est reprise, dans les mêmes formes qu'hier, sur ceux des inculpés dont la mise en accusation a été requise par le procureur-général.

Les appels nominaux auxquels il est procédé sur chacun de ces inculpés donnent les résultats suivants.

La Cour déclare qu'il y a charges suffisantes pour mettre en accusation :

Dugrospré (Pierre Eugène),
Bonnefond (Jean-Baptiste), *absent,*
Bonnefond (Pierre),
Piéfort (François),
Focillon (Louis-Xavier-Auguste),
Espinousse (Jean-Léger),
Hendrick (Joseph-Hippolyte),
Simon (Jean-Honoré),
Hubert (Constant-Georges-Jacques),
Lombard (Louis-Honoré),
Huard (Camille-Jean-Baptiste),
Béasse (Jean-François),
Pétremann (Émile-Léger),
Bordon (Jean-Maurice),
Évanno (Jean-Jacques),
Lehéricy (Pierre-Joseph),
Dupouy (Bertrand),
Argout (Jean-Frédéric), *absent,*
Herbulet (Jean-Nicolas),
Vallière (François),
Élie (Charles-Étienne),
Godard (Charles),
Pâtissier (Pierre-Joseph),
Gérard (Benjamin-Stanislas).

Elle déclare au contraire qu'il n'y a pas charges suffisantes pour accuser

Pornin (Bernard).

La délibération se trouvant ainsi terminée sur tous les chefs de conclusion contenus au réquisitoire, M. le Président fait observer à la Cour qu'il lui reste maintenant à statuer sur la fixation du jour auquel s'ouvriront les débats relatifs aux mises en accusation qu'elle vient de prononcer.

Plusieurs Pairs proposent de prendre à cet égard une délibération analogue à celle qui avait été consignée dans l'arrêt du 12 juin dernier.

La Cour, conformément à cette proposition, décide que les débats s'ouvriront au jour qui sera ultérieurement indiqué par le Président de la Cour, et dont il sera donné connaissance, au moins cinq jours à l'avance, à chacun des accusés.

Le rapporteur donne ensuite lecture d'un projet d'arrêt préparé par M. le Président, et dans lequel se trouvent formulées les diverses décisions que la Cour vient de prendre.

Après diverses observations, la rédaction de cet arrêt est définitivement adoptée pour la teneur suivante :

ARRÊT DE LA COUR DES PAIRS.

« La Cour des Pairs :

« Ouï, dans la séance du 16 de ce mois, M. Mérilhou, en son rapport de la suite de l'instruction ordonnée par l'arrêt du 15 mai dernier;

« Ouï dans la même séance le procureur-général du Roi, en ses dires et réquisitions; lesquelles réquisitions, par lui déposées sur le bureau de la Cour, signées de lui, sont ainsi conçues :

RÉQUISITOIRE DU PROCUREUR-GÉNÉRAL.

« Le procureur-général du Roi près la Cour des Pairs,

« Vu les pièces de la procédure instruite contre les nommés :

Argout (Jean-Frédéric), *absent*,
Béasse (Jean-François),
Bonnefond (Jean-Baptiste), *absent*,
Bonnefond (Pierre),
Bordon (Jean-Maurice),
Bouvrand (Auguste),
Buisson (Louis-Médard, dit Pieux),
Charles (Jean),
Druy (Charles),
Dubourdieu (Jean),
Dugrospré (Pierre-Eugène),
Duhem (Paul-Étienne-Hippolyte),
Dupouy (Bertrand),
Élie (Charles-Étienne),
Espinousse (Jean-Léger),
Évanno (Jean-Jacques),
Flotte (Benjamin-René-Louis),
Focillon (Louis-Xavier-Auguste),
Fombertaux (Antoine),
Galichet (Nicolas),

Gérard (Benjamin-Stanislas),
Godard (Charles),
Hendrick (Joseph-Hippolyte),
Herbulet (Jean-Nicolas),
Huard (Camille-Jean-Baptiste),
Hubert (Constant-Georges-Jacques),
Lapierre (Jean-François),
Lehéricy (Pierre-Joseph),
Lombard (Louis-Honoré),
Mayer (Daniel),
Mérienne (Joseph-Ange),
Moulines (Eugène),
Nétré (Jean), *absent*,
Pâtissier (Pierre-Joseph),
Pétremann (Émile-Léger),
Piéfort (François),
Pornin (Bernard),
Quarré (Alexandre-Basile-Louis),
Quignot (Louis-Pierre-Rose),
Simon (Jean-Honoré),
Vallière (François),
Wasmuth (Joseph),

« Inculpés d'être auteurs ou complices des attentats commis à Paris les 12 et 13 mai 1839;

« Ensemble l'arrêt du 12 juin dernier, par lequel la Cour des Pairs s'est déclarée compétente;

« Requiert qu'il plaise à la Cour lui donner acte de ce qu'il s'en remet à sa prudence à l'égard des inculpés Galichet, Mayer, Fombertaux, Mérienne, Bouvrand, Duhem, Wasmuth et Lapierre;

« Et, en ce qui concerne le nommé Flotte :

« Attendu que s'il ne résulte pas contre lui, de l'instruction, charges suffisantes d'être auteur ou complice des crimes dont la Cour des Pairs est saisie, les faits établis par cette instruction peuvent donner lieu néanmoins à des poursuites, à raison de crimes ou délits prévus par la loi, qui rentreraient dans la compétence des tribunaux ordinaires,

« Requiert qu'il plaise à la Cour déclarer qu'il n'y a lieu à suivre contre Flotte, et donner acte au procureur-général de ses réserves, à l'effet de renvoyer ledit inculpé devant qui de droit, le mandat décerné contre lui subsistant;

« En ce qui touche les nommés Quignot, Nétré, Moulines, Quarré, Charles, Dubourdieu, Dugrospré, Bonnefond (Jean-Baptiste) et Pornin :

« Attendu que des pièces de l'instruction résulte contre eux prévention suffisamment établie d'avoir commis l'attentat à la sûreté de l'État qualifié par l'arrêt de la Cour du 12 juin dernier, en prenant part, soit au concert qui l'a précédé et préparé, soit aux faits qui l'ont consommé;

« En ce qui concerne les nommés Bonnefond (Pierre), Piéfort, Focillon, Espinousse, Hendrick, Simon (Jean-Honoré), Hubert, Lombard, Huard, Béasse, Pétremann, Bordon, Évanno, Lehéricy, Dupouy, Druy, Argout, Herbulet, Vallière, Élie, Godard, Pâtissier, Gérard et Buisson :

« Attendu que des pièces de l'instruction résulte contre eux prévention suffisamment établie d'avoir commis l'attentat à la sûreté de l'État qualifié par l'arrêt susdaté, en prenant part aux faits qui l'ont consommé;

« Crimes prévus par les art. 87, 88, 89 et 91 du Code pénal;

« Requiert qu'il plaise à la Cour décerner ordonnance de prise de corps contre les nommés Quignot, Nétré, Quarré, Charles, Moulines, Bonnefond (Pierre), Piéfort, Focillon, Espinousse, Hendrick, Dubourdieu, Dugrospré, Simon, Hubert, Lombard, Huard, Béasse, Pétremann, Bordon, Évanno, Lehéricy, Dupouy, Druy, Bonnefond aîné, Pornin, Argout, Herbulet, Vallière, Élie, Godard, Pâtissier, Gérard et Buisson;

« Ordonner en conséquence la mise en accusation desdits inculpés, et les renvoyer devant la Cour, pour y être jugés conformément à la loi.

« Fait au parquet de la Cour des Pairs, le 16 décembre 1839.

« *Le Procureur-général du Roi près la Cour des Pairs,*

Signé : « Franck Carré. »

« Après qu'il a été donné lecture, par le greffier en chef et son adjoint, des pièces de la procédure,

« Et après en avoir délibéré hors la présence du procureur-général, dans la séance d'hier et dans celle de ce jour;

« Vu l'arrêt du 12 juin 1839, par lequel la Cour s'est déclarée compétente pour connaître des faits qui lui avaient été déférés par l'ordonnance royale du 14 mai précédent;

« Attendu que les faits imputés aux inculpés dénommés au réquisitoire du procureur-général du 16 de ce mois sont de la même nature que ceux qui ont motivé ledit arrêt du 12 juin dernier;

« Attendu que la procédure dont les pièces sont produites devant la Cour est complète à l'égard des dénommés au réquisitoire du procureur-général; que dès lors il y a lieu de statuer sur ce qui les concerne;

« Au fond :

« En ce qui concerne :

Galichet (Nicolas),
Mayer (Daniel),
Fombertaux (Antoine),
Mérienne (Joseph-Ange),
Duhem (Paul-Étienne-Hippolyte),
Pornin (Bernard),
Wasmuth (Joseph),
Et Lapierre (Jean-François),

« Attendu que de l'instruction ne résultent pas contre eux charges suffisantes de culpabilité dans l'attentat de la connaissance duquel la Cour est saisie;

« En ce qui concerne :

Flotte (Benjamin-René-Louis),

« Attendu que les faits qui lui sont imputés sont postérieurs en date à l'attentat de la connaissance duquel la Cour est saisie, et qu'aucune charge ne le rattache à cet attentat;

« Mais attendu que de l'instruction il résulte qu'il peut y avoir lieu à poursuites contre lui à raison de crimes, délits ou contravention prévus par la loi;

« En ce qui concerne :

Quignot (Louis-Pierre-Rose),
Nétré (Jean),
Quarré (Alexandre-Basile-Louis),
Charles (Jean),
Moulines (Eugène),
Bonnefond jeune (Pierre),
Piéfort (François),
Focillon (Louis-Xavier-Auguste),
Espinousse (Jean-Léger),
Hendrick (Joseph-Hippolyte),
Dubourdieu (Jean),
Dugrospré (Pierre-Eugène),
Simon (Jean-Honoré),
Hubert (Constant-Georges-Jacques),
Lombard (Louis-Honoré),
Huard (Camille-Jean-Baptiste),
Béasse (Jean-François),
Pétremann (Émile-Léger),
Bordon (Jean-Maurice),
Évanno (Jean-Jacques),
Lehéricy (Pierre-Joseph),
Dupouy (Bertrand),
Druy (Charles),
Bonnefond aîné (Jean-Baptiste),

Argout (Jean-Frédéric),
Herbulet (Jean-Nicolas),
Vallière (François),
Élie (Charles-Étienne),
Godard (Charles),
Pâtissier (Pierre-Joseph),
Gérard (Benjamin-Stanislas),
Bouvrand (Auguste),
Et Buisson (Louis-Médard, dit Pieux),

« Attendu que de l'instruction résultent contre eux charges suffisantes d'avoir commis à Paris, au mois de mai dernier, un attentat dont le but était, soit de détruire, soit de changer le Gouvernement, soit d'exciter les citoyens ou habitans à s'armer contre l'autorité royale, soit d'exciter la guerre civile, en armant ou en portant les citoyens ou habitans à s'armer les uns contre les autres;

« Crimes prévus par les art. 87, 88, 89 et 91 du Code pénal;

« Donne acte au procureur-général de ce qu'il s'en est remis à la prudence de la Cour, à l'égard des nommés :

Galichet,
Mayer,
Fombertaux,
Mérienne,
Bouvrand,
Duhem,
Wasmuth,
Et Lapierre;

« Déclare qu'il n'y a lieu à suivre devant la Cour contre :

Galichet,
Mayer,
Fombertaux,
Mérienne,
Duhem,
Pornin,
Wasmuth,
Lapierre,
Et Flotte ;

« Ordonne que lesdits :

Galichet,
Mayer,
Fombertaux,
Mérienne,
Duhem,
Pornin,
Wasmuth,
Et Lapierre,

« Seront mis en liberté, s'ils ne sont retenus pour autre cause ;

« Donne acte au procureur-général de ses réserves à l'égard de Flotte ;

« Renvoie ledit Flotte devant qui de droit, à la diligence du procureur-général ;

« Ordonne la mise en accusation de :

Quignot,
Nétré,
Quarré,

Charles,
Moulines,
Bonnefond jeune (Pierre),
Piéfort,
Focillon,
Espinousse,
Hendrick,
Dubourdieu,
Dugrospré,
Simon,
Hubert,
Lombard,
Huard,
Béasse,
Pétremann,
Bordon,
Évanno,
Lehéricy,
Dupouy,
Druy,
Bonnefond aîné (Jean-Baptiste),
Argout,
Herbulet,
Vallière,
Élie,
Godard,
Pâtissier,
Gérard,
Bouvrand,
Et Buisson;

« Ordonne en conséquence que lesdits :

« Quignot (Louis-Pierre-Rose), âgé de 30 ans, tailleur, né à Nanteuil-Audouin (Oise), demeurant à Paris, rue Saint-Denis, n° 350; taille d'un mètre 70 centimètres, cheveux et sourcils bruns, front haut, yeux gris-bleu, nez court, gros, bouche petite, menton rond, visage ovale, teint brun;

« Nétré (Jean), âgé de . . . ans, clerc d'huissier, né à . . . . demeurant à Paris, rue du Faubourg-Saint-Martin, n° 13, *absent;*

« Quarré (Alexandre-Basile-Louis), âgé de 22 ans, cuisinier, né à Dijon (Côte-d'Or), demeurant à Paris, rue Louis-le-Grand, n° 20; taille d'un mètre 60 centimètres, cheveux et sourcils bruns, front ordinaire, yeux bruns, nez retroussé, bouche moyenne, menton rond, visage ovale, teint brun;

« Charles (Jean), âgé de 33 ans, marchand de vin, né à Aigueperse (Puy-de-Dôme), demeurant à Paris, rue de Grenelle-Saint-Honoré, n° 13; taille d'un mètre 74 centimètres, cheveux et sourcils noirs, front bas, yeux châtains, nez pointu, bouche moyenne, menton court, visage large, teint ordinaire;

« Moulines (Eugène), âgé de 28 ans, ingénieur, né à Carcassonne (Aude), demeurant à Paris, quai Jemmapes, n° 162; taille d'un mètre 68 centimètres, cheveux et sourcils bruns, front haut, yeux bruns, nez grand, bouche moyenne, menton rond, visage ovale, teint ordinaire; barbe, moustaches et grands cheveux;

« Bonnefond (Pierre), âgé de 28 ans, cuisinier, né

à Alré (Saône-et-Loire), demeurant à Paris, rue de la Chaussée-d'Antin, n° 2; taille d'un mètre 66 centimètres, cheveux et sourcils noirs, front moyen, yeux bruns, nez moyen, bouche moyenne, menton rond, visage ovale, teint ordinaire;

« Piéfort, (François), âgé de 21 ans, charpentier, né à Dijon (Côte-d'Or), demeurant à Paris, rue du Faubourg-Saint-Martin, n° 105; taille d'un mètre 71 centimètres, cheveux et sourcils châtains, front moyen, yeux bleus, nez moyen, bouche ordinaire, menton rond, visage ovale, teint clair; une blessure au bras droit, causée par une balle;

« Focillon (Louis-Xavier-Auguste), âgé de 21 ans, charpentier, né à Dijon (Côte-d'Or), demeurant à Paris, rue du Faubourg-Saint-Martin, n° 105; taille d'un mètre 74 centimètres, cheveux châtain-foncé, front haut, yeux bleus, nez gros, bouche grande, menton rond, visage ovale, teint clair. Un signe sur l'avant-bras gauche; une cicatrice sur la main gauche;

« Espinousse (Jean-Léger), âgé de 21 ans, tailleur, né à Mussy (Dordogne), demeurant à Paris, rue Saint-Honoré, n° 245; taille d'un mètre 55 centimètres, cheveux et sourcils noirs, front moyen, yeux gris-noir, nez bien, bouche moyenne, menton rond, visage ovale, teint pâle;

« Hendrick (Joseph-Hippolyte), âgé de 24 ans, cordonnier, né à Paris, y demeurant, rue Saint-Jacques-la-Boucherie, n° 25; taille d'un mètre 68 centimètres, cheveux et sourcils bruns, front moyen, yeux bruns, nez droit, bouche moyenne, menton saillant, visage ovale, teint ordinaire;

« Dubourdieu (Jean), âgé de 20 ans, tailleur, né à Castillan (Gironde), demeurant à Paris, rue de Chartres, n° 12; taille d'un mètre 60 centimètres, cheveux et sourcils noirs, front haut, yeux roux, nez court, bouche moyenne, menton rond, visage rond, teint pâle;

« Dugrospré (Pierre-Eugène), âgé de 29 ans, ciseleur, né à Beauvais (Oise), demeurant à Paris, rue du Temple, n° 31; taille d'un mètre 69 centimètres, cheveux et sourcils noirs, front large, yeux châtains, nez fort, bouche moyenne, menton rond, visage long, teint ordinaire;

« Simon (Jean-Honoré), âgé de 22 ans, ouvrier chapelier, né à la Mauffe (Manche), demeurant à Paris, passage Pecquet, n° 15; taille d'un mètre 65 centimètres, cheveux et sourcils châtains, yeux bleus, nez large, bouche grande, menton rond, visage ovale, teint ordinaire; moustaches, mouche et grands cheveux; bras droit : Napoléon et deux drapeaux;

« Hubert (Constant-Georges-Jacques), âgé de 22 ans, chapelier, né à Digueville (Manche), demeurant à Paris, rue des Rosiers, n° 36; taille d'un mètre 64 centimètres, cheveux et sourcils châtains, front moyen, yeux bleus, nez large, relevé, bouche petite, menton à fossette, visage plein, teint ordinaire;

« Lombard (Louis-Honoré), âgé de 22 ans, ciseleur, né à Vitry-sur-Seine (Seine-et-Marne), demeurant à Paris, rue des Gravilliers, passage de Rome; taille d'un mètre 61 centimètres, cheveux et sourcils bruns, front étroit, yeux gris-châtain, nez long, bouche petite, menton à fossette, visage long, teint pâle;

« Huard (Camille-Jean-Baptiste), âgé de 19 ans, graveur, né à Mons (Ardennes), demeurant à Paris, rue Princesse, n° 7; taille d'un mètre 69 centimètres, cheveux et sourcils châtain-clair, front haut, yeux bleus, nez gros, bouche ordinaire, menton rond, visage ovale, teint clair, portant lunettes; plusieurs cicatrices sur le bras gauche et plusieurs sur la poitrine;

« Béasse (Jean-François), âgé de 20 ans, serrurier en bâtimens, né à Paris, y demeurant, rue de Reuilly, n° 53; taille d'un mètre 63 centimètres, cheveux et sourcils châtains, front couvert, yeux gris, nez droit, bouche moyenne, menton rond, visage ovale, teint clair, barbe blonde; une cicatrice au poignet et une à l'épaule gauche;

« Pétremann (Émile-Léger), âgé de 22 ans, cordonnier, né à Mézières (Ardennes), demeurant à Paris, rue des Arcis, n° 9; taille d'un mètre 65 centimètres, cheveux et sourcils bruns, yeux bruns, nez large et moyen, bouche ordinaire, menton rond, visage ovale, teint ordinaire; une cicatrice sur l'avant-bras gauche;

« Bordon (Jean-Maurice), âgé de 18 ans, homme de peine, né à Champigny (Savoie), demeurant à Paris, impasse des Anglais, n° 1; taille d'un mètre 64 centimètres, cheveux et sourcils châtains, front moyen, yeux châtains, nez gros, bouche grande, menton large, visage ovale et plein, teint clair; un gros signe au front;

« Évanno (Jean-Jacques), âgé de 34 ans, ouvrier boulanger, né à Hennebout (Morbihan), demeurant à Paris, rue Ménilmontant, chez le sieur Falluel, maître boulanger; taille d'un mètre 66 centimètres, cheveux et sourcils châtains, front moyen, yeux bruns, nez large, bouche moyenne, menton rond, visage ovale, teint ordinaire;

« Lehéricy (Pierre-Joseph), âgé de 32 ans, peintre en bâtimens, né à Paris, y demeurant, rue Saint-Martin, n° 75; taille d'un mètre 63 centimètres, cheveux et sourcils bruns, front bas, yeux roux, nez long, bouche grande, menton allongé, visage ovale, teint clair, barbe brune; deux signes à la joue gauche, un au menton, et les oreilles percées; sur le bras droit un aigle, et sur le gauche une femme;

« Dupouy (Bertrand), âgé de 21 ans, tailleur, né à Mont (Landes), demeurant à Paris, rue Verdelet, n° 22; taille d'un mètre 77 centimètres, cheveux et sourcils châtains, front moyen, yeux gris, nez gros, bouche moyenne, menton court, visage plein, teint coloré;

« Druy (Charles), âgé de 30 ans, tailleur-coupeur, né à Zara (Dalmatie), demeurant à Paris, rue Montorgueil, n° 48; taille d'un mètre 73 centimètres, cheveux et sourcils bruns, front élevé, yeux bruns, nez ordinaire, bouche moyenne, menton rond, visage maigre, teint clair;

« Bonnefond aîné (Jean-Baptiste), âgé de 30 ans, traiteur, demeurant à Paris, rue Saint-Marc-Feydeau, n° 3 (*absent*);

« Argout (Jean-Frédéric), âgé de. . . ans, imprimeur en caractères, né à Trèves (Prusse), demeurant à Paris, rue Neuve-Saint-Denis, n° 27 (*absent*);

« Herbulet (Jean-Nicolas), âgé de 29 ans, ébéniste, né à Mesnil (Meuse), demeurant à Paris, rue Louis-Philippe, n° 2; taille d'un mètre 66 centimètres, cheveux et sourcils châtains, front petit, yeux châtains, nez très court et large, bouche moyenne, menton grand, visage large, teint ordinaire;

« Vallière (François), âgé de 31 ans, imprimeur, né à Issoire (Puy-de-Dôme), demeurant à Paris, rue Contrescarpe-Dauphine, n° 7; taille d'un mètre 62 centimètres, cheveux et sourcils bruns, front saillant, yeux gris-châtain, nez ordinaire, bouche moyenne, menton rond, visage maigre, teint ordinaire;

« Élie (Charles-Étienne), âgé de 22 ans, garçon marchand de vin, né à Paris, y demeurant, rue de la Vannerie, n° 35; taille d'un mètre 64 centimètres, cheveux et sourcils châtains, front étroit, yeux gris-bleu, nez ordinaire, bouche moyenne, menton rond, visage plein, teint ordinaire; louche;

« Godard (Charles), âgé de 40 ans, bonnetier, né

à Caen (Calvados), demeurant à Paris, boulevard Bourdon, n° 8; taille d'un mètre 75 centimètres, cheveux et sourcils châtain-gris, front haut, yeux bleus, nez long, bouche petite, menton rond, visage ovale, teint ordinaire;

« Pâtissier (Pierre-Joseph), âgé de 22 ans, frotteur, né à Avranches (Savoie), demeurant à Paris, rue Vieille-du-Temple, n° 26; taille d'un mètre 55 centimètres, cheveux et sourcils châtains, front bombé, yeux gris, nez gros, bouche moyenne, menton rond, visage ovale, teint coloré, imberbe; une forte cicatrice au côté droit du front; le médium droit attaqué;

« Gérard (Benjamin-Stanislas), âgé de 34 ans, vernisseur sur cuirs, né à Persant (Seine-et-Oise), demeurant à Paris, barrière Charonne, n° 14; taille d'un mètre 71 centimètres, cheveux et sourcils châtains, front élevé, yeux gris, nez petit, bouche moyenne, menton gros et saillant, visage creux, teint brun;

« Bouvrand (Auguste), âgé de 26 ans, monteur en cuivre, né à Paris, y demeurant, rue des Enfans-Rouges, n° 5; taille d'un mètre 65 centimètres, cheveux et sourcils châtains, front large et bas, yeux châtains, nez gros et court, bouche grande, menton rond, visage ovale, teint clair; un signe à la main gauche;

« Buisson (Louis-Médard, dit Pieux), âgé de 22 ans, peintre sur porcelaine, né à Paris, y demeurant, rue Ménilmontant, n° 32; taille d'un mètre 72 centimètres, cheveux et sourcils châtains, front haut, yeux bruns, nez bien, bouche petite, menton long et saillant, visage long et étroit, teint brun;

« Seront pris au corps et conduits dans la maison d'arrêt que la Cour autorise le Président à désigner ultérieurement pour servir de maison de justice près d'elle;

« Ordonne que le présent arrêt sera notifié, à la diligence du procureur-général, à chacun des accusés;

« Ordonne que les débats s'ouvriront au jour qui sera ultérieurement indiqué par le Président de la Cour, et dont il sera donné connaissance, au moins cinq jours à l'avance, à chacun des accusés;

« Ordonne que le présent arrêt sera exécuté à la diligence du procureur-général du Roi. »

Aucun Pair ne réclamant l'appel nominal, il est voté sur cette rédaction par mains levées.

La minute de l'arrêt est immédiatement signée par tous les Pairs présens à la séance.

M. le Président rappelle ensuite à la Cour qu'il lui reste à statuer sur l'impression définitive du rapport, ainsi que sur celle du réquisitoire et des pièces de la procédure.

La Cour décide qu'il sera fait un tirage définitif du rapport et du réquisitoire du procureur-général; elle décide également que les interrogatoires des accusés et toutes autres pièces que M. le Président jugera convenable, seront imprimés pour être distribués à la Cour.

Le procureur-général et ses substituts sont de

nouveau introduits dans la Chambre du conseil.

M. le Président prononce en leur présence l'arrêt que la Cour vient de rendre.

Il lève ensuite la séance.

Signé Pasquier, président;

E. Cauchy, *greffier en chef.*

ATTENTAT DES 12 ET 13 MAI 1839.

PROCÈS-VERBAL N° 32.

COUR DES PAIRS.

Audience publique du lundi 13 janvier 1840,

Présidée par M. le CHANCELIER.

L'AN 1840, le lundi 13 janvier, la Cour des Pairs, spécialement convoquée, s'est réunie pour l'examen et le jugement des accusés Quignot, Quarré, Charles, Moulines, Bonnefond (Pierre), Piéfort, Focillon, Espinousse, Hendrick, Lombard, Simon, Hubert, Huard, Béasse, Pétremann, Bordon, Evanno, Lehéricy, Dupouy, Druy, Herbulet, Vallière, Elie, Godard, Pâtissier, Gérard, Dubourdieu, Dugrospré, Bouvrand et Buisson, compris dans l'arrêt de mise en accusation du 18 décembre dernier, ainsi que de l'accusé Blanqui, compris dans l'arrêt de mise en accusation du 12 juin précédent, et arrêté seulement le 14 octobre dernier.

Une ordonnance rendue le 3 de ce mois par M. le Président de la Cour, et notifiée le même jour aux accusés, a fixé à aujourd'hui l'ouverture des débats.

Les accusés ci-dessus dénommés ont été en conséquence transférés dans la maison de justice établie près la Cour.

La nouvelle salle construite en exécution de la loi du 15 juin 1836 pour servir aux séances de la Chambre, a été disposée pour les débats.

Le fauteuil de M. le Président a été placé à gauche de la séance de MM. les Pairs.

A droite, et en face, est le bureau destiné au procureur-général et à ses substituts.

Au-dessous du bureau de M. le Président est celui du greffier en chef et de son adjoint.

Dans l'hémicycle sont disposés quatre bancs pour les accusés.

Deux autres bancs sont établis en avant pour les défenseurs.

A midi, la Cour, précédée de ses huissiers et suivie du greffier en chef et de son adjoint, entre dans la salle où déjà le public et les accusés ont été introduits.

Immédiatement après la Cour sont introduits, précédés des huissiers du parquet, M. Franck Carré, procureur-général du Roi, et MM. Boucly et Nouguier, avocats-généraux nommés par l'ordonnance royale du 14 mai dernier, pour remplir les fonctions du ministère public dans la présente affaire.

Me Dupont, défenseur de l'accusé Blanqui; Me Grévy, défenseur de l'accusé Quignot; Me Lauras, défenseur de l'accusé Quarré; l'abbé Quarré, frère du même accusé, et son conseil; Me Jules Favre, défenseur de l'accusé Charles; Me Paulmier, défenseur de l'accusé Moulines; Me Derodé, défenseur de l'accusé Bonnefond; Me Dubrena, défenseur des accusés Piéfort et Focillon; Me Nogent de Saint-Laurent, défenseur de l'accusé Espinousse; Me Desgranges, défenseur de l'accusé Hendrick; Me Montader, défenseur de l'accusé Lombard; Me Desmarets, défenseur des accusés Hubert et Simon; Me Mathieu, défenseur de l'accusé Huard; Me Genteur, défenseur de l'accusé Béasse; Me Delamarre, défenseur de l'accusé Pétremann; Me Thomas, défenseur de l'accusé Bordon; Me Hello, défenseur de l'accusé Evanno; Me Moreau, défenseur de l'accusé Lehéricy; Me Benoist, défenseur de l'accusé Dupouy; Me Rodrigues, défenseur de l'accusé Druy; M[e] Le Royer (Élie), défenseur de l'accusé Herbulet; Me Maud'heux, défenseur de l'accusé Vallière; Me Porte, défenseur de l'accusé Élie; Me Blot-Lequesne, défenseur de l'accusé Godard; Me Gressier, défenseur de l'accusé Pâtissier; Me Grellet, défenseur de l'accusé Gérard; Me Comte, défenseur de l'accusé Dubourdieu; Me Hemerdinger, défenseur de l'accusé Dugrospré; Me Jolly, défenseur de l'accusé Bouvrand, et Me Cadet de Vaux, défenseur de l'accusé Buisson, sont présens au barreau.

MM. les Pairs ayant pris séance, et l'assemblée étant découverte, M. le Président proclame l'ouverture de l'audience.

Il invite le public admis à cette audience, à écouter dans un respectueux silence les débats qui vont avoir lieu.

Le greffier en chef, sur l'ordre de M. le Président, fait l'appel nominal des membres de la Cour, à l'effet de constater le nombre des Pairs présents, qui, seuls, peuvent prendre part au jugement.

Cet appel, fait par ordre d'ancienneté de réception, suivant l'usage de la Cour, constate la présence des 144 Pairs dont les noms suivent :

MM.
Le baron Pasquier, Chancelier de France, Président.
Le duc de Montmorency.
Le maréchal duc de Reggio.
Le duc de Castries.
Le marquis de Louvois.
Le comte Molé.
Le comte Ricard.
Le baron Séguier.
Le comte de Noé.
Le duc de Massa.
Le duc Decazes.
Le comte Claparède.
Le vicomte d'Houdetot.
Le baron Mounier.
Le comte Mollien.
Le comte Reille.
Le comte de Sparre.
Le marquis de Talhouët.
Le vice-amiral comte Verhuell.
Le comte de Germiny.
Le comte de Bastard.
Le comte Portalis.
Le duc de Crillon.
Le comte Siméon.
Le comte Roy.
Le comte de Vaudreuil.
Le comte de Tascher.
Le maréchal comte Molitor.
Le comte d'Haubersart.
Le comte de Courtarvel.

MM.
Le comte de Breteuil.
Le comte Dejean.
Le comte de Richebourg.
Le duc de Plaisance.
Le duc de Brancas.
Le comte Cholet.
Le duc de Montébello.
Le comte Lanjuinais.
Le marquis de Laplace.
Le duc de La Rochefoucauld.
Le vicomte de Ségur-Lamoignon.
Le duc de Périgord.
Le comte de Ségur.
Le comte de Bondy.
Le baron Davillier.
Le comte Gilbert de Voisins.
Le comte d'Anthouard.
Le comte de Caffarelli.
Le comte Exelmans.
Le vice-amiral comte Jacob.
Le comte Philippe de Ségur.
Le baron de Lascours.
Le comte Roguet.
Le comte de La Rochefoucauld.
Le baron Girod (de l'Ain).
Le baron Atthalin.
Aubernon.
Besson.
Le président Boyer.
Cousin.
Le comte Desroys.

MM.
Le comte Dutaillis.
Le duc de Fezensac.
Le baron de Fréville.
Gautier.
Le comte Heudelet.
Humblot-Conté.
Le baron Malouet.
Le comte de Montguyon.
Le comte d'Ornano.
Le vice-amiral baron Roussin.
Le baron Thénard.
Tripier.
Le comte Turgot.
Le baron Zangiacomi.
Le comte de Ham.
Le baron de Mareuil.
Le comte Bérenger.
Le baron Berthezène.
Le comte de Colbert.
Le comte de La Grange.
Félix Faure.
Le comte Daru.
Le comte Baudrand.
Le baron Neigre.
Le comte de Beaumont.
Le baron Brayer.
Le baron de Reinach.
Le comte de Saint-Cricq.
Barthe.
Le comte d'Astorg.
Le baron Brun de Villeret.
De Cambacérès.
Le vicomte de Chabot.
Le marquis de Cordoue.
Le baron Feutrier.
Le marquis de La Moussaye.
De Ricard.
Le comte de La Riboisière.
Le comte de Saint-Aignan.
Le vicomte Siméon.
Le comte de Rambuteau.

MM.
Le baron Voysin de Gartempe.
Bresson.
Le marquis d'Andigné de la Blanchaye.
Le marquis d'Audiffret.
Le comte de Monthion.
Le marquis de Chanaleilles.
Le baron Darriule.
Le baron Delort.
Le baron Dupin.
Le comte Durosnel.
Le marquis d'Escayrac de Lauture.
Le comte d'Harcourt.
Le vicomte d'Abancourt.
Le baron Jacquinot.
Kératry.
Le comte d'Audenarde.
Le vice-amiral Halgan.
Mérilhou.
Le comte de Mosbourg.
Odier.
Paturle.
Le baron de Vendeuvre.
Le baron Pelet.
Le baron Pelet de la Lozère.
Périer.
Le baron Petit.
Le vicomte de Préval.
Le chev[er] Tarbé de Vauxclairs.
Le vicomte Tirlet.
Le vicomte de Villiers du Terrage.
Le vice-amiral Willaumez.
Bourdeau.
Laplagne Barris.
Rouillé de Fontaine.
Le baron de Daunant.
Le vicomte de Jessaint.
Le baron de Saint-Didier.
Maillard.

MM.
Le duc de La Force.
De La Pinsonnière.

MM.
Le baron Nau de Champlouis.
Gay-Lussac.

M. le Président expose qu'un grand nombre des Pairs qui se trouvent absents de la séance lui ont fait parvenir leurs excuses fondées sur des raisons de service public ou de santé.

L'appel nominal achevé, M. le Président, pour se conformer à l'article 310 du Code d'instruction criminelle, demande à chacun des accusés quels sont ses nom, prénoms, âge, lieu de naissance, profession et domicile.

Les 31 accusés présens répondent à ces interpellations ainsi qu'il suit :

1°. Blanqui (Louis-Auguste), âgé de 35 ans, sans profession, né à Nice, demeurant autrefois à Gency, près Pontoise (Seine-et-Oise).

2°. Quignot (Louis-Pierre-Rose), âgé de 30 ans, tailleur, né à Nanteuil-Audouin (Oise), demeurant à Paris, rue Saint-Denis, n° 350.

3°. Quarré (Alexandre-Basile-Louis), âgé de 22 ans, cuisinier, né à Dijon (Côte-d'Or), demeurant à Paris, rue Louis-le-Grand, n° 20.

4°. Charles (Jean), âgé de 33 ans, marchand de vins, né à Aigueperse (Puy-de-Dôme), demeurant à Paris, rue de Grenelle-Saint-Honoré, n° 13.

5°. Moulines (Eugène), âgé de 28 ans, ingénieur, né à Carcassonne (Aude), demeurant à Paris, quai Jemmapes, n° 162.

6°. Bonnefond (Pierre), âgé de 28 ans, cuisinier, né à Alré (Saône-et-Loire), demeurant à Paris, rue de la Chaussée d'Antin, n° 2, chez M. Nibault, au café de Foy.

7°. Piéfort (François), âgé de 21 ans, charpentier, né à Dijon (Côte-d'Or), demeurant à Paris, rue du Faubourg-Saint-Martin, n° 105.

8°. Focillon (Louis-Xavier-Auguste), âgé de 21 ans, charpentier, né à Dijon (Côte-d'Or), demeurant à Paris, rue du Faubourg-Saint-Martin, n° 105.

9°. Espinousse (Jean-Léger), âgé de 21 ans, tailleur, né à Mussy (Dordogne), demeurant à Paris, rue Saint-Honoré, n° 245.

10°. Hendrick (Joseph-Hippolyte), âgé de 24 ans, chaussonnier, né à Paris, y demeurant, rue Saint-Jacques-la-Boucherie, n° 25.

11°. Lombard (Louis-Honoré), âgé de 22 ans, ouvrier ciseleur, né à Vitry-sur-Seine (Seine), demeurant à Paris, passage de Rome.

12°. Simon (Jean-Honoré), âgé de 22 ans, ouvrier chapelier, né à la Mauffe (Manche), demeurant à Paris, passage Pecquet, n° 15.

13°. Hubert (Constant-Georges-Jacques), âgé de 22 ans, chapelier, né à Digouville (Manche), demeurant à Paris, rue des Rosiers, n° 36.

14°. Huard (Camille Jean-Baptiste), âgé de 19 ans, graveur, né à Mont (Ardennes), demeurant à Paris, rue Princesse, n° 7.

15°. Béasse (Jean-François), âgé de 20 ans, serrurier en bâtimens, né à Paris, y demeurant, rue de Reuilly, n° 53.

16°. Pétremann (Émile-Léger), âgé de 22 ans, cordonnier, né à Mézières (Ardennes), demeurant à Paris, rue des Arcis, n° 9.

17°. Bordon (Jean-Maurice), âgé de 18 ans, chapelier, né à Champagnet (Savoie), demeurant à Paris, rue Beaubourg, impasse des Anglais, n° 1.

18°. Evanno (Jean-Jacques), âgé de 34 ans, ouvrier boulanger, né à Hennebout (Morbihan), demeurant à Paris, rue de Ménilmontant, chez le sieur Falluel, boulanger.

19°. Lehéricy (Pierre-Joseph), âgé de 32 ans, peintre en bâtimens, né à Paris, y demeurant, rue Saint-Martin, n° 75.

20°. Dupouy (Bertrand), âgé de 21 ans, tailleur, né au Mans (Landes), demeurant à Paris, rue Verdelet, n° 22.

21°. Druy (Charles), âgé de 30 ans, né à Zara (Dalmatie), tailleur-coupeur, demeurant à Paris, rue Montorgueil, n° 48.

22°. Herbulet (Jean-Nicolas), âgé de 29 ans, ébéniste, né au Mesnil (Meuse), demeurant à Paris, rue Louis-Philippe, n° 2.

23°. Vallière (François), âgé de 31 ans, imprimeur, né à Issoire (Puy-de-Dôme), demeurant à Paris, rue Contrescarpe-Dauphine, n° 7.

24°. Élie (Charles-Étienne), âgé de 22 ans, garçon marchand de vin, né à Paris, y demeurant, rue de la Vannerie, n° 35.

25°. Godard (Charles), âgé de 40 ans, ouvrier bonnetier, né à Caen (Calvados), demeurant à Paris, boulevard Bourdon, n° 8.

26°. Pâtissier (Pierre-Joseph), âgé de 22 ans, frotteur, né à Avranches (Savoie), demeurant à Paris, rue Vieille-du-Temple, n° 26.

27°. Gérard (Benjamin-Stanislas), âgé de 33 ans, vernisseur sur cuir, né à Persan (Seine-et-Oise), demeurant à Paris, barrière de Montreuil, n° 14.

28°. Dubourdieu (Jean), âgé de 20 ans, tailleur, né à Castillan (Gironde), demeurant à Paris, rue de Chartres, n° 12.

29°. Dugrospré (Pierre-Eugène), âgé de 29 ans, ciseleur, né à Beauvais (Oise), demeurant à Paris, rue du Temple, n° 31.

30. Buisson (Louis-Médard, dit Pieux), âgé de 22 ans, peintre sur porcelaine, né à Paris, y demeurant, rue de Ménilmontant, n° 32.

31°. Et Bouvrand (Auguste), âgé de 26 ans, monteur en cuivre, né à Paris, y demeurant, rue des Enfans-Rouges, n° 5.

M. le Président rappelle ensuite aux défenseurs des accusés les règles que leur prescrit, dans la défense, l'article 311 du Code d'instruction criminelle.

Puis il fait introduire dans la salle les témoins assignés pour déposer des faits énoncés dans les actes d'accusation.

M. le Président avertit en ce moment les accusés d'être attentifs à ce qu'ils vont entendre, et il ordonne au greffier en chef de donner lecture :

1°. De l'arrêt de la Cour en date du 12 juin dernier qui prononce la mise en accusation, tant de

Blanqui (Louis-Auguste), alors absent, que de divers autres inculpés à l'égard desquels il a été définitivement statué par arrêt du 12 juillet dernier;

2°. De l'acte d'accusation dressé en conséquence par le procureur-général ;

3°. De l'arrêt de la Cour du 18 décembre dernier qui prononce la mise en accusation de :

Quignot (Louis-Pierre-Rose), Quarré (Alexandre-Bazile-Louis), Charles (Jean), Moulines (Eugène), Bonnefond (Pierre); Piéfort (François), Focillon (Louis-Xavier-Auguste), Espinousse (Jean-Léger), Hendrick (Joseph-Hippolyte), Lombard (Louis-Honoré), Simon (Jean-Honoré), Hubert (Constant-Georges-Jacques), Huard (Camille-Jean-Baptiste), Béasse (Jean-François), Pétremann (Émile-Léger), Bordon (Jean-Maurice), Évanno (Jean-Jacques), Lehéricy (Pierre-Joseph), Dupouy (Bertrand), Druy (Charles), Herbulet (Jean-Nicolas), Vallière (François), Élie (Charles-Étienne), Godard (Charles), Pâtissier (Pierre-Joseph), Gérard (Benjamin-Stanislas), Dubourdieu (Jean), Dugrospré (Pierre-Eugène), Buisson (Louis-Médard, dit Pieux), Bouvrand (Auguste);

4°. De l'acte d'accusation dressé en conséquence de ce dernier arrêt.

Du consentement des accusés et de leurs défenseurs, il est donné lecture des deux premières pièces, seulement en ce qui concerne l'accusé Blanqui.

Le greffier en chef donne lecture entière des deux autres pièces.

M. le Président rappelle aux accusés les chefs d'accusation énoncés dans les arrêts susdatés.

Le procureur-général présente la liste des témoins assignés à sa requête.

Le greffier en chef donne lecture de cette liste qui a été préalablement notifiée, conformément à l'article 315 du Code d'instruction criminelle.

M. le Président ordonne ensuite aux témoins de se retirer dans les chambres qui leur sont destinées.

Cet ordre ayant été exécuté, M. le Président annonce qu'il va procéder à l'interrogatoire de l'accusé Blanqui.

Cet accusé expose qu'il a déclaré ses noms uniquement pour constater son identité; mais que ne trouvant pas de garanties suffisantes dans le tribunal qui va le juger, il croit devoir déclarer que son intention est de ne répondre à aucune des questions qui lui seront posées. « Cependant, dit-il, en présence de l'accusation de cruauté adressée au parti républicain, moi qui ai appartenu à cette opinion, moi qui suis de ce parti, je crois devoir, comme un de ses membres, repousser cette accusation qui pèse sur lui. »

Reprenant ici l'exposé des faits insurrectionnels qui se sont accomplis au mois de juin 1832, d'avril 1834 et de mai 1839, l'accusé prétend que les républicains ne se sont montrés ni sanguinaires ni cruels, comme on l'a dit; que s'ils ont parlé quelquefois avec violence, ils ont agi toujours avec humanité. « Au Palais de Justice, dit-il, vingt soldats armés étaient rangés en bataille; les insurgés, au nombre de trente à quarante, se sont avancés par le pont Notre-Dame et le quai aux Fleurs, s'exposant à un feu de peloton, car ils devaient croire que la troupe était prête à les recevoir, et qu'elle avait chargé ses armes; cependant ils sont arrivés jusqu'à elle sans tirer, et s'ils ont fait feu plus tard, sur le refus de l'officier de rendre ses armes, c'est sans doute un malheur, mais qu'y faire? Les républicains avaient pris les armes; c'était pour s'en servir. »

L'accusé ajoute que le même fait s'est reproduit au marché Saint-Jean; qu'on a entendu Nouguès dire qu'après la prise du poste un grand nombre d'insurgés avait versé des larmes et montré la plus vive douleur à la vue des soldats frappés de mort.

M. le Président lui adresse la parole en ces termes :

« Accusé Blanqui, je dois vous prévenir que le terrain sur lequel vous vous êtes placé est le plus mauvais que vous puissiez choisir. Toute votre argumentation repose sur cette croyance, ou plutôt, car ce ne peut être là une croyance, sur cette supposition que vous avez le droit, vous et vos pareils, par cela seul que vous vous intitulez républicains, d'attaquer le Gouvernement de votre pays, de marcher avec des armes sur les citoyens et les soldats préposés à la garde de la sûreté publique. Vous ne voulez pas qu'on vous qualifie de barbares, quand vous venez ainsi, sans déclaration de guerre, vous précipiter en armes sur des postes militaires qui ne s'attendent pas et ne doivent pas s'attendre à être attaqués en pleine paix. Et vous qui rompez cette paix par le plus odieux guet-apens, vous prétendriez n'être pas coupables, n'être pas responsables du sang versé, de ce sang qui doit retomber sur vous et sur vos consciences? Vous ne voulez pas, dites-vous, vous défendre sur les faits qui vous sont particuliers, mais gardez-vous au moins, en voulant ainsi excuser les actes sanglans du parti auquel vous déclarez appartenir, de vous attirer davantage encore cette réprobation qui s'attache aux odieux principes que vous prétendez mettre en honneur. »

L'accusé soutient qu'il n'a point prétendu discuter sur le droit, qu'il s'est seulement reporté aux faits matériels. « Après avoir pris les armes et s'être transformés momentanément en soldats, les insurgés n'ont pas, dit-il, montré dans leur lutte avec la troupe la férocité dont on les accuse. »

M. le Président ajoute : « Je n'ai nulle envie, non plus, d'établir avec vous une discussion de doctrine. Ce que je voulais rétablir, c'est un principe, un principe sacré, à savoir que celui qui s'arme contre son pays est coupable au premier chef dans tous les pays du monde, et qu'il est responsable de toutes les conséquences de sa coupable action; que le sang qui coule à la suite de cette rébellion est un sang criminellement répandu, et qu'on a raison de dire qu'il y a cruauté dans de pareils actes, puisque les hommes qui viennent attaquer leurs concitoyens en pleine paix n'ont aucun motif qui justifie leur agression. »

M. le Président expose ensuite que malgré l'intention exprimée par l'accusé de ne répondre sur aucun des faits qui lui sont attribués, il va lui remettre les principaux de ces faits sous les yeux.

L'accusé garde le silence sur les diverses questions qui lui sont adressées.

M. le Chancelier lui fait remarquer que ce silence peut devenir presque accusateur. « Je sais, ajoute-t-il, que c'est là une des règles de l'association dont vous faites partie, que c'est une manière de se mettre au-dessus des lois et de les braver, mais sachez bien aussi que cette règle de conduite n'est pas bonne, qu'elle ne peut réussir devant la justice du pays. »

M. le Président donne l'ordre de faire introduire les témoins assignés à la requête du procureur-général pour déposer des faits relatifs à l'accusé Blanqui.

Un seul de ces témoins étant présent, il est entendu dans la forme prescrite par la loi.

Il déclare se nommer :

Oudart (Augustin-Joseph), âgé de 54 ans, expert-écrivain, demeurant à Paris, rue Montaigne, n° 8.

Il est donné lecture tant de la proclamation imprimée laissée par les insurgés dans les magasins des frères Lepage que des différens interrogatoires subis par Nouguès.

M. le Président procède à l'interrogatoire de l'accusé Quignot.

On représente également à cet accusé la proclamation imprimée dont il vient d'être question tout à l'heure.

M. le Président procède ensuite à l'interrogatoire de l'accusé Quarré.

Cet interrogatoire terminé, l'audience est continuée à demain mardi, heure de midi.

Signé Pasquier, président;

E. Cauchy, *greffier en chef.*

ATTENTAT DES 12 ET 13 MAI 1839.

PROCÈS-VERBAL N° 33.

COUR DES PAIRS.

Audience publique du mardi 14 janvier 1840,

Présidée par M. le CHANCELIER.

LE mardi 14 janvier 1840, à midi, la Cour reprend son audience publique pour la suite des débats sur les accusations prononcées par arrêts des 12 juin et 18 décembre 1839.

Les accusés et leurs défenseurs sont présens.

Le greffier en chef, sur l'ordre de M. le Chancelier, procède à l'appel nominal des membres de la Cour.

Leur nombre qui, à la dernière audience, était de 144, se trouve réduit à 141 par l'absence de MM. le comte Philippe de Ségur et le duc de Plaisance, qui se sont excusés à raison de leur santé, et de M. le comte de Rambuteau, qui n'a pu se rendre à la séance pour cause de service public.

Le procureur-général expose que plusieurs témoins qui avaient été assignés à sa requête pour déposer des faits relatifs à l'accusé Blanqui et qui n'ont pu être entendus dans la séance d'hier, sont prêts à déposer en ce moment devant la Cour.

M. le Président donne l'ordre de les faire introduire.

Ces témoins déposent séparément, après avoir prêté le serment prescrit par la loi, et déclarent ainsi leurs noms, prénoms, âges, professions et domiciles :

1°. Lemit (Pascal), âgé de 37 ans, pharmacien et directeur de diligences, demeurant à Pontoise.
2°. L'Échaudé (Antoine), âgé de 53 ans, cultivateur à Gency (hameau de Cergy), près Pontoise.

Le sieur Drouot, autre témoin assigné pour déposer des faits relatifs à l'accusé Blanqui, s'étant excusé à raison de sa santé, M. le Président fait donner lecture tant de ses dépositions reçues le 25 mai 1839, par M. Legonidec, juge d'instruction délégué, et le 28 du même mois, par M. le Chancelier, que d'un procès-verbal de confrontation dressé par M. Zangiacomi, aussi juge d'instruction délégué.

La Cour entend ensuite séparément, dans la forme prescrite par la loi, les témoins

1°. Haymonnet (François-Bonaventure), âgé de 53 ans, commissaire de police de la ville de Paris, y demeurant, rue Neuve-Saint-Denis, n° 25;
2°. Langlois (Louise-Virginie), dite femme Clareault, âgée de 22 ans, demeurant à Paris, rue Saint-Denis, n° 350;

Tous deux assignés à la requête du procureur-général, pour déposer des faits relatifs à l'accusé Quignot.

M. le Président procède ensuite à l'interrogatoire de l'accusé Charles.

Le témoin Pons, assigné à la requête de M. le procureur-général, pour déposer des faits relatifs aux accusés Quarré et Charles, n'ayant pu être trouvé, M. le Président fait donner lecture des deux interrogatoires subis par ce témoin (alors inculpé), les 18 et 28 juin dernier devant M. Zangiacomi, juge d'instruction délégué.

Cette lecture donne lieu à quelques explications de la part de l'accusé Blanqui.

Incidemment à ce débat, M. le Président donne l'ordre d'assigner, en vertu de son pouvoir discrétionnaire, le sieur Delaunay, marchand de vin, demeurant à Paris, au coin des rues de la Michodière et d'Hanovre.

Le sieur Viot, autre témoin assigné relativement aux mêmes accusés, est introduit et entendu, après avoir prêté le serment voulu par la loi. Il déclare s'appeler :

Viot (Mathieu), âgé de 29 ans, restaurateur, demeurant à Paris, rue des Fossés-M.-le-Prince, n° 23.

Il est ensuite procédé à l'interrogatoire de l'accusé Moulines.

M. le Président fait donner lecture de la lettre écrite, le 4 avril 1839, par cet accusé au nommé Émile Maréchal.

La Cour entend séparément, dans la forme prescrite par la loi, les témoins assignés à la requête du procureur-général, pour déposer des faits relatifs à l'accusé Moulines : ces témoins déposent dans l'ordre suivant :

1°. Avril (Marc-Antoine-Léger), âgé de 49 ans, caporal au 28e régiment de ligne en garnison à Paris;

2°. Gatinot (Nicolas-François), âgé de 71 ans, maître d'hôtel garni, demeurant à Paris, quai de Jemmapes, n° 162;

3°. Barachet (Étienne), âgé de 26 ans, soldat au 28e régiment de ligne en garnison à Paris;

4°. Charton (Pierre), âgé de 43 ans, marchand de vins, demeurant à Paris, quai de Jemmapes, n° 160;

5°. Femme Charton (Antoinette Tissier), âgée de 32 ans, marchande de vins, demeurant à Paris, quai de Jemmapes, n° 160;

6°. Femme Gallet (Désirée Giraud), âgée de 38 ans, son mari commerçant, demeurant à Paris, rue Sainte-Croix-de-la-Bretonnerie;

7°. Femme Ramoussin (Justine-Henriette), âgée de 60 ans, limonadière, demeurant à Paris, au Jardin des Plantes;

8°. Drouard (Frédéric), âgé de 21 ans et demi, garçon limonadier, demeurant à Paris, chez la dame Ramoussin;

9°. Farjas (Thomas), âgé de 50 ans, courtier pour le commerce des vins, demeurant à Paris, rue Saint-Victor, n° 126;

10°. Fille Mennesson (Louise-Augustine), lingère, demeurant à Paris, rue de Paradis-Poissonnière, n° 52.

Le témoin Delaunay, appelé en vertu du pouvoir discrétionnaire de M. le Président, relativement aux accusés Quarré et Charles, est entendu sans prestation de serment.

Il déclare se nommer :

Delaunay (Martial-Omer), âgé de 49 ans, marchand de vins, demeurant à Paris, rue de la Michodière, n° 17.

M. le Président procède à l'interrogatoire de l'accusé Bonnefond (Pierre).

Les témoins assignés à la requête du procureur-général pour déposer des faits relatifs à cet accusé, sont ensuite introduits.

Ils déposent séparément dans la forme prescrite par la loi, et dans l'ordre suivant :

1°. Chevalier (Jean-Louis-Joseph), âgé de 63 ans, opticien, demeurant à Paris, quai de l'Horloge, n° 65;

2°. Tessier (Jean-Marie-Ambroise), âgé de 40 ans, gaînier, demeurant à Paris, quai des Lunettes, n° 65;

3°. Bonnardet (Antoine-Jean), âgé de 57 ans, travaillant sur la rivière, demeurant à Paris, quai des Orfévres;

4°. Aloff (Joseph-Nicolas), âgé de 29 ans, sergent de ville, demeurant à la Préfecture de police;

5°. Nibault (Pierre-François), âgé de 49 ans, limonadier, demeurant à Paris, rue de la Chaussée-d'Antin, n° 2.

Il est ensuite procédé à l'audition du témoin Cortilliot, assigné à la requête du procureur-général, sur la demande de l'accusé Quarré.

Ce témoin prête serment dans la forme voulue par la loi, et déclare s'appeler

Cortilliot (Tony), âgé de 50 ans, maître d'hôtel garni, demeurant à Paris, rue Louis-le-Grand, n° 20.

L'heure étant avancée, M. le Président continue l'audience à demain.

Signé Pasquier, président;

E. Cauchy, *greffier en chef.*

ATTENTAT DES 12 ET 13 MAI 1839.

COUR DES PAIRS.

PROCÈS-VERBAL N° 34.

Audience publique du mercredi 15 janvier 1840,

Présidée par M. le CHANCELIER.

LE mercredi 15 janvier 1840, à midi, la Cour reprend son audience publique pour la suite des débats sur les accusations prononcées par arrêts des 12 juin et 18 décembre 1839.

Les accusés et leurs défenseurs sont présens.

L'appel nominal auquel il est procédé par le greffier en chef, constate la présence de 138 Pairs sur 141 qui assistaient à l'audience d'hier.

Les trois Pairs absens sont MM. le duc de Castries, le comte de Germiny et le comte Turgot, retenus par l'état de leur santé.

M. le Président procède à l'interrogatoire des accusés Piéfort et Focillon.

Il donne ensuite l'ordre de faire introduire les témoins assignés à la requête du procureur-général, pour déposer des faits relatifs à ces deux accusés.

Ces témoins déposent séparément, après avoir prêté le serment voulu par la loi et dans l'ordre suivant :

1°. Gérard (François), âgé de 54 ans, marchand

de vins, demeurant à Paris, rue de la Vieille-Tannerie, n° 1;

2°. Baylac (Antoine-Adolphe), âgé de 42 ans, maréchal des logis de la Garde municipale, caserné rue Mouffetard;

3°. Femme Durand (Véronique-Renée), âgée de 60 ans, laitière, demeurant à Paris, rue de la Vieille-Tannerie, n° 1.

4°. Prudhomme (Jean), âgé de 37 ans, tailleur, demeurant à Paris, rue de la Vieille-Tannerie, n° 1;

5°. Femme Prudhomme (Marie-Rosalie Paussier), âgée de 37 ans, demeurant à Paris, rue de la Vieille-Tannerie, n° 1;

6°. Femme Rose (Madeleine Boulet), âgée de 33 ans, logeuse, demeurant à Paris, rue du Faubourg-Saint-Martin, n° 105.

La femme Vitalis étant absente, M. le Président fait donner lecture de sa déposition reçue le 24 août 1839 par M. Jourdain, juge d'instruction délégué.

Le défenseur de l'accusé Moulines demande que la fille Mennesson soit entendue de nouveau au sujet d'un fait concernant cet accusé.

M. le Président ayant fait droit à cette demande, la fille Mennesson dépose sous la foi du serment par elle précédemment prêté.

M. le Président interroge l'accusé Hendrick.

Les témoins assignés à la requête du procureur-général pour déposer des faits relatifs à cet accusé, sont ensuite introduits.

Ils déposent séparément dans la forme prescrite par la loi, et dans l'ordre suivant :

1°. Guiraud (François-Pierre), âgé de 43 ans, gardien des voitures à la Halle, demeurant à Paris, rue Saint-Jacques-la-Boucherie, n° 32;
2°. Garnier (Claude), âgé de 42 ans, passementier, demeurant à Paris, rue des Arcis, n° 6;
3°. Denis (Jean-Adrien), âgé de 42 ans, cordonnier, demeurant à Paris, rue des Arcis, n° 6;
4°. Praquin (Jean-Charles), âgé de 32 ans, tourneur en bois, demeurant à Paris, rue de la Reynie, n° 3;
5°. Drouot (François-Édouard), âgé de 32 ans, marchand horloger, demeurant à Paris, place Maubert, n° 36;
6°. Fille Lefray (Félicité-Françoise), âgée de 30 ans, demeurant à Paris, rue des Filles-Dieu.

Le procureur-général renonce à l'audition de la veuve Digne, assignée à sa requête.

M. le Président procède à l'interrogatoire des accusés Espinousse, Hubert, Simon et Dupouy.

La Cour passe à l'audition des témoins assignés à la requête du procureur-général pour déposer des faits relatifs à ces quatre accusés.

Ces témoins déposent séparément après avoir prêté le serment voulu par la loi, et dans l'ordre suivant :

1°. Bernardini (Pierre), âgé de 30 ans, brigadier de la Garde municipale, caserné Faubourg-Saint-Martin;

2°. Femme Meneau (Louise Camus), âgée de 25 ans, marchande de vins, demeurant à Paris, place du Châtelet, n° 2;

3°. Regnier (Louis-Alexandre), âgé de 34 ans, instituteur, demeurant à Paris, rue des Blancs-Manteaux;

4°. Lamy (Jean), âgé de 41 ans, tambour à la 7e légion, demeurant à Paris, rue des Rosiers, n° 10;

5°. Laroully (François-Eugène), âgé de 40 ans, quincaillier, demeurant à Paris, rue Sainte-Avoye, n° 39;

6°. Charles (Marie-François), âgé de 25 ans, chapelier, demeurant à Bercy, n° 50;

7°. Delon (Antoine), âgé de 40 ans, lieutenant au 28e de ligne, en garnison à Vincennes;

8°. Carreau (Jean-Baptiste), âgé de 42 ans, maréchal de logis de la Garde municipale, caserné rue Saint-Martin;

9°. Devilliers (Raymond-Charles), âgé de 36 ans, inspecteur des postes, demeurant à Paris, rue de la Madelaine, n° 44;

10°. Robertet (François-Erasme), âgé de 30 ans, médecin, demeurant à Paris, rue de la Chanvrerie, n° 10;

11°. Garnaud (Joseph-Marie-Eugène), âgé de 30 ans, aubergiste, demeurant à Paris, rue Saint-Denis, n° 166;

12°. Baillet (François-Claude), âgé de 35 ans, garçon d'écurie chez le sieur Solin, demeurant à Paris, rue Saint-Magloire, n° 2;

13°. Hébert (Maximilien), âgé de 25 ans, garçon

d'écurie, demeurant à Paris, rue de l'Aiguillerie, n° 2;

14°. Gard (Jean-Baptiste-Joseph), âgé de 47 ans, cartonnier, demeurant à Paris, rue Phelippeaux, n° 15;

15°. Mignet (Félix-Edme), âgé de 24 ans, capitaine au 14e régiment de ligne, en garnison à Saint-Cloud;

16°. Guyard (Gabriel-Julien), âgé de 40 ans, garde municipal, caserné Faubourg Saint-Martin.

Les témoins Drouot, Farjas et Praquin, déjà entendus, sont rappelés pour déposer des faits qui concernent les accusés sur lesquels le débat vient de s'engager.

Il est ensuite procédé dans la forme voulue par la loi, à l'audition de deux témoins assignés à la requête du procureur-général, sur la demande de l'accusé Espinousse.

Ces témoins déclarent s'appeler :

1°. Moreau (Martial), âgé de 31 ans, tailleur, demeurant à Paris, rue Vivienne, n° 33;

2°. Bruyère (Pierre), âgé de 32 ans, tailleur, demeurant à Paris, rue Croix-des-Petits-Champs, n° 5 *bis*.

Le sieur Robertet, déjà entendu, est rappelé. Le défenseur de l'accusé Espinousse prie M. le Président de lui adresser diverses questions.

Le témoin Voisin, assigné sur la demande de l'accusé Hubert, est également entendu dans la forme voulue par la loi.

Il déclare se nommer :

Voisin (Bernard), âgé de 24 ans, cordonnier, demeurant à Paris, rue des Ménétriers, n° 3.

Trois autres témoins assignés à la requête du procureur-général, sur la demande de l'accusé Moulines, sont aussi entendus dans l'ordre suivant :

1°. Demoiselle Foucault, âgée de 12 ans, demeurant à Paris, quai Jemmapes, n° 162 ;

2°. Dame Foucault (Adélaïde-Louise Moreau), âgée de 38 ans, demeurant à Paris, quai Jemmapes, n° 162 ;

3°. Perdrigeon (Jules), âgé de 27 ans, dessinateur, demeurant à Paris, rue de l'Orme, n° 8.

Le premier de ces témoins, en raison de son âge, est entendu sans serment.

Les deux autres prêtent serment dans la forme perscrite par la loi.

L'accusé Moulines déclare renoncer à l'audition du témoin Alfred, qui avait été également assigné sur sa demande.

On introduit ensuite un témoin assigné sur la demande de l'accusé Hendrick.

Il est entendu, après avoir prêté le serment prescrit par la loi, et déclare se nommer

Femme Bourguignon, âgée de 37 ans, demeurant à Paris, rue Saint-Jacques-la-Boucherie, n° 25.

L'heure étant avancée, M. le Président continue l'audience à demain, heure de midi.

Signé PASQUIER, président;

E. CAUCHY, *greffier en chef.*

ATTENTAT DES 12 ET 13 MAI 1839.

COUR DES PAIRS.

PROCÈS-VERBAL N° 35.

Audience publique du jeudi 16 janvier 1840,

Présidée par M. le CHANCELIER.

LE jeudi 16 janvier 1840, à midi, la Cour reprend son audience publique pour la suite des débats sur les accusations prononcées par arrêts des 12 juin et 18 décembre 1839.

Les accusés et leurs défenseurs sont présens.

L'appel nominal, auquel il est procédé par le greffier en chef, constate la présence de 137 Pairs sur 138 qui assistaient à la séance d'hier.

Le Pair absent est M. le comte Molé, qui s'est excusé pour cause de santé.

On introduit deux témoins assignés à la requête du procureur-général, pour déposer des faits relatifs à l'accusé Quignot.

Ces deux témoins, entendus séparément dans la forme voulue par la loi, déclarent se nommer :

1°. Savary (Gabriel), âgé de 22 ans, peintre en décors, demeurant à Paris, rue Saint-Denis, n° 350;

2°. Dieudonné (Jean-Jacques-Prosper), âgé de 38 ans, épicier, demeurant à Paris, rue Saint-Denis, n° 350.

La Cour entend dans la même forme et dans l'ordre suivant quatre autres témoins assignés à la requête du procureur-général, sur la demande du même accusé, savoir :

1°. Delarue (Alexandre), âgé de 32 ans, tailleur, demeurant à Paris, rue Traversière-Saint-Honoré, n° 11;
2°. Bonnière (Désiré), âgé de 30 ans, tailleur, demeurant à Paris, passage du Saumon, n° 20;
3°. Martin (Pierre), âgé de 26 ans, tailleur, demeurant à Paris, rue Richelieu, n° 10;
4°. Leseur (Antoine-Alexandre), âgé de 42 ans, tailleur, demeurant à Paris, rue Marivaux, n° 13.

M. le Président donne l'ordre d'introduire les témoins assignés à la requête du procureur-général, sur la demande de l'accusé Charles.

Ces témoins sont entendus séparément, après avoir prêté le serment prescrit par la loi, et déposent dans l'ordre suivant :

1°. Tavarez (Joseph), âgé de 51 ans, fondateur et directeur des études de l'établissement de Fontenay-aux-Roses, où il demeure;
2°. Carou (Charles-Joseph), âgé de 39 ans, demeurant à Paris, rue de l'Université, n° 104, ci-devant concierge du sieur Tavarez, à Fontenay-aux-Roses;
3°. Aubry (Claude), âgé de 36 ans, restaurateur, demeurant à Montrouge, route de Châtillon;

4°. Merlin (Pierre-Étienne), âgé de 52 ans, courtier en vins, demeurant à Paris, rue et barrière des Amandiers;

5°. Larrieu (Louis-Victor), âgé de 43 ans, tailleur, demeurant à Paris, rue de Grenelle-Saint-Honoré, n° 6;

6°. Fourgeray (Quentin), âgé de 36 ans, demeurant à Paris, rue de Grenelle-Saint-Honoré;

7°. Femme Fombertaux (Françoise), demeurant à Paris, rue de la Poissonnerie, n° 7;

8°. Femme Joigneaux, âgée de 26 ans, sans profession, demeurant à Paris, boulevart du Temple, n° 42.

Le défenseur de l'accusé Charles renonce à l'audition du témoin Lange, également appelé sur sa demande.

La Cour entend ensuite le témoin Saulgeot, assigné à la requête du procureur-général, relativement à l'accusé Bonnefond.

Ce témoin est entendu dans la forme voulue par la loi.

Il déclare se nommer :

Saulgeot (Jean-Baptiste), âgé de 60 ans, marchand de bestiaux, demeurant à Painblanc (Côte-d'Or).

Deux autres témoins, assignés à la requête du procureur-général sur la demande de l'accusé Bonnefond, sont entendus dans la même forme.

Ils déclarent se nommer :

1°. Legrand (Jean-Joseph), âgé de 45 ans, restaurateur, demeurant à Paris, cour des Fontaines, n° 6;

2°. Chappart (Pierre-François), âgé de 40 ans, restaurateur, demeurant à Paris, place d'Angoulême, n° 26.

On entend également, dans la forme voulue par la loi, le témoin Lamirault, assigné à la requête du procureur-général, pour déposer des faits relatifs aux accusés Espinousse, Hubert, Simon et Dupouy.

Ce témoin déclare se nommer

Lamirault (Jean-Charles), âgé de 40 ans, tambour de la 7e légion de la Garde nationale, demeurant à Paris, rue des Rosiers, n° 27.

M. le Président procède aux interrogatoires des accusés Béasse, Huard et Pétremann.

Les témoins, assignés à la requête du procureur-général, pour déposer des faits relatifs à ces trois accusés, sont introduits.

Chacun d'eux prête, avant de déposer, le serment prescrit par la loi.

Ils sont entendus dans l'ordre suivant :

1°. Tisserand (Emile), âgé de 41 ans, capitaine adjudant-major de la Garde municipale, demeurant à Paris, rue des Trois-Pistolets, n° 2;

2°. Lorentz (Dominique), âgé de 28 ans, brigadier de la Garde municipale, caserné rue du Faubourg-Saint-Martin;

3°. Duval (Louis-Philippe), âgé de 36 ans, marchand de vin, demeurant à Paris, rue Grenétat, n° 4;

4°. Samson (Boniface), âgé de 35 ans, marchand de vin, demeurant à Paris, rue Grenétat, n° 1.

M. le Président donne ensuite l'ordre de faire introduire les témoins assignés à la requête du procureur-général, sur la demande des mêmes accusés.

Le premier témoin, assigné sur la demande de l'accusé Huard, dépose dans la forme prescrite par la loi, et déclare s'appeler

Femme Thorel, âgée de 43 ans, brocheuse de livres, demeurant à Paris, rue Princesse, n° 7.

Après l'audition de ce témoin, l'accusé demande que la demoiselle Thorel soit appelée à l'audience, en vertu du pouvoir discrétionnaire. M. le Président ayant fait droit à cette demande, il est procédé, sans prestation de serment et dans la forme prescrite par l'art. 269 du Code d'instruction criminelle, à l'audition de la demoiselle Thorel, qui déclare s'appeler

Demoiselle Thorel (Albertine), âgée de 17 ans, artiste, demeurant à Paris, rue Princesse, n° 7.

Le défenseur de l'accusé Huard renonce à l'audition des témoins Bonnissant et Delachâtre, assignés sur sa demande.

La Cour entend ensuite dans la forme prescrite par la loi, savoir :

Sur la demande de l'accusé Huard :

1°. Femme Letellier (Caroline), âgée de 52 ans, lingère, demeurant à Paris, rue Princesse, n° 7;

2°. Fleuret (Antoine), âgé de 41 ans, fabricant de châles, demeurant à Paris, rue Saint-Maur-du-Temple, n° 68;

3°. Noopwood (James), âgé de 46 ans, graveur, demeurant à Paris, rue de la Vieille-Estrapade, n° 3;

4°. Lefebvre (Jean), âgé de 41 ans, garçon de bureau à l'hospice Saint-Louis, y demeurant;

5°. Moulin (Gabriel-François), âgé de 41 ans, doreur en bâtiment, demeurant à Paris, rue du Faubourg-Saint-Denis, n° 56.

Sur la demande de l'accusé Béasse :

1°. Leduc (Victor-Charles), âgé de 29 ans, serrurier, demeurant à Paris, rue du Faubourg-Saint-Antoine, n° 329;

2°. Lachambre (Jules-Joseph), âgé de 14 ans et demi, serrurier en bâtiment, demeurant à Paris, rue du Faubourg-Saint-Antoine, n° 329;

Ce témoin, en raison de son âge, est entendu sans prestation de serment.

3°. Couverchel (Marie-Louis-Narcisse-Alexis), âgé de 39 ans, bottier, demeurant à Paris, rue du Monceau-Saint-Gervais, n° 11;

4°. D^lle Coquard (Félicité), âgée de 20 ans, couturière, demeurant à Paris, rue Mouffetard, n° 88;

5°. Fromentin (André), âgé de 56 ans, propriétaire, demeurant à Paris, grande rue de Reuilly, n° 53.

Sur la demande de l'accusé Pétremann :

Monzalier (François), âgé de 20 ans, cordonnier, demeurant à Paris, rue Quincampoix, n° 4.

On annonce que le témoin Moreau, assigné à la requête du procureur-général pour déposer des faits relatifs à l'accusé Hendrick, et qui n'avait pu comparaître à l'audience d'hier, se présente pour être entendu.

Il dépose dans la forme voulue par la loi, et déclare s'appeler

Moreau (Jean-Baptiste-Marie), âgé de 48 ans, membre de la Chambre des Députés, notaire et maire du 7e arrondissement, demeurant à Paris, rue Saint-Méry, n° 25.

M. le Président procède à l'interrogatoire des accusés Bordon, Évanno et Lehéricy.

Les témoins assignés à la requête du procureur-général pour déposer des faits relatifs à ces trois accusés, sont entendus séparément après avoir prêté le serment voulu par la loi et dans l'ordre suivant :

1°. Hugo (Jaime-Nestor), âgé de 29 ans, menuisier ébéniste, demeurant à Paris, rue de Vendôme, n° 6 *bis*;

2°. Guyard (Gabriel-Julien), âgé de 40 ans, garde municipal, caserné Faubourg-Saint-Martin ;

3°. Borget (Jean-Baptiste-Joseph), âgé de 40 ans, garde municipal.

Incidemment à ces dépositions, et sur la demande des défenseurs, il est donné lecture d'une déposition faite le 18 mai 1839 devant M. Jourdain, juge d'instruction délégué, par le sieur Regnault, actuellement en garnison à Marseille, et qui n'a pas été assigné à comparaître devant la Cour.

4°. Morisset (Louis), âgé de 26 ans, grenadier au 28e de ligne, en garnison à Paris.

Les témoins Lorentz, Garnaud et Hébert, déjà entendus, sont appelés de nouveau, et déposent sous la foi du serment par eux prêté.

Il est ensuite procédé à l'audition des témoins assignés à la requête du procureur-général, sur la demande des accusés Évanno et Lehéricy.

La Cour entend dans la forme prescrite par la loi,

Sur la demande de l'accusé Evanno :

1°. Evalet (Jean-Marie), âgé de 30 ans, marchand de vin, demeurant à Paris, rue de la Grande-Friperie, n° 13;

2°. Debois, âgé de 40 ans, garçon boulanger, demeurant à Paris, rue des Amandiers;

3°. Retoret (Pierre-Noël), âgé de 40 ans, boulanger, demeurant à la Glacière, n° 15;

4°. Falluel (Pierre-Nicolas), âgé de 36 ans, boulanger, demeurant à Paris, rue de Ménilmontant, n° 84;

5°. Turpin, âgé de 45 ans, logeur, demeurant à Paris, rue de la Parcheminerie, n° 15.

Sur la demande de l'accusé Lehéricy :

Mallet (Joseph), âgé de 40 ans, ancien militaire, demeurant à Paris, rue Saint-Jacques, n° 312.

L'audience est ensuite continuée à demain, heure de midi.

Signé PASQUIER, président;

E. CAUCHY, *greffier en chef.*

ATTENTAT DES 12 ET 13 MAI 1839.

COUR DES PAIRS.

PROCÈS-VERBAL N° 36.

Audience publique du vendredi 17 janvier 1840,

Présidée par M. le CHANCELIER.

LE vendredi 17 janvier 1840, à midi, la Cour reprend son audience publique pour la suite des débats sur les accusations prononcées par arrêts des 12 juin et 18 décembre 1839.

Les accusés et leurs défenseurs sont présens.

Le greffier en chef, sur l'ordre de M. le Président, procède à l'appel nominal des membres de la Cour.

Leur nombre, qui à la dernière audience était de 137, se trouve réduit à 136, par l'absence de M. le baron de Fréville, retenu par l'état de sa santé.

M. le Président procède à l'interrogatoire de l'accusé Lombard.

Les témoins assignés à la requête du procureur-général pour déposer des faits relatifs à cet accusé, sont entendus séparément, après avoir prêté le serment prescrit par la loi et dans l'ordre suivant :

1°. Delcus (François), âgé de 35 ans, ciseleur, demeurant à Paris, rue du Temple, n° 101.

2°. Villemant (André-Simon), âgé de 33 ans, lapidaire, demeurant à Paris, rue Pastourelle, n° 9.
3°. Duval (Adrien-Baptiste), âgé de 28 ans, boucher, demeurant à Paris, rue Traînée, n° 5.

La Cour entend dans la même forme les témoins assignés à la requête du procureur-général sur la demande de l'accusé; ces témoins déposent dans l'ordre ci-après :

1°. Favrot (Louis-Baptiste), âgé de 34 ans, fabricant de peignes, demeurant à Paris, rue de la Grande-Truanderie, n° 38 ;
2°. Martinet (Pierre-Jacques), âgé de 32 ans, fabricant de bronze, demeurant à Paris, rue des Gravilliers, passage de Rome ;
3°. Fêtu (Jacques-Étienne), âgé de 33 ans, fabricant de bronze, demeurant à Paris, rue des Gravilliers, n° 10 ;
4°. Wagon (Auguste), âgé de 26 ans, sapeur-pompier, demeurant à Paris, rue Saint-Martin ;
5°. Robin (Édouard-Jean), âgé de 28 ans, ciseleur-sculpteur, demeurant à Paris, rue Grenier-Saint-Lazare, n° 11 ;
6°. Hatey (Pierre-François), âgé de 40 ans, marchand de vin, demeurant à Paris, rue des Prêcheurs, n° 37 ;
7°. Le Blattier (Jean-Pierre), âgé de 16 ans, garçon marchand de vin, demeurant à Paris, rue des Prêcheurs, n° 37.

Le défenseur de l'accusé renonce à l'audition

du sieur Dufresne, également appelé sur sa demande.

Le témoin Devaux, assigné sur la demande de l'accusé Dupouy, et qui n'a pu être entendu dans la séance d'hier, est introduit.

Il dépose dans la forme prescrite par la loi et déclare se nommer

Devaux (François), âgé de 28 ans, tailleur, demeurant à Paris, rue de Charenton, n° 95.

Il en est de même du témoin Josset, assigné sur la demande de l'accusé Simon; ce témoin déclare s'appeler

Josset (Napoléon-François-Joseph), âgé de 30 ans, chapelier, demeurant à Paris, rue Bourtibourg, n° 17.

M. le Président procède à l'interrogatoire de l'accusé Elie.

Deux témoins ont été assignés à la requête du procureur-général pour déposer des faits relatifs à cet accusé.

Ils sont entendus dans la forme prescrite par la loi et déclarent se nommer :

1°. Wattepain (François-Théophile), âgé de 40 ans, employé dans une maison de commerce, demeurant à Paris, rue de Valois, n° 8;

2°. Armand (Charles-Guillaume), âgé de 35 ans, teinturier, demeurant à Paris, rue des Bourdonnais, n° 11.

M. le Président procède à l'interrogatoire de l'accusé Godard.

Il donne ensuite l'ordre d'introduire les témoins assignés à la requête du procureur-général, pour déposer des faits relatifs à cet accusé.

Deux de ces témoins, les sieurs Vallois et Cantagrel, n'étant pas présens, la Cour reçoit, dans la forme prescrite par la loi, la déposition des deux autres, savoir :

1°. Ménard (Henri-Etienne-François), âgé de 38 ans, fabricant de jouets, demeurant à Paris, rue Grenétat, n° 32 ;
2°. L'Herbier (Elisabeth), âgée de 31 ans, femme de ménage, demeurant à Paris, boulevard Bourdon.

On entend, dans la même forme et dans l'ordre suivant, trois témoins assignés à la requête du procureur-général, sur la demande de l'accusé Godard, savoir :

1°. Dolfus (Jean), âgé de 34 ans, imprimeur sur étoffes, demeurant à Paris, rue de la Planchette, n° 2;
2°. Bruant (François), âgé de 52 ans, fabricant, demeurant à Paris, rue Moreau, n° 11;
3°. Bruant (Jean), âgé de 19 ans, bonnetier, demeurant à Paris, rue Moreau, n° 11.

Le défenseur de l'accusé renonce à l'audition de la dame Bruant, également appelée à sa demande.

M. le Président procède à l'interrogatoire de l'accusé Pâtissier.

La Cour entend séparément, dans la forme prescrite par la loi, et dans l'ordre suivant, les témoins assignés à la requête du procureur-général, pour déposer des faits relatifs à cet accusé :

1°. Serbonne (Charles-Etienne), âgé de 48 ans, tailleur, demeurant à Paris, rue Vieille-du-Temple, n° 26;

2°. Révilly (Jean), âgé de 58 ans, major de la 7e légion de la Garde nationale, demeurant à Paris, rue de Touraine, n° 2;

3°. Coffignon (Cyr-Louis-Joseph), âgé de 50 ans, négociant, demeurant à Paris, rue Vieille-du-Temple, n° 24;

4°. Bodet (Alphonse-Auguste), âgé de 32 ans, horloger, demeurant à Paris, rue Vieille-du-Temple, n° 24;

5°. Lamarée (Henri-Joseph), âgé de 25 ans, ouvrier en cire à cacheter, demeurant à Paris, rue Vieille-du-Temple, n° 24;

6°. Reillère (Henri), âgé de 34 ans, homme de peine, demeurant à Paris, rue Saint-Méry, n° 52.

Le témoin Voisin, assigné à la requête du procureur-général, sur la demande de l'accusé Godard, est introduit et entendu dans la même forme.

Il déclare s'appeler :

Voisin (Etienne-René), âgé de 52 ans, négociant, demeurant à Paris, rue du Chaume, n° 15.

M. le Président procède à l'interrogatoire de l'accusé Gérard.

Il donne ensuite l'ordre de faire introduire les témoins assignés à la requête du procureur-général, pour déposer des faits relatifs à cet accusé.

Ces témoins prêtent le serment prescrit par la loi et sont entendus dans l'ordre suivant :

1°. Maillot (Aimé-Prudent), âgé de 22 ans, vernisseur, demeurant à Paris, rue de Montreuil, n° 102;

2°. Renard (Pierre-Nicolas), âgé de 20 ans, cordonnier, demeurant à Paris, rue de Montreuil, n° 84.

La femme Dailly étant absente, M. le Président, sur la demande du défenseur de l'accusé, fait donner lecture d'une déposition de ce témoin, reçue le 24 juillet 1839, par M. Jourdain, juge d'instruction délégué.

On entend, dans la forme prescrite par la loi, les témoins ci-après nommés, assignés à la requête du procureur-général, sur la demande de l'accusé Gérard.

1°. Marchand (Charles), âgé de 42 ans, vernisseur sur cuir, demeurant à la Petite-Villette, n° 142;

2°. Roger (Sébastien), âgé de 55 ans, marchand de vin, demeurant à Paris, rue Grenétat, n° 33;

3°. Nys (Pierre-Gabriel), âgé de 39 ans, fabricant de cuir verni, demeurant à Paris, rue de l'Oreillon, n° 27;

4°. Grogniet (Jacques), âgé de 57 ans, vernisseur, demeurant à Paris, rue Bourg-l'Abbé, n° 15.

M. le Président donne l'ordre d'introduire le témoin Collet, assigné à la requête du procureur-général, pour déposer des faits relatifs à Élie.

Ce témoin, qui est entendu dans la forme prescrite par la loi, déclare se nommer

Collet (Antoine-Julien), âgé de 52 ans, marchand tripier, demeurant à Paris, rue de la Lingerie, n° 1.

On introduit ensuite le témoin Mollot, assigné à la requête du procureur-général, sur la demande de l'accusé Lombard.

Il est entendu dans la forme prescrite par la loi, et déclare s'appeler

Mollot (Jacques-Claude), âgé de 52 ans, ciseleur, demeurant à Paris, rue Saint-Jacques-la-Boucherie, n° 12.

Sur la demande du défenseur de l'accusé Lombard, M. le Président fait donner lecture des dépositions de la dame Pugeot, reçues le 21 mai 1839, par le commissaire de police du quartier du Mont-de-Piété, et le 11 juillet suivant, par M. Perrot, juge d'instruction délégué.

M. le Président procède à l'interrogatoire de l'accusé Dubourdieu.

Les témoins assignés à la requête du procureur-général pour déposer des faits relatifs à cet accusé, sont introduits successivement.

Ils sont entendus dans la forme prescrite par la loi et dans l'ordre suivant :

1°. Henriet (Alexis), âgé de 26 ans, sergent au 28e de ligne, en garnison à Vincennes;

2°. Girard (François-Denis), âgé de 27 ans, sergent au 28e de ligne, caserné rue Neuve-du-Luxembourg;

3°. Devaux (Jean-Michel), âgé de 35 ans, concierge, demeurant à Paris, rue de la Heaumerie, n° 12;

4°. Philippe (Stanislas-Léonard), âgé de 37 ans, inspecteur de police, demeurant à la Préfecture;

5°. Morel (François), âgé de 36 ans, inspecteur de police, demeurant à la Préfecture.

Sur la demande du défenseur de l'accusé, et attendu l'absence du témoin Roussel, M. le Président fait donner lecture de la déposition de ce témoin, reçue le 23 juillet 1839, par M. Boulloche, juge d'instruction délégué.

Le témoin Josset est rappelé et entendu de nouveau sous la foi du serment par lui précédemment prêté.

La Cour entend ensuite, dans la forme prescrite par la loi, le témoin Dupuy, assigné à la requête du procureur-général, sur la demande de l'accusé Dubourdieu.

Ce témoin déclare s'appeler

Dupuy, âgé de 24 ans, tailleur, demeurant à Paris, rue Traversière-Saint-Honoré, n° 27.

Sur la demande du même accusé, M. le Président fait donner lecture, 1°. des dépositions des sieur et dame Roux, reçues le 11 juin 1839 par M. Boulloche, juge d'instruction; 2°. de la déposition de la demoiselle Trompette, reçue par le même magistrat, le 26 juillet suivant.

M. le Président procède ensuite à l'interrogatoire de l'accusé Dugrospré.

Deux témoins, assignés à la requête du procureur-général pour déposer des faits relatifs à cet accusé, sont entendus dans la forme prescrite par la loi.

Ils déclarent s'appeler

1°. Raullot (Jean-Philippe), âgé de 44 ans, maréchal des logis de la Garde municipale, caserné Faubourg-Saint-Martin;

2°. Gazan (Alexandre-Zacharie-Nicolas), âgé de 47 ans, chef d'escadron d'artillerie, demeurant à Paris, rue Guénégaud, n° 5.

L'heure étant avancée, l'audience est continuée à demain, heure de midi.

Signé Pasquier, président;

E. Cauchy, *greffier en chef.*

ATTENTAT DES 12 ET 13 MAI 1839.

PROCÈS-VERBAL N° 37.

COUR DES PAIRS.

Audience publique du samedi 18 janvier 1840,

Présidée par M. le CHANCELIER.

LE samedi 18 janvier 1840, à midi, la Cour reprend son audience publique pour la suite des débats sur les accusations prononcées par arrêts des 12 juin et 18 décembre 1839.

Les accusés et leurs défenseurs sont présens.

Le greffier en chef, sur l'ordre de M. le Président, procède à l'appel nominal des membres de la Cour.

Leur nombre qui, à la dernière audience, était de 136, se trouve réduit à 134 par l'absence de MM. le comte de Courtarvel et le baron Darriule, retenus par l'état de leur santé.

M. le Président donne l'ordre de faire introduire les témoins assignés à la requête du procureur-général, sur la demande de l'accusé Dugrospré.

Ces témoins sont entendus séparément, dans la forme prescrite par la loi et dans l'ordre suivant :

1°. Cabreux-Martinet, âgé de 26 ans, fabricant de brosses, demeurant à Paris, rue Maubuée, n° 12;

2°. Perrier (Louis), âgé de 39 ans, liquoriste, demeurant à Paris, rue du Temple, n° 42 ;

3°. Rousseau, âgé de 32 ans, plombier, demeurant à Paris, impasse de la Pompe, n° 10 ;

4°. Phisellier (François), âgé de 35 ans, ciseleur, demeurant à Paris, rue de Crussol, n° 10 ;

5°. Daulle (Jean-Baptiste), âgé de 38 ans, demeurant à Paris, rue Beaubourg, n° 48.

Le défenseur de l'accusé renonce à l'audition de la dame Perrier également appelée sur sa demande.

La Cour entend dans la même forme deux témoins assignés à la requête du procureur-général, sur la demande de l'accusé Pétremann.

Ils déclarent se nommer :

1°. Sten (Pierre), âgé de 25 ans, cordonnier, demeurant à Paris, rue de la Grande-Truanderie, n° 31 ;

2°. Tondu (Pierre), âgé de 31 ans, cordonnier, demeurant à Paris, rue Saint-Martin, n° 70.

M. le Président procède à l'interrogatoire de l'accusé Druy.

Il donne ensuite l'ordre de faire introduire les témoins assignés à la requête du procureur-général, pour déposer des faits relatifs à cet accusé.

Ces témoins sont entendus, après avoir prêté le serment prescrit par la loi, et dans l'ordre suivant :

1°. Boyer (Anthelme-Marie-Gabriel), âgé de 39

ans, employé au ministère des finances, demeurant à Paris, rue de Seine-St.-Germain, n° 10.

2°. Guichard (François-Michel), âgé de 52 ans, cordonnier, demeurant à Paris, rue Montorgueil, n° 48;

3°. Laubé (André), âgé de 33 ans, dégraisseur, demeurant à Paris, rue Montorgueil, n° 48;

4°. Épellet (Jean-Georges), âgé de 57 ans, inspecteur-général des marchés, demeurant à Paris, rue du Petit-Carreau, n° 13;

5°. Lognon (Pierre), âgé de 42 ans, marchand de vin, demeurant à Paris, rue Ticquetonne, n° 4.

Les témoins Ubricq, Coquart et Kibler, également assignés à la requête du procureur-général, n'étant point encore arrivés à Paris, M. le Président fait donner lecture de leurs dépositions reçues les 9 et 10 juillet 1839 par M. Perrot, juge d'instruction délégué.

Le témoin Boyer est rappelé et répond à une interpellation qui lui est adressée, avec la permission de M. le Président, par le défenseur de l'accusé Druy.

La Cour entend, toujours dans la forme prescrite par la loi, les témoins assignés, à la requête du procureur-général, sur la demande de l'accusé Druy.

Ils déclarent se nommer :

1°. Poncelet (Marie-Nicolas), âgé de 33 ans, tailleur, demeurant à Paris, rue des Filles-St.-Thomas, n° 17;

2°. Femme Perrot, âgée de 42 ans, marchande

de liqueurs, demeurant à Paris, rue d'Amboise, n° 8;

3°. Énaud-Gregaud, âgé de 31 ans, coiffeur, demeurant à Paris, rue de l'Arcade-Colbert, n° 4;

4°. Houplon (Louis), âgé de 37 ans, tailleur, demeurant à Paris, rue de Grammont, n° 7;

5°. Fromont (Jean-Mathias), âgé de 42 ans, tailleur, demeurant à Paris, rue Montorgueil, n° 5;

6°. Ménard (Eugène), âgé de 27 ans, compositeur en imprimerie, demeurant à Paris, rue Montorgueil, n° 48;

7°. Praet (Joseph), âgé de 38 ans, tailleur, demeurant à Paris, rue de l'Oratoire, n° 8;

8°. Rolf (Jean), âgé de 36 ans, tailleur, demeurant à Paris, rue de Louvois, n° 10.

M. le Président procède à l'interrogatoire des accusés Herbulet et Vallière.

La Cour passe ensuite à l'audition des témoins assignés à la requête du procureur-général pour déposer des faits relatifs à l'accusé Herbulet.

Ces témoins sont entendus, séparément, dans la forme prescrite par la loi : ils déclarent se nommer :

1°. Gaudoit (Louis-Alexandre), âgé de 24 ans, sergent-major au 53e régiment de ligne en garnison à Paris;

2°. Fissot (Nicolas-Théodore), âgé de 40 ans, négociant, demeurant à Paris, rue Vivienne, n° 7;

3°. Pellion (Jean-Pierre), âgé de 43 ans, lieutenant-colonel au corps royal d'état-major, demeurant à Paris, rue Monthabor;

4°. Defonbonne (Charles-Alexandre), âgé de 40 ans, négociant, demeurant ordinairement à Bruxelles (Belgique), momentanément à Paris, rue Richelieu, n° 102;

5°. Conter (Louis-Antoine), âgé de 37 ans, sergent de ville, demeurant à la Préfecture de police;

6°. Loumay (Charles-Nicolas), âgé de 52 ans, inspecteur de police, demeurant à la Préfecture.

Le procureur-général renonce à faire entendre les témoins Froidevaux et Deschamps, également assignés à sa requête.

Le témoin Fissot est rappelé sur la demande du défenseur de l'accusé Herbulet, qui lui adresse une interpellation.

Les témoins assignés pour déposer des faits relatifs à l'accusé Vallière, sont entendus dans la même forme et dans l'ordre suivant :

1°. Gardas (Nicolas), âgé de 40 ans, employé au chemin de fer d'Orléans, demeurant à Paris, rue Notre-Dame de Lorette, n° 18;

2°. Gannière (Pierre), âgé de 60 ans, cambreur, demeurant à Paris, rue Montorgueil, n° 33;

3°. Pitel (Victor), âgé de 25 ans, conducteur de voitures, demeurant à Paris, rue Saint-Éloi, n° 26;

4°. Lefebvre (François-Alexandre), âgé de 39 ans, marchand épicier, demeurant à Paris, rue des Pèlerins-Saint-Jacques, n° 6.

Les témoins François et Clausener n'étant point

présens, M. le Président fait donner lecture de leurs dépositions reçues, le 15 juin 1839, par M. Boulloche, juge d'instruction délégué.

La Cour entend ensuite les témoins assignés à la requête du procureur-général, sur la demande de l'accusé Herbulet.

Ils déposent dans la forme prescrite par la loi, et déclarent se nommer :

1°. Morand, âgé de 31 ans, ébéniste, demeurant à Paris, rue Traversière, n° 46;

2°. Rommeron (Antoine), âgé de 22 ans, menuisier-ébéniste, demeurant à Paris, rue Traversière, n° 62;

3°. Joni (Laurent-Édouard), âgé de 19 ans et demi, cordonnier, demeurant à Paris, rue Jean-Robert, n° 28;

4°. Gallet (Julien), âgé de 35 ans, fabricant de peignes, demeurant à Paris, rue Jean-Robert, n° 28.

L'accusé Herbulet renonce à l'audition de la fille Roman et des sieurs Moulin et Bricaire, appelés sur sa demande.

Les témoins assignés à la requête du procureur-général, sur la demande de l'accusé Vallière, n'étant point présens, M. le Président fait donner lecture du procès-verbal de confrontation du sieur Basset, l'un de ces témoins, avec l'accusé, dressé le 27 juin 1839, par M. Boulloche, juge d'instruction délégué.

M. le Président procède ensuite à l'interrogatoire des accusés Buisson et Bouvrand.

Puis il donne l'ordre de faire introduire les témoins assignés à la requête du procureur-général, pour déposer des faits relatifs à ces deux accusés.

Ces témoins sont entendus dans la forme prescrite par la loi, et dans l'ordre suivant :

1°. Duchâtellier (Alexandre), âgé de 28 ans, commis-négociant, demeurant à Paris, rue du Grand-Prieuré, n° 14;

2°. Forsans (Hippolyte-Louis), âgé de 22 ans, tourneur en bois, demeurant à Paris, rue de la Roquette, n° 5;

3°. Solle (Antoine), âgé de 23 ans, garçon marchand de vin, demeurant à Paris, rue du Faubourg-du Temple, n° 3;

4°. Lenfant (Jean-Baptiste), âgé de 32 ans, marchand de vin, demeurant à Paris, rue Neuve-Saint-Denis, n° 32;

5°. Cornu (Auguste), âgé de 23 ans, coiffeur, demeurant à Paris, rue Neuve-d'Angoulême, n° 9;

6°. Duchet (Claude), âgé de 18 ans, garçon coiffeur, demeurant à Paris, rue de la Roquette, n° 32.

Sur la demande de l'accusé Bouvrand, le témoin Forsans est rappelé et entendu de nouveau sous la foi du serment par lui précédemment prêté.

La Cour entend ensuite dans la forme prescrite par la loi, les témoins assignés à la requête du procureur-général, sur la demande du même accusé.

Ils déclarent se nommer :

1°. Langlois (Alexis-Nicolas-François), âgé de 55 ans, fruitier, demeurant à Paris, rue Pastourelle, n° 4;

2°. Bardou (Maurice-Marie), âgé de 35 ans, journalier, demeurant à Paris, rue des Vertus, n° 30;

3°. Lahoche (Charles-Joseph), âgé de 25 ans, imprimeur en papiers peints, demeurant à Paris, rue de Ménilmontant, n° 36;

4°. Flammermont (Remy-Antoine), âgé de 35 ans, bijoutier, demeurant à Paris, rue du Faubourg-du-Temple, n° 92;

5°. Lelogeais (Charles), âgé de 50 ans, marchand de vin, demeurant à Paris, rue de Ménilmontant, n° 29.

Sur la demande du défenseur de l'accusé Bouvrand, M. le Président fait donner lecture de la déposition du témoin Lelogeais, reçue le 22 juin 1839, par M. Perrot, juge d'instruction délégué.

6°. Thévenin (Louis), âgé de 43 ans, liquoriste, demeurant à Paris, boulevard du Temple, n° 42.

La Cour entend, dans la même forme, un témoin assigné à la requête du procureur-général, sur la demande de l'accusé Buisson.

Il déclare se nommer

Louis, âgé de 26 ans, imprimeur en papiers peints, demeurant à Paris, rue de Ménilmontant, n° 25.

M. le Président donne l'ordre de faire introduire le témoin Duchesne, assigné à la requête du procureur-général, sur la demande de l'accusé Bordon, et qui se trouvait absent aux précédentes audiences. Ce témoin est entendu dans la forme prescrite par la loi, et déclare s'appeler

Duchesne (Joseph), âgé de 38 ans, chapelier, demeurant à Paris, rue Beaubourg, impasse des Anglais.

La Cour entend ensuite, dans la même forme, deux témoins assignés à la requête du procureur-général, sur la demande des accusés Piéfort et Focillon.

Ils déclarent se nommer :

1°. Rose (Antoine), âgé de 32 ans, demeurant à Paris, rue du Faubourg-Saint-Martin, n° 105;

2°. Chevau (Henri), âgé de 39 ans, maître charpentier, demeurant à Paris, rue de Ménilmontant, n° 41.

On introduit un témoin assigné à la requête du procureur-général, sur la demande de l'accusé Pâtissier. Ce témoin est entendu dans la forme prescrite par la loi : il déclare se nommer

Coulon (Mélanie), âgée de 21 ans, giletière, demeurant à Paris, rue Montorgueil, n° 37.

Le défenseur de l'accusé Pâtissier renonce à l'audition du témoin Edmond Coulon, également appelé sur sa demande.

Le défenseur de l'accusé Huard demande à

M. le Président qu'il veuille bien faire assigner, en vertu de son pouvoir discrétionnaire, le sieur Fougère, adjudant sous-officier de la 6e légion de la Garde nationale, demeurant à Paris, rue Jean-Robert.

M. le Président donne l'ordre d'appeler ce témoin devant la Cour.

La Cour passe ensuite à l'audition d'un témoin assigné à la requête du procureur-général, sur la demande de l'accusé Lehéricy.

Ce témoin, qui est entendu dans la forme prescrite par la loi, déclare se nommer

Gentheaume (Valentin), âgé de 28 ans, peintre en bâtimens, demeurant à la Glacière, commune de Gentilly.

L'heure étant avancée, l'audience est continuée à lundi prochain, 20 janvier, heure de midi.

Signé PASQUIER, président;

E. CAUCHY, *greffier en chef.*

ATTENTAT DES 12 ET 13 MAI 1839.

COUR DES PAIRS.

PROCÈS-VERBAL N° 38.

Audience publique du lundi 20 janvier 1840,

Présidée par M. le CHANCELIER.

LE lundi 20 janvier 1840, à midi, la Cour reprend son audience pour la suite des débats sur les accusations prononcées par arrêts des 12 juin et 18 décembre 1839.

Les accusés, à l'exception du nommé Pâtissier, et leurs défenseurs, sont présens.

Le greffier en chef, sur l'ordre de M. le Président, procède à l'appel nominal des membres de la Cour.

Leur nombre qui, à la dernière audience, était de 134, se trouve réduit à 132 par l'absence de MM. le marquis de Talhouët et Cousin, retenus par l'état de leur santé.

M. le Président annonce à la Cour que l'accusé Pâtissier, qui n'a pu assister à l'audience à cause de l'état de sa santé, lui a écrit pour demander que les débats continuent en son absence.

Le défenseur de cet accusé, présent à l'audience, adresse à la Cour la même demande.

La Cour décide qu'il sera passé outre.

M. le Président ordonne que si, pendant l'absence de cet accusé, il est fait quelque déclaration qui le concerne, il en sera informé conformément à la loi.

Le témoin Fougère, appelé en vertu du pouvoir discrétionnaire de M. le Président, sur la demande de l'accusé Huard, est introduit.

Il est entendu sans prestation de serment et déclare se nommer

Fougère (Jean-Baptiste-Antoine), âgé de 32 ans, fabricant, demeurant à Paris, rue Jean-Robert, n° 24.

Sur la demande du défenseur d'Espinousse, il est donné lecture de la déposition du témoin Félix, reçue le 3 juillet 1839 par M. Jourdain, juge d'instruction délégué.

Le procureur-général annonce qu'il vient d'être informé de l'arrivée des témoins Coquart, Ubricq, François et Clausener, qui avaient été assignés à sa requête dans des garnisons éloignées, et qui, à raison de leur absence, n'avaient pu être entendus dans les précédentes audiences.

M. le Président donne l'ordre de faire introduire ces témoins qui ont à déposer de faits relatifs aux accusés Druy et Vallière.

Ils sont entendus, séparément, après avoir prêté le serment voulu par la loi et dans l'ordre suivant, savoir :

Relativement à l'accusé Druy,

1°. Coquart (Alexis), âgé de 29 ans, soldat au 15e de ligne, en garnison à Laval (Mayenne);

2°. Ubricq (Joseph), âgé de 25 ans, soldat au 15e de ligne, en garnison à Laval.

Relativement à l'accusé Vallière,

1°. François (Jean-Nicolas), âgé de 43 ans, capitaine au 25e de ligne, en garnison à Tours (Indre-et-Loire);

2°. Clausener (Jules), âgé de 24 ans, sous-lieutenant au 25e de ligne, en garnison à Tours.

La Cour passe à l'audition du témoin Leyraud, assigné, à la requête du procureur-général, sur la demande de l'accusé Dugrospré.

Ce témoin est entendu dans la forme prescrite par la loi, et déclare se nommer

Leyraud (Barthélemy), âgé de 40 ans, médecin, demeurant à Paris, rue Neuve-Saint-Méry, n° 9.

Le procureur-général annonce qu'il a fait déposer au greffe de la Cour un timbre portant pour légende *Comité central exécutif = Paris = République française*, trouvé dans le jardin dépendant de l'habitation de l'accusé Blanqui, à Gency, près Pontoise.

Le procureur-général demande qu'il soit donné lecture des procès-verbaux en date du 17 de ce mois, qui ont été dressés pour constater ce fait.

M. le Président, après avoir ordonné cette lecture, fait représenter le timbre dont il s'agit à l'accusé Blanqui, et l'interpelle de s'expliquer à ce sujet.

Il est ensuite procédé à l'audition d'un témoin

appelé par M. le Président, en vertu de son pouvoir discrétionnaire, pour déposer des faits énoncés dans les procès-verbaux dont il vient d'être donné lecture.

Ce témoin, qui est entendu sans prestation de serment, et dans la forme prescrite par l'art. 269 du Code d'instruction criminelle, déclare ainsi ses nom, prénoms, âge, profession et demeure :

Maillard (Charles-Denis), âgé de 36 ans, cultivateur, demeurant à Gency, près Pontoise (Seine-et-Oise).

Le procureur-général obtient la parole et développe les moyens de l'accusation, en ce qui concerne les accusés Blanqui, Quignot, Quarré, Charles et Moulines.

La parole est ensuite donnée à M. l'avocat-général Boucly, qui développe les charges particulières existant contre les accusés Bonnefond, Piéfort, Focillon, Hendrick, Pétremann, Béasse, Huard, Evanno, Lehéricy, Bordon, Simon, Espinousse, Hubert et Dupouy.

M. le Président donne l'ordre de faire introduire deux témoins assignés à la requête du procureur-général, sur la demande des accusés Dugrospré et Élie.

Ces témoins sont entendus dans la forme prescrite par la loi et dans l'ordre suivant :

Relativement à l'accusé Dugrospré :

Wanderven (Adolphe-Louis), âgé de 30 ans, bijoutier, demeurant à Paris, rue Coquenard.

Relativement à l'accusé Élie :

Femme Martin (Auguste Lepelletier), âgée de 31 ans, logeuse, demeurant à Paris, rue de la Vannerie, n° 37.

M. l'avocat-général Nouguier complète ensuite l'exposé des moyens de l'accusation en ce qui concerne les accusés Lombard, Druy, Herbulet, Vallière, Élie, Godard, Pâtissier, Gérard, Dubourdieu, Dugrospré, Bouvrand et Buisson.

L'heure étant avancée, l'audience est continuée à demain, heure de midi.

Signé Pasquier, président;

E. Cauchy, *greffier en chef.*

COUR DES PAIRS.

Audience publique du mardi 21 janvier 1840,

Présidée par M. le CHANCELIER.

LE mardi 21 janvier 1840, à midi, la Cour reprend son audience pour la suite des débats sur les accusations prononcées par arrêts des 12 juin et 18 décembre 1839.

Tous les accusés et leurs défenseurs sont présens.

Le greffier en chef, sur l'ordre de M. le Président, procède à l'appel nominal des membres de la Cour.

Leur nombre qui, à la dernière audience, était de 132, se trouve réduit à 129, par l'absence de MM. le comte de Breteuil, le comte Dutaillis, et le vicomte d'Houdetot, retenus par l'état de leur santé.

La parole est donnée aux défenseurs pour les plaidoiries.

L'accusé Blanqui et Me Dupont, son défenseur, déclarent qu'ils renoncent à prendre la parole.

La Cour entend successivement la défense de l'accusé Quignot, présentée par Me Grévy;

Celle de l'accusé Quarré, présentée par Me Lauras;

Et celle de l'accusé Charles, présentée par Me Jules Favre.

Ce défenseur ayant soutenu dans le cours de sa plaidoirie qu'il paraissait difficile d'ajouter foi aux declarations faites au procès, sous la foi du serment, par un homme qui avait trahi lui-même le serment qui le liait envers la société secrète dont il faisait partie, M. le Chancelier lui adresse la parole en ces termes :

«Je n'ai pas voulu interrompre l'avocat dans l'exposé de ses moyens de défense; maintenant je dois lui faire une observation qui a trait, non à la défense même de son client, mais à une doctrine qu'il a émise dans le cours de sa plaidoirie. Le défenseur a placé sur le même rang le serment prêté devant la justice et celui par lequel des conjurés se lient dans une pensée commune de crime, et qui lui-même est une atteinte grave portée à la morale et à la loi; il a paru croire que le même respect était dû à l'un et à l'autre, et que le premier de ces sermens, non plus que le second, ne pouvait être violé sans crime. Je dois faire remarquer au défenseur combien une telle doctrine serait subversive de tous les principes conservateurs de l'ordre social. Le serment prêté devant la justice est un serment solennel que la loi exige des témoins, dans l'intérêt de la vérité; celui-là est le seul qui soit sacré devant Dieu et devant les hommes. Quant à l'autre serment, ou plutôt quant à l'acte criminel qu'on décore de ce nom, celui qui a eu le malheur de le prêter une fois n'a rien de mieux à faire que de rompre un funeste engagement, que de s'affranchir du joug auquel il a soumis sa liberté et sa raison, et d'éclairer le juge qui l'interroge sur les menées coupables auxquelles il a pris part. »

Le défenseur proteste qu'il était loin de son esprit de rien avancer qui fût contraire à la morale ou même aux convenances judiciaires, mais il n'en persiste pas moins à penser que le membre d'une société secrète qui a prêté le serment de ne pas révéler le nom de ses co-associés, commet une mauvaise action lorsqu'il y manque; le défenseur ne sache pas que personne voulût honorer de son amitié ou de son estime celui qui, pour sauver sa tête, ferait tomber celles de ses complices.

M. le Chancelier reprend en ces termes :

« L'estime et l'amitié du défenseur ne lui sont commandées par personne; mais le respect de la loi est commandé à tout le monde. Quand un individu impliqué dans un complot est amené devant la justice, quand il est sommé de dire la vérité, toute la vérité, sur lui-même et sur ses complices, certes, nul dans le monde n'a le droit de mépriser un homme qui obéit à la loi, et qui fait devant la justice des révélations utiles à la société. »

La parole est accordée à Me Paulmier, qui présente la défense de l'accusé Moulines.

Me Derodé est entendu au nom de l'accusé Bonnefond.

La défense des accusés Piéfort et Focillon est ensuite présentée par Me Dubrena.

L'heure étant avancée, l'audience est continuée à demain, heure de midi.

Signé Pasquier, président;

E. Cauchy, *greffier en chef.*

ATTENTAT DES 12 ET 13 MAI 1839.

COUR DES PAIRS.

PROCÈS-VERBAL N° 40.

Audience publique du mercredi 22 janvier 1840,

Présidée par M. le CHANCELIER.

LE mercredi 22 janvier 1840, à midi, la Cour reprend son audience publique pour la suite des débats sur les accusations prononcées par arrêts des 12 juin et 18 décembre 1839.

Les accusés et leurs défenseurs sont présens.

L'appel nominal fait par le Greffier en chef, sur l'ordre de M. le Chancelier, constate la présence des 129 Pairs qui assistaient à l'audience d'hier.

M. le Président accorde la parole aux défenseurs des accusés pour la suite des plaidoiries.

La Cour entend, successivement, la défense de l'accusé Espinousse, présentée par Me Nogent de Saint-Laurent;

Celle de l'accusé Hendrick, présentée par Me Desgranges;

Celle de l'accusé Lombard, présentée par Me Montader;

Celle des accusés Simon et Hubert, présentée par Me Desmarets;

Celle de l'accusé Dupouy, présentée par Me Adrien Benoist;

Celle de l'accusé Huard, présentée par Me Mathieu;

Celle de l'accusé Béasse, présentée par Me Genteur;

Et celle de l'accusé Pétremann, présentée par Me Delamarre.

L'heure étant avancée, M. le Président continue l'audience à demain pour la suite des plaidoiries.

Signé PASQUIER, président;

E. CAUCHY, *greffier en chef.*

ATTENTAT DES 12 ET 13 MAI 1839.

COUR DES PAIRS.

PROCÈS-VERBAL N° 41.

Séance secrète du jeudi 23 janvier 1840,

Présidée par M. le CHANCELIER.

LE jeudi 23 janvier 1840, à onze heures trois quarts du matin, la Cour se réunit dans la Chambre du conseil, avant d'entrer en audience publique pour la suite des débats sur les accusations prononcées par arrêts des 12 juin et 18 décembre 1839.

M. le Président expose que les débats auxquels la Cour a prêté depuis douze jours une attention si consciencieuse, touchent enfin à leur terme; tout annonce en effet que les derniers défenseurs des accusés pourront être entendus dans l'audience d'aujourd'hui et dans celle de demain. Dans cette hypothèse, la Cour pourrait sans doute ouvrir après-demain samedi sa délibération sur les réquisitions du ministère public; mais elle ne saurait se dissimuler que cette délibération, une fois commencée, ne pourrait être que très difficilement interrompue; il faudrait donc, dans le cas où la Cour commencerait samedi ses délibérations, qu'elle se résignât à siéger dimanche prochain et les jours suivans, peut-être jusqu'à la fin de la semaine; car la Cour n'a pas oublié que, lors du jugement de la première série des accusés de mai, elle a employé quatre jours entiers à délibérer sur le sort de dix-neuf accusés. Le nombre de ceux qu'elle a maintenant à juger étant bien plus considérable, il est naturel de supposer que la délibération se prolongera un ou deux jours de plus; dans cette situation, il est du devoir du Président de la Cour de l'avertir qu'un travail aussi pénible et aussi prolongé dépasserait peut-être les forces d'un certain nombre de ses membres. Il doit lui rappeler qu'en pareille occurrence il n'y a pas de règle absolue qui résulte, soit d'un texte de loi, soit des précédens de la Cour. C'est ainsi que, dans le procès d'avril, elle a mis un intervalle de huit jours entre la clôture du débat sur les accusés de la catégorie de Lyon et l'ouverture de sa délibération sur ces accusés. La Cour est donc parfaitement libre de commencer sa délibération samedi, ou bien de l'ajourner à lundi. Si la Cour adoptait ce dernier parti, le Président indiquerait pour samedi une courte séance législative, à la suite de laquelle les commissions spéciales auxquelles ont été renvoyés plusieurs projets de loi, dont quelques uns sont fort importans, pourraient s'assembler utilement. De cette manière, toutes les convenances seraient observées, et la Cour, avant d'achever le pénible devoir qui lui est imposé, prendrait quelques instans de repos, moins nécessaires peut-être à ses membres qu'à la bonne administration de la justice.

La Chambre, consultée, décide d'abord qu'elle se réunira après-demain samedi en séance législative.

Elle ajourne ensuite à lundi prochain, 27 du courant, l'ouverture de la délibération sur les réquisitions du ministère public, dans l'affaire soumise à la Cour.

Signé PASQUIER, président;

LÉON DE LA CHAUVINIÈRE, *greffier en chef adjoint.*

ATTENTAT DES 12 ET 13 MAI 1839.

PROCÈS-VERBAL N° 42.

COUR DES PAIRS.

Audience publique du jeudi 23 janvier 1840,

Présidée par M. le CHANCELIER.

LE jeudi 23 janvier 1840, à midi, la Cour reprend son audience publique pour la suite des débats sur les accusations prononcées par arrêts des 12 juin et 18 décembre 1839.

Les accusés et leurs défenseurs sont présens.

L'appel nominal fait par le greffier en chef adjoint, en l'absence du greffier en chef, constate la présence des 129 Pairs qui assistaient à l'audience d'hier.

La parole est donnée aux défenseurs pour la suite des plaidoiries.

La Cour entend, successivement, la défense de l'accusé Bordon, présentée par Me Thomas; celle de l'accusé Evanno, présentée par Me Hello; celle de l'accusé Lehéricy, présentée par Me Moreau; celle de l'accusé Druy, présentée par Me Rodrigues; celle de l'accusé Herbulet, présentée par Me Leroyer; celle de l'accusé Vallière, présentée par Me Maud'heux; et celle de l'accusé Elie, présentée par Me Porte.

Quelques paroles prononcées par le défenseur de l'accusé Vallière, ont donné à M. le Président l'occasion d'adresser à ce défenseur l'observation suivante :

« Je regrette qu'à une déduction sans doute fort habile le défenseur ait cru devoir mêler l'expression de sentimens que la Cour n'a pu entendre sans déplaisir. Quand l'accusé Vallière a été poursuivi pour avoir déposé une couronne sur la tombe de Pepin et de Morey, on comprend que le jury n'ait pas trouvé suffisantes les preuves alléguées, ou qu'il n'ait pas cru devoir qualifier de crime le fait qui lui était déféré; mais, je le répète, je n'ai pas vu sans peine que le défenseur ait paru considérer comme un acte indifférent, comme une simple marque de respect pour la cendre des morts, cette espèce d'hommage porté, immédiatement après leur condamnation, sur la tombe de deux des plus grands coupables qui aient épouvanté le monde; de deux coupables dont le crime, en manquant le régicide auquel il aspirait, a coûté la vie aux plus illustres victimes, et frappé, sans distinction comme sans pitié, des malheureux de tout âge et de tout sexe. Sans doute, et j'aime à le croire, le défenseur n'a pas compris la portée que pouvaient avoir ses paroles. »

Le défenseur a protesté qu'il avait été bien loin de sa pensée de vouloir affaiblir la juste indignation que l'odieux attentat flétri par M. le Président doit inspirer à tous les citoyens.

L'heure étant avancée, M. le Président continue l'audience à demain, pour la suite des plaidoiries.

Signé PASQUIER, président;
LÉON DE LA CHAUVINIÈRE, *greffier en chef adjoint.*

ATTENTAT DES 12 ET 13 MAI 1839.

PROCÈS-VERBAL N° 43.

COUR DES PAIRS.

Audience publique du vendredi 24 janvier 1840,

Présidée par M. le CHANCELIER.

LE vendredi 24 janvier 1840, à midi, la Cour reprend son audience publique, pour la suite des débats sur les accusations prononcées par les arrêts des 12 juin et 18 décembre 1839.

Les accusés et leurs défenseurs sont présens.

L'appel nominal, fait par le greffier en chef adjoint, en l'absence du greffier en chef, constate la présence des 129 Pairs qui assistaient à l'audience d'hier.

M. le Président accorde la parole aux défenseurs pour la suite des plaidoiries.

La Cour entend, successivement, la défense de l'accusé Godard, présentée par Me Blot-Lequesne;

Celle de l'accusé Pâtissier, présentée par Me Gressier;

Celle de l'accusé Girard, présentée par Me Grellet;

Celle de l'accusé Dubourdieu, présentée par Me Comte;

Celle de l'accusé Dugrospré, présentée par Me Hemerdinger;

Celle de l'accusé Bouvrand, présentée par Me Jolly;

Et celle de l'accusé Buisson, présentée par Me Cadet de Vaux.

M. le Président accorde ensuite la parole au procureur-général.

Le procureur-général donne lecture à la Cour du réquisitoire suivant, qu'il dépose, signé de lui, sur le bureau.

RÉQUISITOIRE DÉFINITIF.

« Le Procureur-général du Roi près la Cour des Pairs,

« Attendu qu'il résulte de l'instruction et des débats que, les 12 et 13 mai 1839, un attentat a été commis à Paris, ayant pour but, 1°. de détruire et de changer le Gouvernement; 2°. d'exciter les citoyens et habitans à s'armer contre l'autorité royale; 3°. d'exciter la guerre civile en armant et en portant les citoyens et habitans à s'armer les uns contre les autres;

« En ce qui touche les nommés : Blanqui, Quignot, Quarré, Charles, Moulines, Bonnefond, Piéfort, Focillon, Espinousse, Hendrick, Lombard, Simon, Hubert, Huard, Béasse, Pétremann, Bordon, Évanno, Lehéricy, Dupouy, Druy, Herbulet, Vallière, Élie, Godard, Pâtissier, Gérard, Dubourdieu, Dugrospré, Buisson et Bouvrand;

« Attendu que de l'instruction et des débats résulte contre eux la preuve qu'ils se sont rendus coupables d'avoir commis l'attentat ci-dessus spécifié,

« Crime prévu par les articles 87, 88 et 91 du Code pénal;

« Requiert qu'il plaise à la Cour faire application aux susnommés des articles précités, et les condamner aux peines portées par la loi;

« Déclarant toutefois, en ce qui touche les nommés Quignot, Quarré, Charles, Moulines, Bonnefond, Piéfort, Focillon, Espinousse, Hendrick, Lombard, Simon, Hubert, Huard, Béasse, Pétremann, Bordon, Evanno, Lehéricy, Dupouy, Druy, Herbulet, Vallière, Elie, Godard, Pâtissier, Gérard, Dubourdieu, Dugrospré, Buisson et Bouvrand, s'en remettre à la haute sagesse de la Cour pour faire droit aux réquisitions qui précèdent, et pour tempérer les peines si la Cour le juge convenable.

« Fait au parquet de la Cour des Pairs, le 24 janvier 1840,

« Le procureur-général du Roi,

Signé « Franck Carré. »

L'abbé Quarré, qui a assisté l'accusé Quarré son frère, dans le cours des débats, conjointement avec Me Lauras, soumet à la Cour quelques observations au nom de cet accusé.

Aucun autre défenseur ne réclamant la parole, M. le Président interpelle nominativement tous les accusés, pour savoir s'ils ont quelque chose à ajouter à leur défense.

L'accusé Lombard présente quelques observations.

Les autres accusés ayant répondu qu'ils n'avaient plus rien à dire, M. le Président déclare que les débats sont clos.

La Cour ordonne qu'il en sera délibéré en Chambre du conseil.

L'audience publique est continuée au jour qui sera ultérieurement indiqué pour la prononciation de l'arrêt.

Signé Pasquier, président;

Léon de la Chauvinière, *greffier en chef adjoint.*

ATTENTAT DES 12 ET 13 MAI 1839.

PROCÈS-VERBAL N° 44.

COUR DES PAIRS.

Séance secrète du lundi 27 janvier 1840,

Présidée par M. le CHANCELIER.

LE lundi 27 janvier 1840, à midi, la Cour se réunit, dans la Chambre du conseil, pour commencer sa délibération sur le réquisitoire présenté par le procureur-général à l'audience du 24 janvier, ladite délibération renvoyée à aujourd'hui par décision du 23 du même mois.

L'appel nominal, fait par le greffier en chef, constate la présence de 127 Pairs sur 129 qui assistaient aux dernières audiences.

Les deux Pairs absens sont M. Gautier et M. le baron Brayer, retenus par l'état de leur santé.

M. le Président rappelle à la Cour que, d'après ses précédens, aucune décision touchant la culpabilité ou la peine ne peut être prise contre l'accusé qu'à la majorité des cinq huitièmes des voix, déduction faite de celles qui, suivant l'usage de la Cour, doivent se confondre pour cause de parenté ou d'alliance.

Il est immédiatement procédé à la formation du tableau comprenant ceux de MM. les Pairs présens à la séance dont les voix doivent se confondre en cas d'opinions conformes.

Suit la teneur de ce tableau :

TABLEAU des membres de la Cour dont les voix doivent se confondre en cas d'opinions conformes.

« Ne compteront que pour une voix,

« Comme père et fils :

« M. le comte Siméon et M. le vicomte Siméon;

« Comme frères :

« M. le comte de Ségur et M. le vicomte de Ségur-Lamoignon ;

« M. le duc de La Rochefoucauld et M. le comte de La Rochefoucauld.

« Comme oncle et neveu propres :

« M. le comte Siméon et M. le comte Portalis.

« Comme beau-père et gendre :

« M. le comte Roy et M. le comte de La Riboisière ;

« M. Humblot-Conté et M. le baron Thénard.

Ce tableau dressé, M. le Président fait donner une nouvelle lecture du réquisitoire présenté par le procureur-général.

M. le Président expose ensuite que lors du jugement de la première série des accusés de mai, la Cour avait décidé qu'elle procéderait au vote sur la culpabilité en ce qui concernait tous les accusés avant de s'occuper, pour aucun d'eux, de l'application de la peine; bien qu'il n'y ait pour la Cour aucune obligation d'adopter la même règle dans la délibération qui va s'ouvrir, elle pensera peut-être que de graves raisons de convenance militent encore pour que les questions de pénalité ne soient décidées que le plus près possible du moment où l'arrêt sera prononcé.

La Cour, consultée, décide qu'elle s'occupera de résoudre les questions de culpabilité à l'égard de tous les accusés, avant de passer à l'application des peines.

La question de culpabilité relative à l'accusé Blanqui est immédiatement posée en ces termes:

« L'accusé Blanqui est-il coupable d'avoir commis à Paris, au mois de mai dernier, un attentat dont le but était de détruire le Gouvernement, et d'exciter la guerre civile, en armant ou en portant le citoyens et habitans à s'armer les uns contre les autres? »

Cette question se trouvant résolue à l'unanimité par l'affirmative, et aucune voix ne réclamant un second tour d'appel, la délibération s'établit sur l'accusé Quignot.

La question d'attentat ayant été posée à son égard dans les mêmes termes, la Cour le déclare coupable à la majorité des cinq huitièmes et après qu'il a été procédé à deux tours d'appel nominal.

La même question est posée en ce qui concerne l'accusé Quarré.

Le résultat du premier tour d'appel nominal

ayant donné la presque unanimité des voix pour la déclaration de culpabilité, plusieurs Pairs demandent qu'il soit passé outre à la délibération sur l'accusé suivant.

Un autre Pair expose que d'après les précédens, l'épreuve du vote par appel nominal doit être renouvelée toutes les fois que la Cour ne s'est pas trouvée unanime : un second tour d'appel est en effet le seul moyen de mettre les membres nouvellement reçus à même de profiter des lumières qui ont pu jaillir de la discussion.

Un nouvel opinant fait remarquer que si la Cour est dans l'usage de s'en tenir à un seul tour de vote lorsqu'il n'y a pas eu de voix divergentes, c'est que l'unanimité des avis semble attester que toute discussion est inutile.

M. le Président déclare qu'il suffit qu'un second tour de vote soit réclamé par un seul Pair pour qu'il devienne aussitôt obligatoire, d'après les précédens de la Cour.

Il est immédiatement procédé à un second tour d'appel nominal en ce qui touche la culpabilité de l'accusé Quarré.

Ce tour de vote donne le même résultat que le premier.

L'accusé Quarré est en conséquence déclaré coupable d'attentat.

La question de culpabilité est successivement posée dans les mêmes termes en ce qui concerne les accusés Charles, Moulines, Bonnefond (Pierre), Piéfort, Focillon, Espinousse, Hendrick, Lombard, Simon, Hubert et Huard.

Cette question est résolue par la négative à l'égard des accusés Moulines et Huard.

Ces deux accusés sont en conséquence déclarés non coupables.

La même question est au contraire résolue par l'affirmative à l'égard des accusés Charles, Bonnefond (Pierre), Piéfort, Focillon, Espinousse, Hendrick, Lombard, Simon et Hubert.

Cette déclaration de culpabilité est prononcée après un seul tour d'appel en ce qui concerne les accusés Bonnefond (Pierre), Espinousse, Hendrick et Hubert, la Cour s'étant trouvée unanime dans son vote.

Il est au contraire procédé à deux tours d'appel nominal en ce qui concerne les autres accusés, à l'égard desquels la décision de la Cour est prise à la majorité des cinq huitièmes.

L'heure étant avancée, la suite de la délibération est ajournée à demain.

Signé PASQUIER, président;

E. CAUCHY, *greffier en chef.*

ATTENTAT DES 12 ET 13 MAI 1839.

PROCÈS-VERBAL N° 45.

COUR DES PAIRS.

Séance secrète du mardi 28 janvier 1840,

Présidée par M. le CHANCELIER.

LE mardi 28 janvier 1840, à midi, la Cour se réunit dans la Chambre du conseil pour continuer sa délibération sur le réquisitoire présenté par le procureur-général à l'audience du 24 de ce mois.

L'appel nominal auquel il est procédé par le greffier en chef, constate la présence de 126 Pairs sur 127 qui assistaient à la séance d'hier.

Le Pair absent est M. le baron Voysin de Gartempe, retenu par l'état de sa santé.

La question de culpabilité, déjà résolue dans la séance d'hier en ce qui concerne quatorze des accusés, est posée dans les mêmes termes en ce qui concerne les accusés Béasse, Pétremann, Bordon, Évanno, Lehéricy, Dupouy, Druy, Herbulet, Vallière, Élie, Godard, Pâtissier, Girard, Dubourdieu, Dugrospré, Bouvrand et Buisson.

D'après le résultat des appels nominaux relatifs à chacun de ces accusés, ils sont tous déclarés coupables d'attentat.

Cette déclaration est prononcée, savoir : à l'égard des accusés Bordon, Évanno, Herbulet, Elie, Godard, Dugrospré et Buisson, après un seul tour de vote, la Cour s'étant trouvée unanime et aucun Pair n'ayant réclamé un second tour, et à l'égard des autres, après deux tours d'appel nominal qui ont donné la majorité des cinq huitièmes pour la solution affirmative de la question posée par M. le Président.

L'heure étant avancée, la Cour s'ajourne à demain pour statuer sur l'application de la peine aux accusés déclarés coupables.

Signé PASQUIER, président;

E. CAUCHY, *greffier en chef*.

ATTENTAT DES 12 ET 13 MAI 1839.

PROCÈS-VERBAL N° 46.

COUR DES PAIRS.

Séance secrète du mercredi 29 janvier 1840,

Présidée par M. le CHANCELIER.

LE mercredi 29 janvier 1840, à midi, la Cour se réunit dans la Chambre du conseil pour continuer sa délibération sur le réquisitoire présenté par le procureur-général à l'audience du 24 de ce mois.

Le greffier en chef, sur l'ordre de M. le Président, procède à l'appel nominal des membres de la Cour.

Leur nombre qui, à la dernière séance, était de 126, se trouve réduit à 125, par l'absence de M. le comte de Caffarelli, retenu par l'état de sa santé.

M. le Président expose que toutes les questions de culpabilité ayant été résolues dans les deux dernières séances, il reste maintenant à la Cour à statuer sur l'application de la peine.

M. le Président remet à ce sujet sous les yeux de la Cour le texte des articles du Code pénal cités dans le réquisitoire, en rappelant qu'à l'égard de tous les accusés autres que Blanqui, le procureur-général a déclaré s'en remettre à la haute sagesse de la Cour pour tempérer les peines si elle le jugeait convenable.

La délibération s'établit d'abord sur la question de savoir quelle peine sera appliquée à l'accusé Blanqui, déclaré coupable d'attentat.

Dans le cours de l'appel nominal, plusieurs opinans font observer que l'indulgence dont la Couronne a cru devoir user à l'égard du condamné Barbès, en commuant la peine de mort qui avait été prononcée contre lui, semble inviter la Cour des Pairs à ne pas se montrer aussi sévère à l'égard de l'accusé Blanqui qu'elle pourrait l'être si elle ne considérait que la gravité du crime dont cet accusé a été déclaré coupable, et la position qu'il a lui-même acceptée au procès comme chef du parti républicain qui a consommé l'attentat. Ils demandent donc que l'échafaud politique, renversé pour ainsi dire par les lettres de grâce accordées à Barbès, ne soit point relevé dans la même affaire pour son co-accusé et son complice, et que la Cour ne se place pas dans une situation telle que son arrêt resterait presque forcément sans exécution.

D'autres opinans répondent que pour maintenir la liberté véritable et l'indépendance respective des pouvoirs, il importe que chacun d'eux s'applique à ne pas sortir de sa sphère. Le droit de rendre la justice et celui de faire grâce sont deux droits souverains, dont l'un est resté dans la main de la Couronne, tandis que l'autre a été délégué aux cours de magistrature. Tout acte émané de la juridiction gracieuse du prince, et revêtu des formes constitutionnelles, doit obtenir soumission et respect : mais les devoirs de la Chambre des

Pairs, comme cour de justice, ne sauraient en être amoindris, car si le Roi peut faire grâce sans elle, il ne peut, quand elle est saisie, faire justice qu'avec elle ; et il faut bien se souvenir que la grâce n'est que l'exception, tandis que la justice est la règle. Or, il ne peut y avoir de justice que là où il y a plénitude d'indépendance ; et si l'on concluait d'une grâce accordée par la Couronne que les condamnations à prononcer dans des circonstances identiques dussent se trouver empreintes de la même indulgence, ne serait-ce pas en quelque sorte faire découler du droit de grâce celui de commander par avance à la justice la mesure de sévérité qu'elle aurait à observer dans ses jugemens? Qui ne voit qu'on pourrait compromettre par cette extension abusive jusqu'à la prérogative même de la Couronne! On représente la grâce de Barbès comme ayant aboli en quelque sorte la peine de mort en matière politique ; on invite la Cour des Pairs à confirmer cette croyance par son arrêt. C'est à elle au contraire à protester de tout son pouvoir contre une théorie aussi fausse en principe qu'elle serait funeste à la société. Non, sans doute, la peine de mort en matière politique n'a pas été abolie parmi nous. La fermeté du jury a su maintenir debout, en 1832, ce principe, rigoureux, mais conservateur, devenu plus nécessaire que jamais dans un temps où la civilisation elle-même est violemment attaquée par des hommes qui glorifient, sous le nom de délits politiques, le guet-apens, le pillage et l'assassinat. Les membres de la Cour des Pairs ne voudront pas non plus léguer à leurs successeurs une justice affaiblie et désarmée : ils se souviendront que la France tout entière attend avec sollicitude leur arrêt qui, s'il n'était pas un exemple de sévérité tutélaire, deviendrait pour toutes les cours de justice du Royaume une source fatale de relâchement et de mollesse.

L'appel nominal répartit les votes ainsi qu'il suit :

Pour la peine de mort.	100 voix	125
Pour la peine de la déportation.	24	
Pour la peine des travaux forcés à perpétuité.	1	

Il est successivement procédé à un second et à un troisième tour d'appel sur la même question.

Chacun de ces deux tours d'appel donne le même résultat que le premier tour.

En conséquence la Cour condamne l'accusé Blanqui à la peine de mort.

La question relative à l'application de la peine est ensuite posée en ce qui concerne l'accusé Quignot.

Dans le cours du premier appel nominal, plusieurs Pairs émettent l'avis que la peine des travaux forcés soit appliquée à cet accusé.

L'un d'eux fait observer à ce sujet qu'il existe, dans la disposition actuelle des esprits, un penchant à distinguer la peine des crimes politiques de celle des crimes ordinaires, et qu'il en résulte une sorte de diminution morale dans la gravité qu'on attribue respectivement à ces deux sortes de crimes, qui cependant contiennent, au même degré, la violation des lois divines et humaines, puisque, sous la couleur de crime politique, on y retrouve partout le vol, la violence, le meurtre et l'assassinat.

Un second opinant reconnaît qu'une distinction trop marquée entre les crimes politiques et les crimes ordinaires pourrait conduire à de graves inconvéniens : mais cependant il serait impossible d'effacer entièrement cette distinction qui est empreinte à chaque pas dans la législation comme dans les précédens mêmes de la Cour. Peut-on oublier en effet qu'une peine nouvelle, celle de la détention, a été établie en 1832 pour être exclusivement destinée à la répression des crimes politiques, et que, par grâce spéciale, on a cru devoir affranchir les condamnés à cette peine, du travail forcé auquel sont assujettis les condamnés à la réclusion ou au bagne. Le même esprit a dicté les dispositions de l'article 463 du Code pénal qui, pour la peine de l'attentat, veut, qu'en cas de circonstances atténuantes, on descende immédiatement de la mort à la déportation. Avoir admis cette distinction dans les lois c'est avoir reconnu qu'elle existe dans les mœurs, et l'arrêt de la Cour ne pourrait réussir à les changer.

Un troisième opinant ajoute que la Cour pourrait d'autant moins revenir aujourd'hui sur les principes qui viennent d'être rappelés, qu'à cet égard ses précédens avaient pris en quelque sorte l'initiative sur la loi, car au temps même où les circonstances atténuantes ne pouvaient être admises qu'en matière de simples délits correctionnels, l'atténuation facultative des peines avait été érigée en jurisprudence par la Cour des Pairs.

Un dernier opinant soutient que la peine des travaux forcés est ici repoussée non seulement par les convenances, mais même par la loi, car les circonstances exceptionnelles qui, au mois de juillet dernier, avaient autorisé l'application de cette peine à un accusé coupable à la fois de récidive et d'assassinat, ne se retrouvent pas dans les faits qui concernent l'accusé Quignot : l'article 463 du Code pénal reprend donc ici toute sa force.

Le deuxième tour d'appel auquel il est procédé sur l'application de la peine à l'accusé Quignot, donne le résultat suivant :

Pour la peine des travaux forcés..........	3 voix.		125
Pour la détention pendant 20 ans.........	1		
pendant 15 ans.........	100		
pendant 10 ans.........	21		

La Cour condamne en conséquence l'accusé Quignot à la peine de 15 années de détention.

L'heure étant avancée, la suite de la délibération est ajournée à demain, heure de midi.

Signé PASQUIER, président;

E. CAUCHY, *greffier en chef.*

ATTENTAT DES 12 ET 13 MAI 1839.

PROCÈS-VERBAL N° 47.

COUR DES PAIRS.

Séance secrète du jeudi 30 janvier 1840,

Présidée par M. le CHANCELIER.

LE jeudi 30 janvier 1840, à midi, la Cour se réunit dans la Chambre du conseil pour continuer sa délibération sur le réquisitoire présenté par le procureur-général, à l'audience du 24 de ce mois.

L'appel nominal, fait par le greffier en chef, constate la présence des 125 Pairs qui assistaient à la séance d'hier.

La délibération s'établit sur la question de savoir à quelle peine sera condamné l'accusé Quarré, déclaré coupable d'attentat.

Une durée plus ou moins longue d'emprisonnement ayant été proposée par plusieurs membres, un Pair fait observer que cette peine ne lui paraît nullement en rapport avec le caractère du crime dont l'accusé a été déclaré coupable : la puissance d'une Cour de justice peut-elle donc aller jusqu'à se mettre au-dessus des lois ; et quand même il existerait quelques précédens favorables à l'opinion qui vient de se produire, le devoir de la Cour des Pairs ne serait-il pas de changer au plus tôt une jurisprudence qui se trouverait en opposition avec le texte et l'esprit du Code pénal? Quelque respectable que puisse être l'autorité des arrêts, cette autorité n'est pas la loi, et la conscience des magistrats peut reconnaître quelquefois qu'elle s'est trompée : la cour de cassation a donné à plusieurs reprises le noble exemple d'un pareil aveu ; pourquoi la Cour des Pairs ne se laisserait-elle pas aussi convaincre par la force du raisonnement et par l'évidence de la loi ? Les seules peines légales de l'attentat sont la mort, la déportation ou la détention ; quant à l'emprisonnement, il faudrait, pour l'appliquer à un tel crime, le détourner en quelque sorte de son but qui est la répression des simples délits. Essentiellement temporaire dans ses conséquences comme dans sa durée, l'emprisonnement n'entraîne après lui qu'une mise en surveillance de quelques années ; or, est-il équitable, est-il logique de laisser les auteurs d'une émeute sanglante reparaître au bout de quelque temps dans les rues de la ville qui a été le théâtre de leurs crimes : et faut-il admettre, en faveur des accusés politiques, cette étrange maxime que « le drapeau couvre le crime ? »

Un second opinant déclare qu'il est loin de méconnaître la gravité, la puissance des considérations qui viennent d'être soumises à la Cour : mais déjà la question générale n'est plus entière ; on s'est demandé, à plusieurs reprises, s'il était dans la limite des pouvoirs de la Cour, ou dans l'ordre des convenances politiques et judiciaires dont elle est juge suprême, d'appliquer de simples peines correctionnelles à un fait d'attentat. Les objections présentées à cet égard, et les réponses dont elles ont été l'objet, sont consignées dans les procès-verbaux judiciaires, et dans l'utile recueil *des Précédens* qui en contient la fidèle analyse ; sans les reproduire ici, l'opinant se borne à rappeler que plusieurs arrêts de la Cour des Pairs ont prononcé la peine de l'emprisonnement contre des accusés déclarés coupables d'attentat ; le dernier de ces arrêts a été rendu au mois de juillet dernier dans l'affaire même dont la Cour s'occupe en ce moment. Son pouvoir discrétionnaire n'a donc, en cette matière, d'autre règle que l'appréciation éclairée des raisons de haute justice, d'opportunité ou de convenance qui peuvent motiver une atténuation de la peine au-dessous même des limites fixées par la lettre des lois pénales.

Plusieurs Pairs font observer que le droit de la Cour, en ce qui touche l'atténuation des peines, ne saurait être remis en doute sans revenir sur tout ce qui s'est fait depuis vingt ans : après s'être fondé d'abord sur la seule autorité des précédens, ce droit a successivement reçu, par la présentation et le vote de divers projets de loi qui le confirmaient, l'approbation des trois branches du pouvoir législatif, et, si la sanction complète d'une loi positive lui manque encore, celle de l'opinion publique ne lui a jamais fait défaut.

M. le Président expose qu'il ne s'étonne nullement des scrupules judiciaires dont l'expression vient de se produire de nouveau sur une question pleine du plus haut intérêt : mais quand l'on examine cette question sous le point de vue doctrinal, on ne peut s'empêcher de reconnaître que si la Cour des Pairs s'est créé à elle-même un pouvoir en dehors du droit commun, elle l'a fait avec la conscience d'un grand devoir à remplir, et avec l'assentiment général de tous les hommes éclairés. En effet, au milieu de cette variété de formes que prend chaque jour l'attentat, parmi cette diversité infinie de personnes que l'état actuel de la société amène sur les bancs de la Cour, comment cette haute juridiction pourrait-elle répondre à l'attente du pays, si elle n'avait la puissance de proportionner la peine au degré du crime et aux circonstances particulières de chacun des faits dont elle est juge? Les voûtes de cette enceinte n'ont pas perdu la mémoire du fameux procès dans lequel il fallait, le lendemain d'une révolution, faire prévaloir, sur l'indignation de tout un peuple, les droits d'une justice non seulement impartiale, mais généreuse : vit-on jamais dérogation plus évidente au droit commun que la disposition par laquelle la Cour créait à la fois la peine et en faisait application aux accusés traduits à sa barre? Et cependant toutes les opinions dignes de quelque estime n'ont-elles pas fini par applaudir à ce grand acte de sagesse et de lumières? La Cour des Pairs ne saurait garder trop précieusement pour l'avenir le dépôt d'un principe aussi salutaire.

L'auteur des premières observations déclare que, mieux éclairé par les explications qui viennent d'être données à la Cour, il revient lui-même à l'avis que la Cour ne peut avoir pour les accusés soumis en ce moment à sa décision une autre mesure de justice que celle qui a été appliquée, il y a six mois, aux premiers accusés du même attentat.

Le deuxième tour d'appel nominal, sur l'application de la peine à l'accusé Quarré, donne la majorité des cinq huitièmes pour la condamnation de cet accusé à trois années d'emprisonnement.

La Cour ordonne, à la même majorité, qu'après l'expiration de sa peine, Quarré restera, pendant cinq années, sous la surveillance de la haute police.

La délibération s'établit sur l'application de la peine à l'accusé Charles.

La Cour, à la majorité des cinq huitièmes, et après deux tours d'appel nominal, condamne cet accusé à la peine de cinq années de détention.

Il est ensuite procédé à l'application de la peine à l'accusé Pierre Bonnefond.

La Cour s'étant trouvée unanime pour appliquer à cet accusé la peine de dix années de détention, et aucun Pair ne réclamant un deuxième tour de vote, M. le Président prononce la peine, d'après le résultat du premier tour.

La délibération s'établit successivement sur l'application de la peine aux accusés Piéfort, Focillon, Espinousse et Hendrick.

Il est procédé à deux tours d'appel nominal sur chacun de ces accusés. Aucun Pair n'ayant réclamé un troisième tour,

Ces appels nominaux donnent les résultats suivans :

La Cour, à la majorité des cinq huitièmes, condamne :

Les accusés Piéfort et Focillon, chacun, à la peine de cinq années de détention;

L'accusé Espinousse à sept années de la même peine;

L'accusé Hendrick à dix années de la même peine.

La délibération s'établit sur l'application de la peine à l'accusé Lombard.

Le deuxième tour d'appel nominal donne le résultat suivant :

Pour sept années de détention.............	56 voix.	125
Pour cinq années de la même peine........	69	

La majorité des cinq huitièmes ne se trouvant acquise à aucun des deux avis entre lesquels la Cour se trouve partagée, il est procédé à un troisième tour d'appel nominal qui donne pour résultat 80 voix contre 45 pour la condamnation de l'accusé Lombard à la peine de trois années de détention.

Les accusés Simon et Hubert sont également condamnés, chacun, à cinq années de détention, à la majorité des cinq huitièmes et après un seul tour d'appel nominal en ce qui touche chacun d'eux.

Il est au contraire procédé à trois tours d'appel nominal en ce qui concerne l'accusé Béasse.

Le troisième tour d'appel donne pour résultat la majorité des cinq huitièmes pour la condamnation de cet accusé à cinq années d'emprisonnement et à cinq années de surveillance.

La Cour condamne ensuite l'accusé Pétremann à la peine de cinq années de détention.

Cette condamnation est prononcée à la majorité des cinq huitièmes et après deux tours d'appel nominal.

L'heure étant avancée, la suite de la délibération est ajournée à demain, onze heures du matin.

Signé PASQUIER, président;

E. CAUCHY, *greffier en chef.*

ATTENTAT DES 12 ET 13 MAI 1839.

PROCÈS-VERBAL N° 48.

COUR DES PAIRS.

Séance secrète du vendredi 31 janvier 1840,

Présidée par M. le CHANCELIER.

LE vendredi 31 janvier 1840, à onze heures du matin, la Cour des Pairs se réunit dans la Chambre du conseil pour continuer sa délibération sur le réquisitoire présenté par le procureur-général à l'audience du 24 de ce mois.

L'appel nominal auquel il est procédé par le greffier en chef, constate la présence de 123 Pairs sur 125 qui assistaient à la séance d'hier.

Les Pairs absens sont MM. le duc de La Rochefoucauld et le baron Pelet, retenus par l'état de leur santé.

La délibération s'établit successivement sur l'application de la peine aux accusés Bordon, Évanno, Lehéricy, Dupouy, Druy, Herbulet, Vallière, Élie, Godard, Pâtissier, Gérard, Dubourdieu, Dugrospré, Bouvrand et Buisson, tous précédemment déclarés coupables d'attentat.

Il est procédé à deux tours d'appel nominal sur chacun de ces accusés, aucun Pair n'ayant réclamé un troisième tour.

Ces appels nominaux donnent les résultats suivans.

La Cour, à la majorité des cinq huitièmes, condamne :

L'accusé Élie à la peine de quinze années de détention.

Les accusés Herbulet, Vallière, Godard et Dubourdieu, chacun, à la peine de dix années de détention.

L'accusé Dugrospré, à la peine de sept années de détention.

Les accusés Évanno, Dupouy, Druy, Gérard, Bouvrand et Buisson, chacun, à la peine de cinq années de détention.

Les accusés Bordon et Lehéricy, chacun, à la peine de cinq années d'emprisonnement, lesquelles seront suivies de cinq années de surveillance.

L'accusé Pâtissier à la peine de trois années d'emprisonnement, lesquelles seront suivies de cinq années de surveillance.

Toutes les questions relatives à la culpabilité et à l'application de la peine se trouvant ainsi résolues, M. le Président soumet à la Cour un projet d'arrêt dans lequel sont formulées les décisions qui viennent d'être prises.

Ce projet d'arrêt est mis aux voix et adopté par mains levées.

Les 123 Pairs qui ont pris part à la délibération apposent immédiatement leur signature sur la minute de l'arrêt.

La Cour rentre ensuite en audience publique pour vider le délibéré ordonné dans la séance du 24 de ce mois.

Signé PASQUIER, président;

E. CAUCHY, *greffier en chef.*

ATTENTAT DES 12 ET 13 MAI 1839.

PROCÈS-VERBAL
N° 49.

COUR DES PAIRS.

Audience publique du vendredi 31 janvier 1840,

Présidée par M. le CHANCELIER.

LE vendredi 31 janvier 1840, à cinq heures et demie du soir, la Cour reprend son audience publique pour vider le délibéré ordonné dans l'audience du 24 de ce mois.

Aucun accusé n'est présent.

Plusieurs défenseurs sont au barreau, tous ayant été prévenus de s'y rendre.

Le procureur-général et les avocats-généraux qui l'accompagnent sont introduits.

Le greffier en chef, sur l'ordre de M. le Président, fait l'appel nominal des membres de la Cour.

Cet appel constate la présence des 123 Pairs qui ont assisté à toutes les audiences du débat et à toutes les séances de délibération en Chambre du conseil.

L'appel nominal achevé, M. le Président prononce l'arrêt dont la teneur suit :

ARRÊT DE LA COUR DES PAIRS.

« La Cour des Pairs,

« Vu l'arrêt du 12 juin 1839, ensemble l'acte d'accusation dressé en conséquence contre :

Blanqui (Louis-Auguste);

« Vu pareillement l'arrêt du 18 décembre dernier, ensemble l'acte d'accusation dressé en conséquence contre :

Quignot (Louis-Pierre-Rose),
Quarré (Alexandre-Basile-Louis),
Charles (Jean),
Moulines (Eugène),
Bonnefond jeune (Pierre),
Piéfort (François),
Focillon (Louis-Xavier-Auguste),
Espinousse (Jean-Léger),
Hendrick (Joseph-Hippolyte),
Dubourdieu (Jean),
Dugrospré (Pierre-Eugène),
Simon (Jean-Honoré),
Hubert (Constant-Georges-Jacques),
Lombard (Louis-Honoré),
Huard (Camille-Jean-Baptiste),
Béasse (Jean-François),
Pétremann (Émile-Léger),
Bordon (Jean-Maurice),
Évanno (Jean-Jacques),
Lehéricy (Pierre-Joseph),

Dupouy (Bertrand),
Druy (Charles),
Herbulet (Jean-Nicolas),
Vallière (François),
Élie (Charles-Étienne),
Godard (Charles),
Pâtissier (Pierre-Joseph),
Gérard (Benjamin-Stanislas),
Bouvrand (Auguste),
Et Buisson (Louis-Médard, dit Pieux) :

« Ouï les témoins en leurs dépositions et confrontations avec les accusés;

« Ouï le procureur-général du Roi en ses dires et réquisitions, lesquelles réquisitions, par lui déposées sur le bureau de la Cour, sont ainsi conçues :

« Le procureur-général du Roi près la Cour « des Pairs,

« Attendu qu'il résulte de l'instruction et des « débats que, les 12 et 13 mai 1839, un attentat a « été commis à Paris, ayant pour but, 1°. de dé- « truire et de changer le Gouvernement; 2°. d'ex- « citer les citoyens et habitans à s'armer contre « l'autorité royale; 3°. d'exciter la guerre civile « en armant et en portant les citoyens et habitans « à s'armer les uns contre les autres;

« En ce qui touche les nommés Blanqui, Qui- « gnot, Quarré, Charles, Moulines, Bonnefond, « Piéfort, Focillon, Espinousse, Hendrick, Lom-

« bard, Simon, Hubert, Huard, Béasse, Pétre-
« mann, Bordon, Évanno, Lehéricy, Dupouy,
« Druy, Herbulet, Vallière, Élie, Godard, Pâ-
« tissier, Gérard, Dubourdieu, Dugrospré, Buis-
« son et Bouvrand;

« Attendu que, de l'instruction et des débats « résulte contre eux, la preuve qu'ils se sont rendus « coupables d'avoir commis l'attentat ci-dessus « spécifié,

« Crime prévu par les articles 87, 88 et 91 du « Code pénal;

« Requiert qu'il plaise à la Cour faire applica- « tion aux susnommés, des articles précités, et les « condamner aux peines portées par la loi;

« Déclarant toutefois, en ce qui touche les « nommés Quignot, Quarré, Charles, Moulines, « Bonnefond, Piéfort, Focillon, Espinoussse, « Hendrick, Lombard, Simon, Hubert, Huard, « Béasse, Pétremann, Bordon, Évanno, Lehé- « ricy, Dupouy, Druy, Herbulet, Vallière, Élie, « Godard, Pâtissier, Gérard, Dubourdieu, Du- « grospré, Buisson et Bouvrand, s'en remettre à « la haute sagesse de la Cour pour faire droit aux « réquisitions qui précèdent, et pour tempérer les « peines, si la Cour le juge convenable.

« Fait au parquet de la Cour des Pairs, le 24 « janvier 1840.

« *Le procureur-général du Roi*,

Signé : « Franck Carré. »

« Après avoir entendu Blanqui dans ses observations, et Me Dupont, son défenseur, dans sa déclaration qu'il renonçait à prendre la parole; Quignot et Me Grévy, son défenseur; Quarré et Me Lauras, son défenseur, et l'abbé Quarré, son conseil; Charles et Me Jules Favre, son défenseur; Moulines et Me Paulmier, son défenseur; Bonnefond et Me Derodé, son défenseur; Piéfort et Focillon et Me Dubrena, leur défenseur; Espinousse et Me Nogent-Saint-Laurent, son défenseur; Hendrick et Me Desgranges, son défenseur; Lombard et Me Montader, son défenseur; Simon et Hubert et Me Desmarets, leur défenseur; Huard et Me Mathieu, son défenseur; Béasse et Me Genteur, son défenseur; Pétremann et Me Delamarre, son défenseur; Bordon et Me Thomas, son défenseur; Evanno et Me Hello, son défenseur; Lehéricy et Me Moreau, son défenseur; Dupouy et Me Benoist, son défenseur; Druy et Me Rodrigues, son défenseur; Herbulet et M[e] Le Royer, son défenseur; Vallière et Me Maud'heux, son défenseur; Élie et Me Porte, son défenseur; Godard et Me Blot-Lequesne, son défenseur; Pâtissier et Me Gressier, son défenseur; Gérard et Me Grellet, son défenseur; Dubourdieu et Me Comte, son défenseur; Dugrospré et Me Hemerdinger, son défenseur; Bouvrand et Me Jolly, son défenseur; Buisson et Me Cadet de Vaux, son défenseur, dans leurs moyens de défense : lesdits accusés interpellés en outre conformément au troisième paragraphe de l'article 335 du Code d'instruction criminelle;

« Et après en avoir délibéré dans les séances des 24, 27, 28, 29, 30 et 31 du présent mois;

« En ce qui concerne :

Moulines (Eugène),
Huard (Camille-Jean-Baptiste),

« Attendu qu'il n'y a pas preuves suffisantes qu'ils se soient rendus coupables de l'attentat ci-après qualifié,

« Déclare :

Moulines (Eugène),
Huard (Camille-Jean-Baptiste),

« Acquittés de l'accusation portée contre eux;

« Ordonne qu'ils seront sur-le-champ mis en liberté s'ils ne sont retenus pour autre cause.

« En ce qui concerne :

Blanqui (Louis-Auguste),
Quignot (Louis-Pierre-Rose),
Quarré (Alexandre-Basile-Louis),
Charles (Jean),
Bonnefond jeune (Pierre),
Piéfort (François),
Focillon (Louis-Xavier-Auguste),
Espinousse (Jean Léger),
Hendrick (Joseph-Hippolyte),
Dubourdieu (Jean),
Dugrospré (Pierre-Eugène),
Simon (Jean-Honoré),
Hubert (Constant-Georges-Jacques),

Lombard (Louis-Honoré),
Béasse (Jean-François),
Pétremann (Émile-Léger),
Bordon (Jean-Maurice),
Evanno (Jean-Jacques),
Lehéricy (Pierre-Joseph),
Dupouy (Bertrand),
Druy (Charles),
Herbulet (Jean-Nicolas),
Vallière (François),
Élie (Charles-Étienne),
Godard (Charles),
Pâtissier (Pierre-Joseph),
Gérard (Benjamin-Stanislas),
Bouvrand (Auguste),
Et Buisson (Louis-Médard, dit Pieux);

« Attendu qu'il résulte de l'instruction et des débats, qu'en mai dernier ils se sont rendus coupables d'un attentat dont le but était de détruire le Gouvernement et d'exciter la guerre civile, en armant ou en portant les citoyens et habitans à s'armer les uns contre les autres.

« Déclare :

Blanqui (Louis-Auguste),
Quignot (Louis-Pierre-Rose),
Quarré (Alexandre-Basile-Louis),
Charles (Jean),
Bonnefond jeune (Pierre),
Piéfort (François),
Focillon (Louis-Xavier-Auguste),

Espinousse (Jean-Léger),
Hendrick (Joseph-Hippolyte),
Dubourdieu (Jean),
Dugrospré (Pierre-Eugène),
Simon (Jean-Honoré),
Hubert (Constant-Georges-Jacques),
Lombard (Louis-Honoré),
Béasse (Jean-François),
Pétremann (Émile-Léger),
Bordon (Jean-Maurice),
Évanno (Jean-Jacques),
Lehéricy (Pierre-Joseph),
Dupouy (Bertrand),
Druy (Charles),
Herbulet (Jean-Nicolas),
Vallière (François),
Élie (Charles-Étienne),
Godard (Charles),
Pâtissier (Pierre-Joseph),
Gérard (Benjamin-Stanislas),
Bouvrand (Auguste),
Et Buisson (Louis-Médard, dit Pieux),

« Coupables du crime d'attentat prévu par les articles 87, 88, 91, 59 et 60 du Code pénal ainsi conçus :

« Art. 87 du Code pénal. L'attentat dont le but « sera, soit de détruire, soit de changer le Gou-« vernement ou l'ordre de successibilité au trône, « soit d'exciter les citoyens ou habitans à s'armer « contre l'autorité royale, sera puni de mort.

« Art. 88. L'exécution ou la tentative consti-
« tueront seules l'attentat.

« Art. 91. L'attentat dont le but sera, soit « d'exciter la guerre civile, en armant ou en « portant les citoyens ou habitans à s'armer les « uns contre les autres, soit de porter la dévasta- « tion, le massacre et le pillage dans une ou plu- « sieurs communes, sera puni de mort.

« Le complot ayant pour but l'un des crimes « prévus au présent article, et la proposition de « former ce complot, seront punis des peines por- « tées en l'article 89, suivant les distinctions qui « y sont établies. »

« Vu pareillement les art. 59 et 60 du Code pénal;

« Et attendu que les peines doivent être proportionnées à la gravité de la participation de chacun des accusés à l'attentat,

« Condamne :

Blanqui (Louis-Auguste), à la peine de mort;

Quignot (Louis-Pierre-Rose),
Elie (Charles-Etienne),

« Chacun, à quinze années de détention;

Bonnefond jeune (Pierre),
Hendrick (Joseph-Hippolyte),
Herbulet (Jean-Nicolas),
Vallière (François),
Godard (Charles),
Dubourdieu (Jean),

« Chacun, à dix années de détention;

Espinousse (Jean-Léger),
Dugrospré (Pierre-Eugène),

« Chacun, à sept années de détention;

Charles (Jean),
Piéfort (François),
Focillon (Louis-Xavier-Auguste),
Lombard (Louis-Honoré),
Simon (Jean-Honoré),
Hubert (Constant-Georges-Jacques),
Pétremann (Emile-Léger),
Evanno (Jean-Jacques),
Dupouy (Bertrand),
Druy (Charles),
Gérard (Benjamin-Stanislas),
Bouvrand (Auguste),
Buisson (Louis-Médard, dit Pieux),

« Chacun, à cinq années de détention;

« Ordonne, conformément à l'art. 47 du Code pénal, qu'après l'expiration de leur peine tous les condamnés à la peine de la détention, ci-dessus dénommés, seront, pendant toute leur vie, sous la surveillance de la haute police;

« Condamne :

Béasse (Jean-François),
Bordon (Jean-Maurice),
Lehéricy (Pierre-Joseph),

« Chacun, à cinq années d'emprisonnement;

Quarré (Alexandre-Basile-Louis),
Pâtissier (Pierre-Joseph),

« Chacun, à trois années d'emprisonnement;

« Ordonne que lesdits :

Béasse (Jean-François),
Quarré (Alexandre-Basile-Louis),
Bourdon (Jean-Maurice),
Lehéricy (Pierre-Joseph),
Pâtissier (Pierre-Joseph),

« Resteront, à partir de l'expiration de leur peine, sous la surveillance de la haute police pendant cinq années ;

« Condamne lesdits :

Blanqui (Louis-Auguste),
Quignot (Louis-Pierre-Rose),
Quarré (Alexandre-Basile-Louis),
Charles (Jean),
Bonnefond jeune (Pierre),
Piéfort (François),
Focillon (Louis-Xavier-Auguste),
Espinousse (Jean-Léger),
Hendrick (Joseph-Hippolyte),
Dubourdieu (Jean),
Dugrospré (Pierre-Eugène),
Simon (Jean-Honoré),
Hubert (Constant-Georges-Jacques),
Lombard (Louis-Honoré),
Béasse (Jean-François),
Pétremann (Emile-Léger),
Bordon (Jean-Maurice),
Evanno (Jean-Jacques),
Lehéricy (Pierre-Joseph),
Dupouy (Bertrand),

Druy (Charles),
Herbulet (Jean-Nicolas),
Vallière (François),
Elie (Charles-Etienne),
Godard (Charles),
Pâtissier (Pierre-Joseph),
Gérard (Benjamin-Stanislas),
Bouvrand (Auguste),
Et Buisson (Louis-Médard, dit Pieux),

« Solidairement aux frais du procès, desquels frais la liquidation sera faite conformément à la loi, tant pour la portion qui doit être supportée par les condamnés, que pour celle qui doit demeurer à la charge de l'Etat;

« Ordonne que le présent arrêt sera exécuté à la diligence du procureur-général du Roi, imprimé, publié et affiché partout où besoin sera, et qu'il sera lu et notifié aux accusés par le greffier en chef de la Cour. »

Immédiatement après la prononciation de cet arrêt, M. le Président lève l'audience.

Signé PASQUIER, président;

E. CAUCHY, *greffier en chef.*

ATTENTAT DES 12 ET 13 MAI 1839.

COUR DES PAIRS.

PROCÈS-VERBAL N° 50.

Audience publique du mardi 4 février 1840,

Présidée par M. le CHANCELIER.

LE mardi 4 février 1840, à une heure de relevée, la Cour se réunit en audience publique, sur une convocation de M. le Chancelier.

M. le Président donne communication à la Cour d'une lettre qu'il a reçue hier de M. le Garde des sceaux, Ministre de la justice, et qui est ainsi conçue :

MONSIEUR LE CHANCELIER,

« Sa Majesté, à la date de cejourd'hui, a daigné « commuer en la peine de la déportation la peine « de mort prononcée par la Cour des Pairs, le « 31 janvier 1840, contre Louis-Auguste Blanqui. « Je vous prie de vouloir bien convoquer la Cour « des Pairs pour qu'il soit procédé à l'entérine- « ment des Lettres de grâce, qui seront déposées « au greffe par M. le procureur-général.

« Agréez, Monsieur le Chancelier, l'assurance « de ma haute considération,

« *Le Garde des sceaux Ministre de la justice et des cultes,*

Signé « J.-B. TESTE. »

Cette lecture achevée, M. le Président propose à la Cour de donner audience au ministère public.

La Cour adopte cette proposition.

En conséquence, M. Franck Carré, procureur-général et MM. Boucly et Nouguier, avocats-généraux, nommés par l'ordonnance du Roi du 14 mai dernier, sont introduits.

Le procureur-général ayant obtenu la parole, s'exprime ainsi :

MESSIEURS LES PAIRS,

« Nous avons l'honneur de présenter à la Cour « des Lettres par lesquelles Sa Majesté a daigné « commuer, en la peine de la déportation, la « peine de mort prononcée par votre arrêt du « 31 janvier dernier, contre Louis-Auguste Blan- « qui. Déjà, par une décision royale, en date du « 31 décembre, cette même peine de la déporta- « tion avait été substituée à celle qui résultait con- « tre Armand Barbès, d'une première commuta- « tion.

« La justice exigeait que le plus sévère des châ- « timens de la loi fût infligé aux chefs des insurgés « du 12 mai : il n'appartenait qu'à ce pouvoir « suprême qui, seul, a le droit de pardonner, « d'empêcher que l'échafaud se dressât pour l'ex- « piation d'un si grand crime.

« Parvenus au terme des pénibles devoirs que « vous avaient, une fois encore, imposés les com- « plots et les fureurs des factions, vous laissez au

« pays, Messieurs, pour gage de son repos et de « sa sécurité, de nouveaux monumens de votre « justice impartiale et ferme, si bien éclairée par « la haute intelligence des périls de l'ordre social « et de l'action tutélaire des lois.

« Quelles que soient les inimitiés ardentes et « opiniâtres qui conspirent contre les institutions « et le bonheur de la patrie, ne seront-elles pas « désormais vaincues et désarmées? Ne sauront-« elles pas comprendre que l'ingratitude peut « lasser, à la fin, la clémence la plus magnanime, « arbitre toujours absolu de ses bienfaits, et que « la justice, toujours semblable à elle-même dans « l'appréciation des choses et des hommes, obéit « à des devoirs impérieux qui ne fléchissent pas.

« Nous requérons pour le Roi, qu'il plaise à la « Cour nous donner acte de la présentation des « Lettres de commutation de peine accordées à « Louis-Auguste Blanqui, ordonner qu'il en sera « fait lecture par le greffier de la Cour, et qu'elles « seront entérinées pour recevoir leur pleine et « entière exécution.

« Au parquet de la Cour des Pairs, le 4 février « 1840.

« *Le procureur-général du Roi*,

Signé « FRANCK CARRÉ. »

M. le Président ordonne au greffier en chef de donner lecture à la Cour des Lettres de commutation de peine déposées sur le bureau de la Cour par le procureur-général.

Le greffier en chef procède à cette lecture en ces termes :

LETTRES DE COMMUTATION DE PEINE.

« LOUIS-PHILIPPE Ier, Roi des Français,

« A tous présens et à venir, salut.

« Notre Garde des sceaux, Ministre de la justice « et des cultes, nous ayant exposé que, par arrêt « à la date du 31 janvier 1840, la Cour des Pairs a « condamné à la peine de mort Louis-Auguste « Blanqui, pour s'être rendu coupable d'un at- « tentat dont le but était de détruire le Gouver- « nement et d'exciter la guerre civile, en armant « et en portant les citoyens et habitans à s'armer « les uns contre les autres.

« Voulant préférer miséricorde à la rigueur des « lois.

« En vertu de l'article 58 de la Charte constitu- « tionnelle.

« Avons commué et commuons la peine de « mort prononcée contre Louis-Auguste Blanqui, « par l'arrêt susdaté, en celle de la déportation.

« Sans que notre présente décision puisse nuire « ni préjudicier aux droits de la partie civile, s'il « en existe une, lesquels demeurent expressé- « ment réservés.

« Nos Lettres-patentes de commutation seront, « par notre procureur-général nommé près la « Cour des Pairs par ordonnance du 14 mai 1839,

« présentées à ladite Cour, pour qu'elles soient « entérinées et qu'elles reçoivent exécution.

« Fait à Paris, le 1er février 1840.

Signé « LOUIS-PHILIPPE.

Par le Roi :

« *Le Garde des sceaux Ministre de la justice et des cultes,*

Signé « J.-B. TESTE. »

Cette lecture faite, M. le Président, après avoir consulté la Cour, prononce l'arrêt dont la teneur suit :

ARRÊT DE LA COUR DES PAIRS.

« LA COUR DES PAIRS,

« Ouï le procureur-général du Roi en ses dires et réquisitions :

« Après qu'il a été fait lecture par le greffier en chef des Lettres de commutation de peine accordées par le Roi, ensuite de l'arrêt de la Cour du 31 janvier dernier, et dont la teneur suit :

« LOUIS-PHILIPPE Ier, ROI DES FRANÇAIS,

« A tous présens et à venir, salut.

« Notre Garde des sceaux, Ministre de la justice « et des cultes, nous ayant exposé que, par arrêt « à la date du 31 janvier 1840, la Cour des Pairs « à condamné à la peine de mort Louis-Auguste « Blanqui, pour s'être rendu coupable d'un at-

« tentat dont le but était de détruire le Gouver-
« nement et d'exciter la guerre civile en armant
« et en portant les citoyens et habitans à s'armer
« les uns contre les autres.

« Voulant préférer miséricorde à la rigueur des
« lois.

« En vertu de l'article 58 de la Charte constitu-
« tionnelle.

« Avons commué et commuons la peine de
« mort prononcée contre Louis-Auguste Blanqui,
« par l'arrêt susdaté, en celle de la déportation.

« Sans que notre présente décision puisse nuire
« ni préjudicier aux droits de la partie civile, s'il
« en existe une, lesquels demeurent expressément
« réservés.

« Nos Lettres-patentes de commutation seront,
« par notre procureur-général nommé près la
« Cour des Pairs par ordonnance du 14 mai 1839,
« présentées à ladite Cour, pour qu'elles soient
« entérinées et qu'elles reçoivent exécution.

« Fait à Paris, le 1er février 1840.

Signé « LOUIS-PHILIPPE.

Par le Roi :

« *Le Garde des sceaux Ministre de la justice et des cultes,*

Signé « J.-B. TESTE. »

« Ordonne que lesdites Lettres seront transcrites
sur ses registres, déposées dans ses archives, et

que mention en sera faite en marge de l'arrêt de condamnation.

« Ordonne que le présent arrêt sera notifié au condamné à la diligence du procureur-général. »

Après la prononciation de cet arrêt, l'audience est levée.

Signé PASQUIER, président;

E. CAUCHY, *greffier en chef.*

COUR DES PAIRS DE FRANCE.

Attentat des 12 et 13 Mai 1839.

TABLE ALPHABÉTIQUE

DES MATIÈRES CONTENUES AU PROCÈS-VERBAL DES SÉANCES RELATIVES AU JUGEMENT DE CETTE AFFAIRE.

A

B

C

D

E

F

G

H

I

J

L

M

R

S.

T

V

W

FIN DE LA TABLE DES MATIÈRES.

COUR DES PAIRS DE FRANCE.

Attentat des 12 et 13 Mai 1839.

LISTE ALPHABÉTIQUE

DES TÉMOINS ENTENDUS PENDANT LES DÉBATS.

FIN DE LA LISTE DES TÉMOINS.

www.ingramcontent.com/pod-product-compliance
Lightning Source LLC
Chambersburg PA
CBHW060910220326
41599CB00020B/2914